智慧城市 | 运行管理中心：
顶层设计与工程实践

单志广　王　威　乐文忠
房毓菲　唐斯斯　曾德华　著

科学出版社
北　京

内 容 简 介

推进新型智慧城市建设，是党中央、国务院的决策部署，也是我国城镇化发展的现实需求。智慧城市运行管理中心是新型智慧城市建设发展的关键核心部分。本书针对我国智慧城市运行管理中心存在顶层设计方法科学系统性不足、自主知识产权软硬件集成能力不强、数据采集汇聚效能不高、数据分析应用智能程度不够等突出难题，以"大数据提升政府治理能力"为牵引，介绍了智慧城市运行管理中心的设计理论和应用实践。在理论方面，给出了国内外相关案例和对比分析，并从总体架构、目标体系和体制机制等方面详细阐述了智慧城市运行管理中心顶层设计方法。在实践方面，介绍了深圳市龙岗区等成功的工程实践案例，基于产–学–研–用协同创新，详细介绍如何建成融先进技术、产品、应用为一体的智慧城市运行管理中心，并给出了相应的建设成效，为国内外新型智慧城市建设提供了可借鉴、可推广的示范样板。

本书可供从事智慧城市研究和实践的政府工作人员、专家学者、工程技术人员、工商业人士等阅读，也可作为普通高等院校相关专业的参考书和拓展读物。

图书在版编目（CIP）数据

智慧城市运行管理中心：顶层设计与工程实践 / 单志广等著. — 北京：科学出版社，2022.8

ISBN 978-7-03-072872-2

Ⅰ. ①智⋯ Ⅱ. ①单⋯ Ⅲ. ①现代化城市－城市管理－研究 Ⅳ. ①C912.81

中国版本图书馆 CIP 数据核字（2022）第 149036 号

责任编辑：任　静 / 责任校对：胡小洁
责任印制：吴兆东 / 封面设计：迷底书装

科学出版社 出版
北京东黄城根北街 16 号
邮政编码：100717
http://www.sciencep.com

北京中科印刷有限公司 印刷
科学出版社发行　各地新华书店经销

*

2022 年 8 月第 一 版　开本：720×1 000　1/16
2024 年 3 月第二次印刷　印张：13
字数：262 000

定价：128.00 元
（如有印装质量问题，我社负责调换）

前言

新型智慧城市是推动以人为核心的新型城镇化，运用物联网、云计算、大数据、空间地理信息集成等新一代信息技术，促进城市规划、建设、管理和服务智慧化的新理念和新模式。新型智慧城市建设已成为落实网络强国、数字中国、大数据战略和新型城镇化建设的重要抓手。2018—2020年，"新型智慧城市建设工作"连续三年写入国家新型城镇化建设重点任务中。

总体来看，我国新型智慧城市发展经历了四个阶段。第一阶段是从2008年到2014年8月《关于促进智慧城市健康发展的指导意见》发布，基本是相对分散、无序的建设阶段。第二阶段是2014年8月至2015年12月，25个部委组成的新型智慧城市建设部际协调工作组成立，各部委初步建立了协调沟通机制。第三阶段是从2015年12月到2017年12月党的十九大召开。2015年12月召开的中央城市工作会议上指出，智慧城市应该打破信息孤岛和数据分割，打造维系城市运行的超级大脑。我国智慧城市进入新型智慧城市发展新阶段，新型智慧城市建设成为国家层面的战略抉择。第四阶段是十九大到现在，十九大提出了要建设智慧社会，对智慧城市理念进行了深化和拓展，更加突出城乡统筹、城乡融合发展。

随着新型智慧城市建设向纵深推进，近年来各地开始重视以智慧城市运行管理中心为代表的城市级性支撑平台建设。智慧城市运行管理中心以解决"数据孤岛""条块分割"顽疾为突破口，较好地解决了城市发展中的民生服务、社会治理、应急指挥等难题，在各地实践中取得了一定成效，有效提升了治理能力现代化水平。

智慧城市运行管理中心建设热潮的兴起，一方面推动着新型智慧城市建设向前发展，但也看到不少地方政府部门工作人员存在概念辨识不清、内涵理解不到位、建设管理迷迷糊糊的问题，同时不同企业的解决方案不尽相同，急需社会形成共识，更好地建设和发挥智慧城市运行管理中心的作用和成效，这也是撰写本书的主要目的。

本书强调方法论和实践案例的有效结合，既有理论方法，又有丰富的实践案例讲解，可作为从事智慧城市工作的工程技术人员、政府工作人员和有关专家学者的参考书籍。第 1 章绪论，阐述智慧城市运行管理中心的建设背景、概念内涵、价值意义，并对发展现状进行了梳理。第 2 章介绍智慧城市运行管理中心的顶层设计方法与设计实例。第 3 章介绍智慧城市运行管理中心的关键技术。第 4 章详细阐述深圳龙岗区和北京市的智慧城市运行管理中心工程实践。

国家信息中心智慧城市发展研究中心(以下简称"研究中心")成立于 2012 年 4 月，目前依托于国家信息中心信息化和产业发展部，是国家信息中心层面跨部门专业开展智慧城市研究的非实体、专业性研究机构。成立以来，研究中心以支撑相关部门信息化政策研究和决策咨询为核心，重点为地方政府提供智慧城市总体规划、顶层设计和实施方案咨询服务，开展智慧城市建设的理论与实践研究。自成立以来，研究中心业务发展快速推进，品牌影响持续提升，在智慧城市、数字经济、大数据等领域开展了 200 多项研究工作，得到业界广泛认可。

本书得到了国家重点研发计划项目"新型智慧城市数据采集分析与评价服务平台"(2018YFB2101501)的支持。本书在编写过程中得到了深圳市龙岗区大数据中心、华为技术有限公司、深圳云天励飞技术股份有限公司、深圳市永兴元科技股份有限公司、深圳市前海数据服务有限公司、深圳市创驰蓝天科技发展有限公司、北京兴创恒锐科技有限公司等单位的指导和帮助，在此一并表示感谢。本书仅为抛砖引玉，希望能为各地推进智慧城市运行管理中心的建设提供参考和借鉴，也供学术界、企业界以及社会各界开展相关研究工作时参考，共同推动我国新型智慧城市建设更加科学、务实、高质、高效。

本书基于国家信息中心智慧城市发展研究中心的研究经验编制，书中难免有不妥或错漏之处，请读者多提宝贵意见。

目 录

前言

1. 绪论 / 1

1.1 智慧城市运行管理中心的建设背景 / 1
1.2 智慧城市运行管理中心的概念内涵 / 2
1.3 智慧城市运行管理中心的意义 / 4
    1.3.1 智慧城市运行管理中心是提升政府治理能力的有效途径 / 4
    1.3.2 智慧城市运行管理中心是构建新型基础设施的有效方法 / 4
    1.3.3 智慧城市运行管理中心是创新城市管理模式的有效方式 / 4
    1.3.4 智慧城市运行管理中心是提升城市服务水平的有效途径 / 5
    1.3.5 智慧城市运行管理中心是推动产业创新发展的重要抓手 / 5
1.4 国内外智慧城市运行管理中心发展现状 / 5
    1.4.1 智慧城市运行管理中心的特点 / 5
    1.4.2 智慧城市运行管理中心的顶层设计 / 7
    1.4.3 智慧城市运行管理中心的问题和挑战 / 7

参考文献 / 9

2. 智慧城市运行管理中心的顶层设计方法与实现 / 11

2.1 顶层设计方法 / 11
    2.1.1 基于数据驱动与智能优化的智慧城市顶层设计方法论 / 12
    2.1.2 应用大数据提升政府治理能力的技术和理念 / 15
    2.1.3 "六个一"智慧城市运行管理模式 / 18
2.2 深圳市龙岗区智慧城市运行管理中心顶层设计实例 / 20
    2.2.1 总体蓝图 / 21
    2.2.2 八大发展方向 / 25
2.3 典型智慧城市运行管理中心顶层设计 / 60
    2.3.1 总体架构设计 / 60
    2.3.2 顶层设计 / 62
    2.3.3 技术资源架构 / 64

2.3.4　业务应用架构 / 72
　　　2.3.5　统筹管理架构 / 77
　　　2.3.6　安全保障架构 / 79

3. 智慧城市运行管理中心的关键技术 / 81

3.1　基于自主知识产权的新一代智慧城市 ICT 基础设施系统 / 82
　　3.1.1　基于搭载鲲鹏架构芯片的 TaiShan 服务器产品创新与关键技术 / 82
　　3.1.2　专属云(行业云)+私有云的混合云关键技术 / 84
　　3.1.3　FusionInsight 大数据平台技术 / 86
　　3.1.4　基于大数据分析技术的网络安全态势感知体系关键技术 / 87
　　3.1.5　基于城市数字平台的数据融合技术 / 90
3.2　面向精细化管理的城市数据感知、多维采集和融合汇聚 / 91
　　3.2.1　城市高空影像数据常态化采集关键技术 / 91
　　3.2.2　基于边缘计算的海量数据秒级视频数据采集和智能分析处理技术 / 92
　　3.2.3　支持多维数据融合汇聚的时空信息云平台关键技术 / 99
3.3　城市数据智能分析与服务技术 / 103
　　3.3.1　面向智慧城市业务应用的主题数据建模与分析技术 / 103
　　3.3.2　基于语义的企业服务信息自动匹配方法 / 115
　　3.3.3　基于多层可追溯比对架构的无人工干预智能审批技术 / 117
　　3.3.4　基于多源应用融合式集成的一体化移动政务协同技术 / 123

4. 智慧城市运行管理中心的工程实践 / 130

　　4.1　深圳市龙岗区智慧城市运行管理中心工程实践 / 130
　　　　4.1.1　智慧龙岗概况 / 130
　　　　4.1.2　智慧龙岗信息基础设施 / 133
　　　　4.1.3　智慧龙岗数据感知和融合汇聚 / 136
　　　　4.1.4　智慧龙岗智能分析服务 / 145
　　4.2　北京市智慧城市运行管理中心工程实践 / 154
　　　　4.2.1　北京市概况 / 154
　　　　4.2.2　需求分析 / 156
　　　　4.2.3　目标定位 / 158
　　　　4.2.4　规划思路 / 161
　　　　4.2.5　系统主要功能 / 166

第 1 章
绪　　论

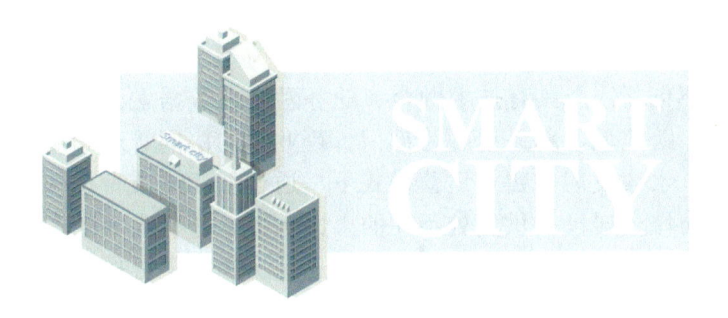

1.1　智慧城市运行管理中心的建设背景

开展新型智慧城市建设，是党中央、国务院立足我国城市发展实际，主动适应和引领新常态、打造经济发展新动能而做出的重大决策部署，也是当前和今后一个时期我国城市发展的总要求和大趋势。《中华人民共和国国民经济和社会发展第十四个五年规划和 2035 年远景目标纲要》提出："建设智慧城市和数字乡村。以数字化助推城乡发展和治理模式创新，全面提高运行效率和宜居度。分级分类推进新型智慧城市建设，将物联网感知设施、通信系统等纳入公共基础设施统一规划建设，推进市政公用设施、建筑等物联网应用和智能化改造。完善城市信息模型平台和运行管理服务平台，构建城市数据资源体系，推进城市数据大脑建设。探索建设数字孪生城市。"习近平总书记在 2020 年 3 月底考察杭州城市大脑运营指挥中心时指出："运用大数据、云计算、区块链、人工智能等前沿技术推动城市管理手段、管理模式、管理理念创新，从数字化到智能化再到智慧化，让城市更聪明一些、更智慧一些，是推动城市治理体系和治理能力现代化的必由之路，前景广阔。"从 2010 年开始，国家层面陆续出台了智慧城市、大数据、"互联网+"、中国制造 2025、信息惠民、信息消费、电子商务等一系列相关政策文件，在不同方面对智慧城市建设提出了明确要求；党的十九大报告提出建设网络强国、数字中国、智慧社会，实施乡村振兴战略，也对新型智慧城市建设提出了新的战略要求。智慧城市已经成为新时期政策红利形成叠加、集中释放和现代战略新兴技术集中应用的重要载体[1]，代表城市发展的新理念、城市运行的新模式、城市管理的新方式以及城市建设的新机制，已成为国内外城市提升城市的智慧化水平和可持续发展的内生动力，抢占未来发展新高地的重要举措。

智慧城市是将新一代信息技术创新应用与城镇化转型发展深度融合的富有中国特色的创新型城市形态，核心是以人为本，关键是建设实效，本质是改革创新[2]，具有技术融合、业务融合、数据融合的特征，实现跨层级、跨地域、跨系统、跨部门、跨业务的协同管理和服务，在多元协作、永续发展的建设运营模式下，通过创新城市管理和公共服务方式，向城乡居民提供无处不在的惠民服务、透明高效的在线政府、精细精准的城市治理、融合创新的信息经济和自主可控的安全体系，提升城市治理能力和现代化水平。

当前，我国各地方纷纷制定智慧城市发展规划，城市各部门也加大了各自业务系统开发建设的数量，但因智慧城市建设至今尚未形成一套适应国情的科学有效的智慧城市顶层设计理论和方法体系[3]，指导智慧城市各业务系统的建设，"信息孤岛""条块分割""数据垄断"和"数据打架"等现象屡见不鲜，传统电子政务阶段未能彻底解决的互联互通、信息共享、业务协同问题，城市各部门自身数据采集不规范、数据更新机制不完善，数据准确性、真实性和实时性无法保障，数据对于辅助科学决策支撑不足等问题，在大数据时代背景下更加凸显。随着互联网、大数据、人工智能等新一代信息技术的发展，面对智慧城市迅速增长的系统、终端和海量的异构数据，数据信息跨部门的共享协同、创新应用仍然是当前最重要的核心挑战。在此背景下，智慧城市运行管理中心的建设和发展，已经成为全世界城市治理的新范式，也成为全球合作的新焦点。

1.2 智慧城市运行管理中心的概念内涵

本书介绍的智慧城市运行管理中心是面向城市治理体系和治理能力现代化需求，利用云计算、大数据、物联网、人工智能、区块链、数字孪生等新一代信息技术，推动城市数据资源汇聚融合和

第1章 绪　论

运行态势全域感知，驱动业务流程优化和再造，实现城市治理能力提升、产业结构优化和管理模式创新的复杂系统[4]，是城市信息化、智能化发展的高级阶段，是一项综合性强、协调性高、覆盖面广的复杂系统工程，体现了政府推动信息化建设的资源配置能力和城市改革创新的水平。

智慧城市运行管理中心是集城市大数据运营、城市规划、综合管理、应急协同指挥等功能于一体，技术、业务、数据高度融合的跨层级、跨区域、跨系统、跨部门、跨业务综合协同管理和服务平台，是城市运行管理的"大脑"和"中枢"。智慧城市运行管理中心通过汇聚政府和社会数据资源，实现对城市运行状态的全面感知、态势预测、事件预警和决策支持，提高跨部门跨领域的协同指挥能力，形成"平战结合"的运行管理新模式，推动实现政府治理体系和治理能力现代化。

智慧城市运行管理中心的核心能力体现在以下五个方面：

智慧城市运行管理中心体现城市洞察能力。通过连接各类物联感知终端，实时获取城市的精细化运行参数，实现对城市全面、立体的感知，形成从物理城市到数字城市的精准映射。

智慧城市运行管理中心体现数据融合能力。全面汇聚城市各类政府数据，引入社会数据，对多元异构数据进行梳理、清洗、关联、比对，在融合分析中激发数据价值，为数据资源的活化应用奠定坚实基础。

智慧城市运行管理中心体现应用创新能力。集成应用大数据、物联网、云计算、人工智能等新一代信息技术，挖掘城市运行的内在逻辑和客观规律，发挥信息技术应用对经济社会发展的引领驱动作用。

智慧城市运行管理中心体现统筹协调能力。通过创新优化信息化统筹协调的体制机制，推进"三融五跨"，打破信息孤岛和数据割据，使得综合性的运行分析、形势预测、应急指挥、管理决策成为可能，为城市运行管理提供决策支撑。

智慧城市运行管理中心体现管理服务能力。通过数据驱动优化业务流程、重构城市管理服务模式，实现普惠化、智慧化、个性化的管理服务，同时将新一代信息技术与业务领域深度融合，赋能城市数字经济产业与创新生态。

1.3 智慧城市运行管理中心的意义

1.3.1 智慧城市运行管理中心是提升政府治理能力的有效途径

目前在智慧城市建设实践中，信息平台建设较为分散，数据资源共享不足，缺乏针对数据采集、共享、处理等环节具体可实施的制度和办法，数据真实性、有效性难以保障。大量政务数据资源沉淀，无法供社会力量进行增值开发利用，数据资源的潜在价值尚未充分释放。需要通过智慧城市运行管理中心建设，有效推动政府数据开放共享，深入推进"互联网+政务服务"，优化政务服务流程，助力建设人民满意的服务型政府；促进社会事业数据融合，实现基于数据的科学决策，推动政府治理能力提升。

1.3.2 智慧城市运行管理中心是构建新型基础设施的有效方法

智慧城市运行管理中心围绕城市数据资源价值的最大化，为城市提供"实时、全量、全网、全视频"的数据处理能力，促进数据的分享、流动、融合和创新。"城市大脑"作为城市级别人工智能创新平台，为城市提供大规模机器学习引擎，实现低成本、高效率、统一和开放的算法能力，支持实现整个城市的人工智能普惠化，极大降低企业和个人利用人工智能技术的创新成本。城市建设发展过程中亟须将智慧城市运行管理中心作为一种新型的城市基础设施，全面加强新型信息化基础设施建设，全面支撑数据资源开发利用和价值释放，提升城市智能化分析处理能力，实现对城市公共资源的全局优化调配、科学配置和高效使用。

1.3.3 智慧城市运行管理中心是创新城市管理模式的有效方式

智慧城市运行管理中心可以有效解决城市发展中存在的治理难题。随着我国城市建设规模的不断扩张，建设进程的不断加快，人口流动性增强，城市的环境资源保护、交通拥堵防范、食品药品安全管理、社会医疗保障、公共安全等管理工作压力日渐增大，必将显现诸多社会问题。通过智慧城市运行管理中心建设，可以提升政府整体数据分析能力，利用实时、全量的数据资源，对数据资源进行跨领域碰撞、深度加工融合和知识挖掘，探索隐藏在大数据海洋中的城市治理

第1章 绪 论

知识，并且将这些知识用于提高城市治理水平，为有效处理复杂社会问题提供新的手段，解决城市发展中一些用现有方法不能彻底解决的关键矛盾。

1.3.4　智慧城市运行管理中心是提升城市服务水平的有效途径

保障改善民生是智慧城市建设发展的核心目标。要把增进人民福祉、促进人的全面发展作为建设与发展的出发点和落脚点，切实解决好人民最关心、最直接、最现实的利益问题，不断提高人民获得感和满意度，充分调动人民积极性、主动性、创造性。通过智慧城市运行管理中心建设，推进基本公共服务均等化，在城市管理、社会保障、医疗卫生、文化教育等公众最关心的领域，提供广覆盖、多层次、差异化、高质量的公共服务，最大限度地满足城市居民的物质和精神文化生活需要。

1.3.5　智慧城市运行管理中心是推动产业创新发展的重要抓手

我国许多城市建设面临创新驱动内生乏力、经济增长支撑不足的双重压力。通过智慧城市运行管理中心建设，推动经济发展从要素驱动、投资驱动向创新驱动转变，促进工业化和信息化深度融合，以信息化改造提升传统产业，形成低能耗、高附加值的现代产业体系。需要充分释放信息资源的价值潜能，发展以信息知识加工和创新为主的新兴业态，壮大高技术服务业，促进产业结构转型升级。

1.4　国内外智慧城市运行管理中心发展现状

1.4.1　智慧城市运行管理中心的特点

从 Cisco 和 IBM 自 2008 年至 2018 年的智慧城市实践[5]中可将智慧城市运行管理中心的共同点总结为：拥有大量计算机终端和工作站，并为城市管理者、数据分析师和警力调度人员等提供占据整面墙的多窗口大屏幕。其中，Cisco 将智慧城市运行管理中心视为智慧城市的"大脑"或"引擎"，IBM 更提出智慧城市运行管理中心有助于将从遍布全城的传感器、历史数据库、现有应用和其他来源收集到的原始数据转换成为有用的结论。

李德仁院士在文献[6]中从提升空间大数据处理的时效性和智能化

水平出发，提出将人工智能与时空大数据集成，在地球空间的宏观、中观、微观尺度上分别形成对地观测脑、智慧城市脑和智能手机脑三个高度智能化系统，从而在数据驱动下实现脑认知的感知、认知和行动过程。其中"智慧城市脑"是一种城市运行管理服务系统，在数字城市建立的网络空间上，通过物联网各种传感器自动和实时地采集现实城市中人和物各种状态和变化的大数据，利用人工智能和数据挖掘等智能手段，由云计算中心处理其中海量和复杂的计算，实现对城市的感知、认知与控制反馈，为城市应急、城市管理、智能制造、经济发展和百姓生活提供各种智能化的服务。

国外也开展了一些成功的智慧城市运行管理中心实践。例如，里约热内卢较早开展了智慧城市运行管理中心的实践[7]。该市的智慧城市运行管理中心整合了30多个政府部门的数据，融合社会众包数据，并与公共安全部门的综合指挥控制中心共享数据和情报。中心集成平台基于开放标准和规则、采用面向服务的体系结构（SOA），有利于集成来自各个政府部门系统的数据和社会众包数据，并灵活地为其他应用程序提供服务。中心集成了超过15000个监测传感器和超过1000个视频监控摄像头对城市进行7×24小时监控，建设了超过250个主题图层的地理信息平台，连接、集成和关联多源数据，将实时监测数据和分析结果展示在由100个47英寸全高清LED屏幕组成的视频墙。该中心为提升智慧城市管理效能建立了技术环境和制度环境，主要在城市交通、公共安全、应急响应、环境监测和节能等领域发挥了实时监测和实时分析决策能力。该中心的核心是由物联网服务提供商运营多种物联网应用，与城市的电、水、供气等一系列服务相连接[8]。智慧哥本哈根项目[9]中，核心是"控制室"，跨部门的数据在此相互融合、分析、并通过仪表盘实时展示，以赋予城市规划者洞察力和控制力。根据沙特阿拉伯的阿卜杜拉国王经济城的智慧城市规划[10]，经济城将铺设宽带网络设施，并建设综合运行管理中心，以管理城市的全部运行。

近年来，我国一些名为"城市大脑"的建设项目，其本质也和智慧城市运行管理中心类似。例如，上海浦东的智慧城市大脑[11]以城市运行综合管理中心为载体，整合了109个单位、431个系统、308万只智能水电气表、近4万个物联感知设备、11.8PB海量数据，通过对综合数据的智能分析，能够做到自动识别各种问题，迅速响应，实现24小时智能化管理。通过巨型电子显示屏实时显示浦东景区客流、交通拥堵指数、生活垃圾处置等各项城市运行数据。又如，嘉兴的智慧城

第1章 绪 论

市大脑[12]由大数据中心支撑，汇聚了嘉兴市37个政府部门，203个专题的8000多万条专题数据，并且在人口、法人、组织、地理实体等丰富的基础数据上，动态叠加人流、物流、信息流等各种信息，形成了若干项指标体系，反映城市生产、消费、交通、服务四大单元的健康状态，为城市精准治理和科学决策提供依据。北京市"城市大脑"以领导驾驶舱(城市仪表盘)为核心，采集城市实时监测数据、运行事件数据、体征指标数据，采用可视化手段直观展示行业维度信息、空间地理动态数据和决策分析[13]。阿里巴巴集团在吉隆坡实施的首个海外智慧城市大脑项目，其核心是运行在云基础设施上的人工智能和大量不同类型传感器，主要面向交通领域，目的是提高管理效能[14]。

综上所述，归纳总结智慧城市运行管理中心的共同特点有：①依托部署在城市中的大量传感器、摄像头等感知设备采集多维数据，并将政府数据和社会数据进行汇聚整合[5,7,9,11-13]；②以数据的集中存储和分析为核心，开展基础设施集成应用[5,7,8,10,14]；③用大屏幕进行数据可视化展现[5,7,9,11,13]；④通过数据智能分析辅助城市治理和科学决策[7,8,11-13]。

1.4.2 智慧城市运行管理中心的顶层设计

现有研究主要从数据驱动的体系结构视角进行考虑，对智慧城市运行管理中心进行分层设计。共同点在于：①解决数据的获取问题[15-17]，通过信息基础设施对城市数据进行采集；②对数据进行汇聚和存储[16-19]，构建数据资源体系；③解决数据处理问题[15-19]，打通城市中的信息系统，实现数据共享，对不同来源的数据进行融合、分析，通过构建模型和计算识别数据之间的内在关系，进一步揭示模式、规则和知识；④然后解决数据应用问题[17-19]，通过具体的应用系统执行决策，并以交互和可视化的方式直观展示数据处理结果[15]。

1.4.3 智慧城市运行管理中心的问题和挑战

从智慧城市运行管理中心国内外已有文献和应用实践看，仍然存在如下问题：

1.4.3.1 顶层设计理论方法不足

从设计内容看，现有智慧城市运行管理中心较多关注技术架构设计，较少见到体制机制和运行管理模式设计。智慧城市运行管理中心作为一级政府部门的行政执行机构，如果没有较为合适的体制机制和运行管理模式设计将导致管理职能的混乱，直接影响机构的日常运行。从体系架构看，现有文献描述的智慧城市运行管理中心在应用层面仍然由用途单一、垂直"竖井式"的解决方案设计组成[20]。文献[21]在对33个城市的60多个智慧城市应用进行分析后，说明了智慧城市应用在大多数情况下都是作为孤立的工具设计的，没有考虑城市中的各个系统如何合作，也没有促进更广泛的城市生态系统的发展。综上所述，智慧城市运行管理中心需要加强顶层设计，从总体上考虑不同数据和应用之间的连接和互操作。同时，要强调体制机制和运行模式的设计，考虑部门之间的协作，将政府数据、企业数据和市民实际需求进行结合，以数据驱动的方式提升城市治理效率。

1.4.3.2 自主知识产权软硬件集成能力不强

智慧城市运行管理中心的顶层设计中需要解决数据的采集和接入问题，应建立统一标准的数据接入接口，实现对多源数据进行接入，通过构建统一的数据采集、分析及处理平台，实现信息资源高度共享、融合和综合利用，汇集成大数据资源池。顶层设计中也需要对数据存储的结构进行设计，搭建基于云架构的基础设施云平台，基于云计算技术实现计算资源共享和按需动态调整，对软硬件资源进行云化管理。同时，由于城市数据的敏感性，基础设施的安全、自主、可控应成为重点考虑的因素。

1.4.3.3 数据采集汇聚效能不高

随着智慧城市应用的快速发展，采集到的数据从简单的传感数据逐渐扩大到多种来源的海量异构数据，需要面临各种结构化、非结构化和半结构化数据的有效存储这一挑战。借助快速发展的人工智能技术和高速增长的计算能力，从海量异构数据（特别是视频数据）中提取有意义和不可取代的价值，通过数据获取和认知、决策和优化、搜索和挖掘、预测、干预等步骤，改变管理城市的方式[22]，这对视频等非结构化数据的采集和计算能力提出更高的要求。

1.4.3.4 数据分析应用智能程度不够

在较早的智慧城市运行管理中心建设中，较为关注数据的聚集和可视化展现，而忽视"数据-信息-知识-智能"的数据处理过程。在智慧城市中，市民、企业和政府应是数据和知识的创造者、贡献者、使用者和评估者[21]。智慧城市通过终端设备采集的数据，需要被转换为

第1章 绪　论

信息和知识，才能提供更令人满意的应用[23,24]，因此需要基于现状数据、统计规律与专家经验，提取经验特征，面向各类业务主题建立大数据分析模型，形成算法和场景，提高分析、模拟和决策制定效率。

参 考 文 献

[1] 单志广,房毓菲.以大数据为核心 驱动智慧城市变革[J].大数据,2016,2(3):3-8.

[2] 单志广.深化认识推进新型智慧城市建设[EB/OL].求是网,2016-10-18.

[3] 房毓菲,单志广.智慧城市顶层设计方法研究及启示[J].电子政务,2017(2):75-85.

[4] 单志广.智慧城市中枢系统的顶层设计与建设运营[J].人民论坛·学术前沿,2021(9):42-49.

[5] Sadowski J, Bendor R. Selling smartness: Corporate narratives and the smart city as a sociotechnical imaginary[J]. Science, Technology and Human Values, 2019, 44(3): 540-563.

[6] 李德仁.脑认知与空间认知——论空间大数据与人工智能的集成[J].武汉大学学报·信息科学版,2018,43(12):1761-1767.

[7] Ahmed E, Yaqoob I, Gani A, et al. Internet-of-things-based smart environments: State of the art, taxonomy, and open research challenges[J]. IEEE Wireless Communications, 2016, 23(5): 10-16.

[8] Ji Z, Ganchev I, O'Droma M. A generic IoT architecture for smart cities[C]// IET Irish Signals & Systems Conference & China-Ireland International Conference on Information & Communities Technologies, Limerick, 2014.

[9] Madsen A K. Data in the smart city: How incongruent frames challenge the transition from ideal to practice[J]. Big Data & Society, 2018, 5(2): 1-13.

[10] Angelidou M. The role of smart city characteristics in the plans of fifteen cities[J]. Journal of Urban Technology, 2017, 24(4): 3-28.

[11] 李志豪,刘思弘."城市大脑"如何指挥城市管理[J].浦东开发,2018,322(11):52-53.

[12] 周晓霞.时空大数据与云平台构建智慧城市"大脑"[J].中国信息界,2018,329(5):72-73.

[13] 朱平,曾德华,邹卫明.智慧城市运行监测中心建设研究[J].智能建筑与智慧城市,2017(9):29-32.

[14] Pažun B. Cloud computing influence on modern business[J]. Serbian Journal of Engineering Management, 2018, 3(2): 60-66.

[15] Pan Y. Urban big data and the development of city intelligence[J]. Engineering, 2016, 2(2): 171-178.

[16] Mukti I, Prambudia Y. Challenges in governing the digital transportation ecosystem in Jakarta: A research direction in smart city frameworks[J]. Challenges, 2018, 9(1): 14.

[17] Habibzadeh H, Soyata T, Kantarci B, et al. Sensing, communication and security planes: A new challenge for a smart city system designR[J]. Computer Networks, 2018, 144: 163-200.

[18] Wang C. The Urban "Traffic Brain" built by big data, cloud computing and artificialintelligence is not a panacea out of the actual application cannot be effective[J]. Auto & Safety, 2018(8): 80-85.

[19] He X, Wang K, Huang H, et al. QoE-driven big data architecture for smart city[J]. IEEE Communications Magazine, 2018, 56(2):88-93.

[20] Dustdar S, Nastic S, Scekic O. A novel vision of cyber-human smart city[C]. IEEE 2016 Fourth IEEE Workshop on Hot Topics in Web Systems and Technologies (HotWeb), Washington, DC, 2016: 42-47.

[21] Angelidou M. Shortcomings to smart city planning and development: Exploring patterns and relationships[J]. TeMA Journal of Land Use, Mobility and Environment, 2017, 10: 77-93.

[22] Hua X. The city brain: Towards real-time search for the real-world[C]. The 41st International ACM SIGIR Conference on Research & Development in Information Retrieval (SIGIR '18), New York, NY, 2018:1343-1344.

[23] Alhadid I, Alkhawaldeh R S, Khwaldeh S, et al. Smart city, infrastructure readiness[J]. International Journal of Planning, Urban and Sustainable Development, 2017, 5(2): 85-91.

[24] Preden J, Kaugerand J, Suurjaak E, et al. Data to decision: Pushing situational information needs to the edge of the network[C]. Proceedings of the 2015 IEEE International Multi-Disciplinary Conference on Cognitive Methods in Situation Awareness and Decision, Orlando, 2015:158-164.

第 2 章

智慧城市运行管理中心的顶层设计方法与实现

2.1 顶层设计方法

基于数据驱动与智能优化的智慧城市顶层设计方法和运行管理模式，围绕智慧城市从顶层规划到建设落地，从信息基础设施建设、体制机制改革、数据融合应用到运行管理模式创新，提出了基于数据驱动与智能优化的智慧城市顶层设计方法论（图 2.1）、应用大数据提升政府治理能力的技术和理念以及"六个一"智慧城市运行管理模式的顶层设计方法论体系，用来指导智慧城市的建设实施。

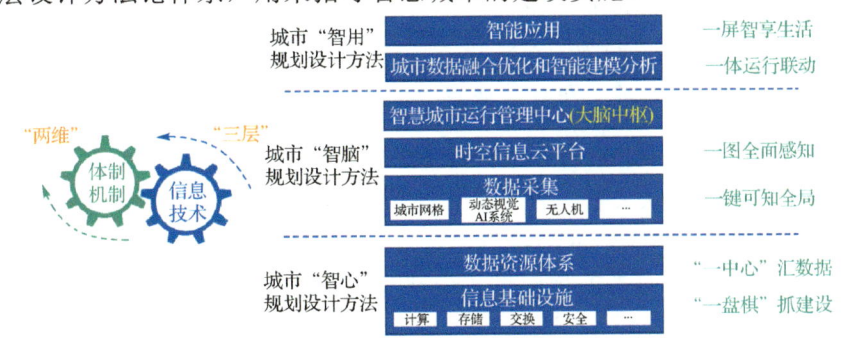

>> 图 2.1 基于数据驱动与智能优化的智慧城市顶层设计方法论

2.1.1 基于数据驱动与智能优化的智慧城市顶层设计方法论

针对当前智慧城市建设缺乏有效管理协调机制导致的一系列智慧城市"不智慧"的问题，本书重点结合经济社会发展背景，从横向纵向两个维度对城市目前信息化发展现状进行分类梳理。横向维度采用数据、功能、网络、人员、时间、动机进行组织，纵向维度分别为范围模型、组织模型、系统模型、技术模型、详细模型、功能模型，以此构建智慧城市发展现状的全面视图，并在此基础上归纳出智慧城市发展面临的问题。

以标杆案例对比分析法总结智慧城市建设发展趋势。通过选择国内外智慧城市的标杆，得到典型案例的关键成功要素和效益实现策略，结合成功案例的经验，以前瞻的视角总结出智慧城市发展趋势。提出了基于数据驱动与智能优化的"两维、三层"智慧城市顶层设计方法论，从技术实施和政策机制两个维度协同进行智慧城市顶层设计，构建"智心-智脑-智用"智慧城市顶层设计模型。

从经济社会发展目标出发，以提升大数据对各领域支撑能力为切入点，秉承城市空间和系统全面智能化、开放的产业链合作精神，确定信息化发展的指导原则和发展目标，建立清晰的、有竞争力的、包容的智慧城市发展愿景。

2.1.1.1 "两维"即技术实施与政策制度两个维度

技术实施层面的顶层设计主要是为了打通技术壁垒，按照端-网-云的体系架构将自下而上的业务设计和自上而下的信息化设计两者有机结合，实现"三融五跨"（技术融合、数据融合、业务融合、跨领域、跨地域、跨系统、跨部门、跨业务）。

政策制度层面的顶层设计主要解决体制机制的不协调，包括：全面统筹协调、体制机制创新、完善管理制度、完善投融资机制。

2.1.1.2 "三层"即智慧城市"智心-智脑-智用"层次结构

该层次结构设计以体系化视角考虑智慧城市建设的构成要素，以及各要素之间的关联关系，通过自上而下的顶层设计和自下而上的匹配，建立起包括任务规划、重点项目、实施方案等智慧城市发展路线图。

其中，自上而下的顶层设计是站在智慧城市发展指导原则和发展目标的角度，提出性能参考模型、业务参考模型、服务组件参考模型、数据和信息参考模型、技术参考模型，作为通用的业务、绩效、数据、

第 2 章 智慧城市运行管理中心的顶层设计方法与实现

技术的定义和结构。自下而上的匹配，就是部门在开展信息化建设时，需要确保工程架构与参考模型之间的匹配，并且提出的每一项工程规划均需要实现与参考模型的映射，从而确保顶层的设计能够转化为各部门的具体目标和建设项目，保障智慧城市建设可落地、可实施、可推广、可复制。

城市"智心"规划设计方法，主要采用自主知识产权软硬件建设信息基础设施，作为城市级海量数据共享交换的枢纽，为智慧城市建设提供计算、存储、安全等基础资源和共享交换能力支撑。

城市"智脑"规划设计方法，以建设融合一体的智慧城市中心为核心，通过城市网格、动态视觉 AI 系统、无人机等多种方式实现城市数据的多维采集，并利用时空信息云平台实现数据集中汇聚，为智慧城市运行管理提供大脑中枢。

城市"智用"规划设计方法，面向智慧城市业务需求，将城市数据进行融合优化和智能建模分析，提供无人工干预自动化审批、多源应用融合式一体化移动政务协同、企业服务信息自动匹配、城市形态智能监察、海量视频高精度搜索等智能应用。

2.1.1.3 智慧城市建设内容"六维模型"

贯彻落实中共中央、国务院印发的《国家新型城镇化规划（2014—2020 年）》《关于促进智慧城市健康发展的指导意见》（发改高技〔2014〕1770 号）等文件精神，紧密结合城市发展定位和战略目标，梳理分析智慧城市各类服务主体对信息化建设的需求和智慧城市的应用需求。

智慧城市服务主体需求分析，是以组织和人为核心，其最终服务的对象也是组织和人。重点围绕政府、企业和社会公众三类对象进行展开，以解决服务主体的实际需求为导向确定智慧城市的建设内容。

智慧城市应用需求分析，遵循从分析服务主体需求到对需求的开发形成产品，再到满足用户阶段性需求的过程。以马斯洛需求层次理论为基础，按照基础性应用需求、发展性应用需求、个性化应用需求三个层次展开。最终是以城乡居民的应用需求为核心，围绕城市演化进程，以可持续发展理念为指导，提出了智慧城市建设内容的"六维模型"（图 2.2），即基础设施智能化、公共服务便捷化、城市管理精细化、生活环境宜居化、网络安全长效化、产业发展现代化，以保障智慧城市建设与城市各领域发展要素能够高效、协调运作，形成以技术高度集成、产业高端发展、服务高效便民为主要特征的城市发展新模式。

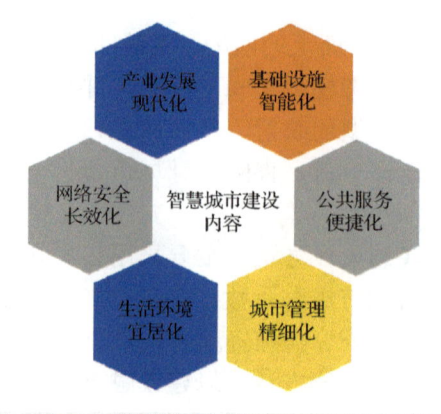

>>图 2.2 智慧城市建设内容六维模型

基础设施智能化，指通过智慧城市宽带、融合、安全、泛在的下一代信息基础设施建设，电力、燃气、交通、水务、物流等公用基础设施的智能化建设，智慧城市运行管理实现精准化、协同化、一体化。

公共服务便捷化，指在教育文化、医疗卫生、计划生育、劳动就业、社会保障、住房保障、环境保护、交通出行、防灾减灾、检验检测等公共服务领域，基本建成覆盖城乡居民、农民工及其随迁家属的信息服务体系，公众获取基本公共服务更加方便、及时、高效。

城市管理精细化，指在市政管理、人口管理、交通管理、公共安全、应急管理、社会诚信、市场监管、检验检疫、食品药品安全、饮用水安全等城市管理领域的信息化体系基本形成，统筹数字化城市管理信息系统、城市地理空间信息及建（构）筑物数据库等资源，城市规划和城市基础设施管理的数字化、精准化水平大幅提升，推动政府行政效能和城市管理水平大幅提升。

生活环境宜居化，指通过强化水、大气、噪声、土壤和自然植被环境智能监测体系和污染物排放、能源消耗在线防控，居民生活环境质量显著提高，促进城市人居环境得到改善。

网络安全长效化，指通过建立完善的城市网络安全保障体系和管理制度，基础网络和要害信息系统实现安全可控，重要信息资源安全得到切实保障，居民、企业和政府的信息得到有效保护。

产业发展现代化，指提升信息产业水平，培育新兴智慧城市产业，促进两化融合，推动企业信息化技术集成应用，以信息技术促进制造业和生产性服务业发展，整体提升产业效率和竞争力，优化产业结构。

本书提出的顶层设计方法论是以当前国际上比较主流的信息化规划方法论、IT 企业架构规划方法论（例如，Zachman、BSP、DoDAF、

第 2 章 智慧城市运行管理中心的顶层设计方法与实现

TOGAF、FEA 框架等)、国家竞争力理论和产业等规划理论为指导，融合了国家电子政务框架体系，结构化信息标准促进组织(OASIS)的转型政府框架(Transformational Government Framework，TGF)，结合了国家信息中心规划研究团队多年来在国家电子政务框架体系、国家信息化规划、国家电子政务规划、国家政务信息化工程建设规划、智慧城市总体规划与顶层设计等方面长期积累的规划设计经验，基于信息化规划综合集成法(Integrated Methodology of Informatization Planning，SIC-IMIP)，紧密结合我国城市在"四化同步"下的国情实际和城市发展战略定位，充分考虑各类服务主体对信息化建设的需求以及智慧城市应用需求，以可持续发展理念为指导，提出的基于数据驱动与智能优化的"两维、三层"智慧城市顶层设计方法论，集中反映了大视角、多维度、全过程、融合一体发展的智慧城市顶层设计思想。

2.1.2 应用大数据提升政府治理能力的技术和理念

针对当前我国超过 80%的数据资源掌握在各级政府部门手里，但并未得到有效利用的问题，本书结合"两维、三层"的智慧城市顶层设计模型，从技术实施和政策制度两方面，重点围绕大数据提升政府治理能力过程中的关系进行框架性研究，尤其是进一步开展面向"三融五跨"国家战略需求的针对性研究。

立足我国目前智慧城市建设发展实际，构建一套"用数据说话、用数据决策、用数据管理、用数据创新"的管理机制。基于技术实施和政策体制创新协同的"智心-智脑-智用"智慧城市顶层设计模型，构成以技术框架和制度框架为基本要素的大数据治理顶层设计。

2.1.2.1 制度框架

大数据的权属主要包括拥有、使用、收益和处置四种，大数据治理是一个识别大数据资产所有权层次的过程。通过数据生命期的管理策略和程序、数据质量的测评和管护以及大数据治理技术工具的应用三个方面规划大数据治理。数据生命期的管理策略和程序包括组织结构上的实践、操作上的实践和相关的实践。组织结构上的实践主要是识别出数据归属权、拥有者及其角色和责任；操作上的实践主要是组织执行数据治理的手段；相关的实践涉及改善政策有效性和用户需求之间的联系。数据质量的测评和管护包括可用性、精确性、完整性、一致性、实效性、单值性。大数据治理技术工具的应用包括以关注人为基础的治理理念、以政府为主体的治理主体、以多种数据为客体的治理客体、以法律和计算机等软硬件为主的治理工具、以对大数据价值为主要发掘对象的治理目标。大数据治理对象是从权、责、利相关方保证而引入的广义上的数据治理决策机制，同时考虑激励与约束机制以及监督机制。通过建立可持续的具有反馈和控制责任链的治理体系，在实际应用过程中解决相关决策问题。

2.1.2.2 技术框架

基于技术层面，建立大数据管理服务平台，提出业务驱动和数据驱动的大数据管理机制、大数据治理框架以及数据全面质量管理。

大数据管理机制，通过业务驱动对元数据和主数据进行管理，保证数据的完整性、一致性以及准确性，实现大数据治理的策略。为机构层有效管理元数据和主数据，并为实现数据业务价值提供了一套规范化管理的路径。作为数据治理的行动依据和基本指导方针，为实现法治、廉洁、创新和服务的新型政府提供了可持续的管理治理模式，为政府部门提升治理能力提供了有效路径。

大数据治理框架，把大数据治理定义为快速发现大量的结构化和非结构化数据，对其进行收集、运行、分析、存储和处置，并且保证这些数据的安全、隐私以及成本效益的过程，这个过程包括新兴的管理方法、技术、流程和实践。广义的数据治理框架，是协调多个政府职能部门的目标及其与大数据优化、隐私和货币商业化相关的策略。

数据全面质量管理，包括对数据的可获得性、可用性、完整性和安全性的全生命周期和全面质量管理，尤其关注数据形成时的真实性、可靠性、完整性和可用性，使用数据时的可信性、安全性、可追溯性、可关联性、可发现性和可再用性。

智慧城市数据大部分是由结构化、半结构化与非结构化的内部数据与外部数据构成。内部数据主要包括横向的各委办局的信息化系统生产的业务数据以及纵向的国家、省、市、区级数据；外部数据主要包括互联网数据、爬虫数据等。

大数据管理服务平台主要包括共享交换、数据分析、数据建模、数据 ETL 等功能与服务，流程为：

（1）数据汇聚过程(数据源→交换中心库)。通过共享交换系统接入单位的数据包括上级镜像库、本级单位前置库、企业信用库等，采集

第 2 章 智慧城市运行管理中心的顶层设计方法与实现

方式依据不同的应用场景和政府单位 IT 系统的多样性,可提供"推""拉"两种模式。系统要求满足不同时间周期的采集处理,如实时或按小时、天、月等要求,同时保障数据传输过程的异常处理机制;采集的数据存入共享交换平台的交换中心数据库,该库定时更新,保持最新的源数据。

(2) 数据分析与建模。在交换中心库的基础上对不同单位、不同系统、不同格式的数据进行分级分类管理,如把来源数据按照人口、法人、房屋数据进行归类,根据数据本身特性采用维度建模中的"雪花形结构"方式进行建模,模型保持良好的可维护性、可扩展性;其次分析数据现状,如分析数据的缺失值、异常值、重复数据等,根据数据的特性制订或选择数据转换标准。

(3) 数据融合过程(交换中心库→基础库)。数据清洗、转换、融合是数据融合过程的核心组成部分,经过数据缓冲、数据标准化、数据原子化、数据整合形成基础库。

(4) 数据开放服务。对数据入库后进行技术支撑,主要包括数据开放、资源目录、数据管理、数据共享及开放门户等子系统的建设,整体实现数据从采集、交换、加工、安全、销毁的全生命周期服务管理;利用大数据、区块链等信息技术手段,各子系统均模块化封装处理,提供标准 API 调用服务,同时支持与外部关系系统的无缝对接。

本书提出方案的特点是结合当前应用数据提升政府治理能力过程关系,对大数据集成系统和提升政府治理能力所需的产品与服务关键环节进行研究。通过进一步研究提出基于社会治理业务协同需求的大数据提升政府治理能力的顶层设计框架。

数据集成需求分析,重点结合当前各行业领域数据各自为政、系统"孤岛"依然存在的现象,主要从多维度考虑大数据治理活动的要素及其关系,构建概念体系和体系框架等方面进行研究。提出从某一维度考虑大数据治理的整体解决方案,从某一要素角度考虑应对策略、程序和行动。

提升政府治理能力所需的产品与服务需求分析,从业务角度分析,政府治理是一个多元化、多部门协同的过程。从系统建设分析,系统间、数据间的共享协同具有一定的复杂性。从提供数据服务的软件系统产品分析,基于固定业务场景下的数据服务产品,会随着使用时间的推移,不断产生新的需求,原有软件系统产品就需要按照需求调整技术手段,集成新数据组合,重新增添、处理、转换、组合建模来适应新需求。大数据提升政府治理能力过程的关系图如图 2.3 所示。

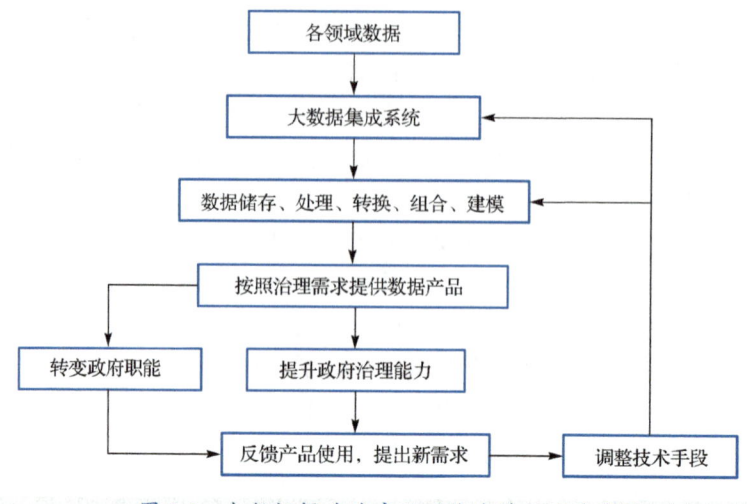

>> 图 2.3　大数据提升政府治理能力过程的关系图

2.1.3 "六个一"智慧城市运行管理模式

基于信息技术和体制机制创新协同的顶层设计方法论和"智心-智脑-智用"的智慧城市顶层设计模型，我们逐渐形成了一套指导智慧城市建设运行的思路和模式。为智慧城市顶层设计模型和方法的落地实施提供了有效的运行管理模式保障。以坚持统筹协调、坚持协同共享、坚持创新发展、坚持规范管理、坚持服务思维为原则，提出了"六个一"的建设运行管理模式（图 2.4），即一图全面感知、一屏可知全局、一体运行联动、一键智享生活、一中心汇数据、一盘棋抓建设。重点突出"政府+社会"，实现资源共享、市场运作；突出"统筹+集约"，解决碎片化问题，实现智慧城市"一盘棋"；突出"协同+智能"，打造面向未来的信息基础设施，实现共性支撑；突出"融合+共享"，打破信息孤岛，汇聚数据资源，辅助科学决策；突出"慧治+惠民"，开发便民应用，让群众有更强的获得感、安全感和幸福感。

在"一盘棋"抓建设过程中，坚持统筹协调，成立智慧城市建设领导小组，由地区主

>> 图 2.4　"六个一"智慧城市运行管理模式

第 2 章 智慧城市运行管理中心的顶层设计方法与实现

要领导担任组长，各部门主要领导担任小组成员，形成强有力的政府统筹协调推进机制。统筹信息化建设项目、软硬件资源、数据资源、政务网站、政务网络和安全体系建设，凡属政府资金投资建设的系统，必须经过统一评审，规范数据共享接口，避免形成数据"孤岛"。坚持规范管理，按照规划、标准、建设、管理、运维、保障"六个一"的建设思路，统一规范项目建设，最终形成智慧城市建设"一盘棋"。

在"一中心"汇数据建设中，坚持整合统筹，共建电子政务公共基础设施，以智慧城市运行管理中心为中枢，构建依托各业务系统、感知设备，全方位汇集各领域数据，形成一套基础数据库（包括人口、法人、宏观经济、地理信息四大基础库）以及各种主题库和业务库，逐步实现数据的汇聚与共享。

在"一体运行联动"实现过程中，坚持创新发展，以智慧城市运行管理中心为总汇聚点，以共享交换平台为枢纽，推进大数据平台、智慧时空信息平台和"城市大脑"整体建设框架，所有的系统应用在这个架构上延伸建设，数据接口标准统一，存储、传输集中在政务外网和视频专网上处理，实现"一体运行联动"。

在"一图全面感知"建设过程中，坚持协同共享，集成二维地图、三维模型、空中实景、航空影像等基础空间数据，建设时空信息平台，一图全面感知基于智慧时空信息平台，满足不同用户对同一底图不同层面的个性化、精细化的实时电子地图服务需求，促进城市管理可视化、精细化和精准化。

在"一屏可知全局"建设中，坚持统筹协同，建设智慧城市运行管理中心，作为城市运行的"大脑中枢"。在日常管理中，基于大屏显示系统可以全方位展示"经济创新、公共安全、人居环境、民生幸福、政务建设"等多维宏观态势，根据感知的数据对各领域现状进行"层层下钻、抽丝剥茧"分析、生成问题、提出建议并自动形成书面报告。在应急管理层面，可调用上级已接入运行管理中心的实时监控视频，前端感知应急事件的态势，通过大数据分析，自动生成"事态数据模型"，为科学决策、精准施策提供有力保障。

在"一键智享生活"建设中，坚持服务思维，建设网上办事大厅、政务服务微信公众号等应用系统，为企业提供政策信息推送服务、自动审批等创新性服务，让群众可通过多种渠道随时随地办理事务，极大地方便了群众办事创业。

"六个一"的建设运行管理模式有如下特点：

坚持统筹协调。结合各政务部门核心职能，以部门需求为导向，以突出"统筹+集约"为实现路径，推行统筹理念和管理方式，坚持规划、标准、建设、管理、运维、保障"六个一"，统筹规划和综合协调智慧城市各信息系统建设和共享共用，整合统筹共建电子政务公共基础设施和网络信息安全保障，实现由分散建设向共建共享的模式转变，形成智慧城市"一盘棋建设"新格局。

坚持协同共享。科学规划和统筹部署智慧城市各部门应用系统，以突出"融合+共享"为实现路径，支持各部门间的业务协同和信息资源共享，共用基础网络、云计算等基础设施，汇聚数据资源，辅助科学决策。注重投资效益，坚决避免重复投资、重复建设。

坚持创新发展。结合城市公共服务模式改革和政府部门运行机制创新，以突出"政府+社会"为实现路径，坚持开放发展理念，充分发挥市场机制和企业作用，实现资源共享、市场运作，形成智慧城市建设新模式。

坚持规范管理。坚持按照智慧城市信息化系统建设管理制度规定和要求，进行全过程管理和全流程管控。以突出"协同+智能"为实现路径，充分利用新技术、新理念，优化工作流程、创新业务模式，探索智慧城市信息系统建设运行管理的新模式，以"制度创新+技术创新"推进智慧城市建设，形成"一体化运行"的新支撑。

坚持服务思维。以突出"慧治+惠民"为实现路径，以人为本，务实推进。以为民、便民、惠民为宗旨，推动城市管理和公共服务方式创新，向城市居民和企业提供公平、普惠、便捷、高效的公共服务，切实方便群众办事创业，实现由行政办公需求为主向以服务公众需求为主的重心转变，有力提升公共服务便捷化、均等化、普惠化水平。

2.2 深圳市龙岗区智慧城市运行管理中心顶层设计实例

2013年11月，国家信息中心受深圳市龙岗区科技创新局委托，开展《智慧龙岗综合规划研究》，该项目研究论证了智慧龙岗的需求、可行性和必要性，研究形成了智慧龙岗的总体架构模型设计，重点对体制机制创新等保障措施提出了建议，从宏观层面解决了龙岗区智慧

第 2 章 智慧城市运行管理中心的顶层设计方法与实现

城市"做什么"的问题。同年 11 月，华为技术有限公司委托国家信息中心承担《智慧龙岗概念设计和总体规划技术服务》项目，该项目研究确定了龙岗区智慧城市建设的主要任务和重点工程，给出了实施路线图，从微观层面解决了龙岗区智慧城市"怎么做"的问题。两个成果形成完整的顶层设计方法论体系，分别从规划设计层面和落地实施层面为龙岗区智慧城市做出指导。

国家信息中心团队于 2013 年 11 月至 2014 年 3 月展开对龙岗区经济社会发展情况、智慧城市建设现状及需求的深入调研，项目组通过对龙岗区主要领导、部门、街道、市直驻区部门、代表企业的调研访谈，对深圳市兄弟城区以及国内部分先进城市的调研考察，并与龙岗区综合发展规划专题对接。在深入调研基础上结合国家信息中心规划研究团队多年来的规划设计经验，在信息化规划综合集成法指导下，提出基于数据驱动的智慧城市顶层设计方法，编制了《深圳市龙岗区智慧城区规划纲要》。

2.2.1 总体蓝图

依据龙岗面临的机遇、挑战、现状，从基础设施、政务协同、公共服务、社会管理、产业发展和城市生活宜居等六个方面来规划智慧龙岗的愿景、目标和蓝图，并提出智慧龙岗的总体框架。

2.2.1.1 发展愿景

通过构建相对完善的信息系统，实现全面感知、泛在互联、广泛整合、智能分析及深度协同，实现民生服务和城市管理的智慧应用；助力产业转型升级和智慧产业发展取得突破；实现政府运作程序化、标准化、精细化，提升城市运行和公共服务水平；将龙岗建设成为国内领先的"智慧"城区：基础设施智能化先行区、政务协同高效化实践区、公共服务普惠化模范区、社会管理精细化创新区、城市生活宜居化引领区和产业发展高端化示范区。

基础设施智能化。加强城市信息基础设施建设，通过基础设施智能化改造，建设先进融合的通信广电网络基础设施和宽带泛在云服务的电子政务信息基础设施，实现基础设施的智能化。提高政府与企业、市民之间交互的明确性、效率、灵敏度和响应速度，提升政府对海量信息的收集和处理能力。

政务协同高效化。提升政府处理社会事务和办公协作效率，以最小的成本、最人性化、最有操作性的工作流程，达到政务的高效化运作，推进服务型政府建设。

公共服务普惠化。龙岗的快速发展必须以普惠的公共服务为基础。完善全方位社会保障，完善养老体系，改善弱势群体的生活状况；用信息化手段，扩大优质教育资源覆盖面，实现优质教育资源扩容，实现公平减负、教育均衡；充分利用信息化手段，促进优质医疗资源纵向流动，全方位保障市民就医便捷和身体健康。让市民的生活更加便捷、高效、舒适和幸福，通过物联网和互联网以及传感技术的有机结合，促进公共服务的智能化，实现公共服务普惠化。

社会管理精细化。龙岗的快速发展离不开政府精细化的社会管理，有效利用智慧手段和应用，提升城市整体治理管控能力。构建"平安龙岗"体系，实现龙岗交通、治安、三防、应急、安全等方面的信息快速感知、智能分析决策、信息共享、行动协同高效；构建社会管理体系，通过人口管理、信用管理和织网工程等系统，建设综合基础信息库和各类社会管理专题库，加强流动人口管理，推动社会诚信体系建设，服务社区居民，化解社会矛盾纠纷，处置问题隐患，维护公共安全。

城市生活宜居化。有效利用智慧技术和应用提升龙岗城市生活宜居化水平。丰富的文体娱乐配套服务，让市民生活充满乐趣；进行高标准城市管理；完善道路交通基础设施，打造便捷的公共交通服务体系；打造智慧化社区和家居，为市民营造美丽便捷的生活和工作环境；实现能源有效供给和使用，通过节能、减排、循环资源利用，减少对资源能源的消耗，构建低碳城市；通过智能化的环境和水资源监控，构建绿色可持续发展环境，提高市民的生活质量。

产业发展高端化。加大工业化和信息化深度融合力度，坚持高端发展的战略取向，支撑龙岗产业转型升级。通过信息技术支撑传统制造业转型升级，发展战略新兴产业、先进制造业，提高企业、园区信息化和电子商务水平；依据龙岗自身产业特点，形成从通信设备制造到智慧产业集群的发展。

2.2.1.2 规划蓝图

智慧龙岗主要由 6 个主要方面和 26 个领域组成（图 2.5），6 个主要方面即基础设施智能化、政务协同高效化、公共服务普惠化、社会管理精细化、城市生活宜居化和产业发展现代化，26 个领域包

第 2 章 智慧城市运行管理中心的顶层设计方法与实现

括通信广电、电子政务网络、云数据中心、感知网络、大数据中心、信息安全、政务基础整合、政务基础共享、政务工作协同、政务统一工作平台、网上办事、智慧教育、智慧医疗、智慧养老、平安城市、智慧城管、智慧环保、智慧水务、智慧低碳城市、智慧社区、智慧家居、智慧街道办、智慧园区、电子商务、招商引资平台、智慧产业。

>>图 2.5　"智慧龙岗"的规划蓝图

2.2.1.3　总体架构

智慧龙岗总体架构(图 2.6)自下而上分为：感知和控制层、泛在网络层、基础能力层、应用资源层、应用能力层、专题应用层、价值实现层，同时还有标准规范体系和管理运行体系作为保障。这些多层次的系统架构从 6 个方面实现了智慧龙岗的总体蓝图，即：基础设施智能化先行区、政务协同高效化实践区、公共服务普惠化模范区、社会管理精细化创新区、城市生活宜居化引领区和产业发展现代化示范区。

感知和控制层是智慧龙岗实现"智慧"的触角。感知和控制层具有环境感知能力和控制能力，主要以 RFID、WSN、GPS、红外感应器、激光扫描器、光敏器件、热敏器件、智能控制器件等为代表的物联网信息传感设备组成，负责从不同的角度获取信息，转换为可以在网络中传递的数据；同时也可以接受上层传递来的数据，对城市基础设施、环境、建筑、安全等实现检测和控制。

泛在网络层是传递系统中的数据通道，是智慧龙岗的信息高速公路。网络层由大容量、高宽带、高可靠的光网络和全面覆盖的无线宽带网络组成,包括光纤网络、2G/3G/4G 无线通信网络、广电网络、电子政务光纤和无线专网。让市民、企业和政府机构"随时、随地、随需"都可以宽带接入网络,从而实现各种应用。

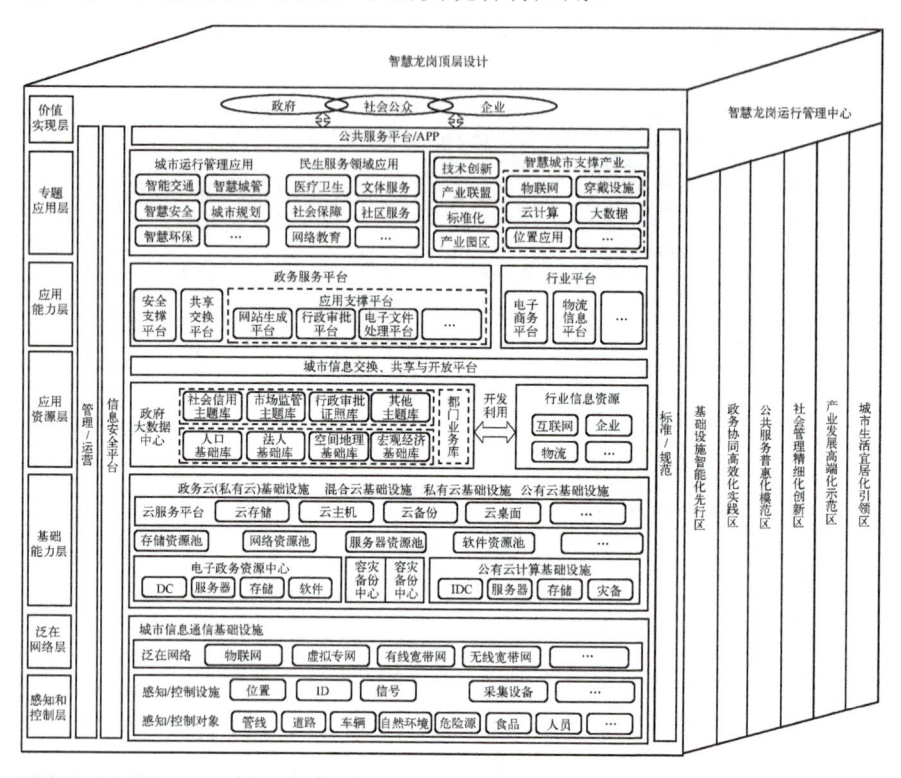

>> 图 2.6 智慧龙岗总体架构

基础能力层主要用于数据的计算、存储、备份等,通过电子政务云基础设施和公有云基础设施,基于云计算技术,构建云平台,实现公有云、私有云、混合云、政务云的云服务模式。

应用资源层主要是借助数据仓库、数据关联、数据挖掘、数据活化等技术,解决数据割裂、无法共享等问题,分类管理组成智慧城市的数据库系统,涉及基础地理信息数据库、人口数据库、宏观经济库、法人数据库以及信用等主题数据库;在数据集成管理的基础上,借助大数据技术,对海量数据进行智能的分析处理。

应用能力层主要用于简化上层应用的开发实施难度。通过应用模板、能力引擎,基于工作流引擎的开发环境,向用户提供应用快速交付能力;通过统一定义智慧龙岗标准接口,形成数据集成、能力集成

第 2 章 智慧城市运行管理中心的顶层设计方法与实现

等应用系统多层次集成能力；通过系统数据优化分析，以可视化的城区数据图表等形式为决策者提供决策支持能力。

专题应用层主要是智慧龙岗的各种应用系统，包括城市运行管理、民生服务、智慧产业三类，城市运行管理如智慧环保、智慧交通等。民生服务如智慧教育、智慧医疗等，智慧产业如智慧园区、物联网等。

价值实现层指智慧龙岗服务于龙岗市民、企业、政府，这三类用户可以通过各种终端接入，享受智慧城市的服务。

信息安全体系和标准规范是智慧龙岗的保障。除了传统的信息安全保障体系和方法外，在智慧城市建设过程中尤其需要重视云计算、物联网感知和移动互联网的安全。建设和运营智慧龙岗应该参照国际国内的"智慧城市建设规范"和"智慧城市评价规范"，全面指导智慧龙岗的建设和运行的评估和考核。

2.2.2 八大发展方向

为了实现智慧龙岗的六个愿景，即基础设施智能化先行区、政务协同高效化实践区、公共服务普惠化模范区、社会管理精细化创新区、城市生活宜居化引领区和产业发展现代化示范区，需要在加快基础设施智能化、推动政务协同高效化、促进公共服务普惠化、加强社会管理精细化、建设城市生活宜居化、推进产业发展现代化、完善信息安全保障体系、优化建设运行管理机制等八个方面确定发展思路、主要任务和主要项目。

2.2.2.1 加快基础设施智能化

1. 夯实电子政务基础网络平台

将龙岗政务光纤网络延伸到社区工作站和教育、医疗等公共单位和部门。推进政府各基层站点光纤互联网络的建设，推进公办民办学校的政务光纤网络互联，以支持智慧教育的建设；推进各医疗机构的光纤互联的建设，以支持智慧医疗的建设。建设无线 4G TD-LTE 无线政务暨物联专网，为龙岗的海量图像监控、应急多媒体集群通信、物联网应用等提供扎实可靠的无线网络环境。通过有线无线政务网络，建立覆盖全区的政务宽带网络体系，构建大容量、承载多业务、布局合理、结构优化的传输网络，支撑全区各项政务和民生工作应用。具体包括：

政务基层站点光纤连接工程：对现有网络进行带宽和线路的可靠

性进行升级(含教育专网、医联专网)，对重点办公环境实现光纤到办公室和无线链路备份。

龙岗智慧政务宽带网络工程：社区工作站、社康中心、计生服务中心、居委会、社区服务中心以及政府的基层站所(如劳动站)的光纤宽带联网、无线链路备份。对现有网络进行带宽和线路的可靠性进行升级，对重点办公环境实现光纤到办公室、无线链路备份(不含教育专网、医联专网)。

龙岗医联专网宽带网络工程：所有的医院、诊所、社康中心建设光纤互联、无线链路备份，为医疗信息共享、医疗水平提升、居民健康档案的建设提供网络支持。

龙岗教育专网宽带网络工程：所有的中小学和幼儿园建设光纤互连、无线备份网络，为及时获取相关信息、应急信息、教学资源和教育水平提升提供网络支持。

龙岗区政法信息网建设工程：实现各政法部门"联通共享一体化"，为政法各部门的信息共享和业务协同提供基础载体和运行环境。区法院、检察院、司法局、公安局等政法部门及所有街道基层政法单位全部接入政法信息网。

2. 集约建设 IT 基础设施

采用集约化的原则，构建集中统一的高计算效率、高计算密度和低能耗的龙岗电子政务数据中心。构建统一的云计算平台，实现计算、存储和网络资源根据业务需求动态扩展，满足政府业务数据计算存储交换需求。建立统一管理平台，对基础设施、IT 设备等资源进行动态调度和自动管控，简化管理，提高运营效率，降低运营成本。

3. 实现"宽带龙岗"

持续推进网络基础设施的共建共享，加快推进龙岗区网络改造和光纤宽带网的建设、龙岗区下一代广播电视网(NGB)的建设。推进光纤入户，实现家庭宽带普及。实现光纤到园区和商业楼宇的全面覆盖。全面实现"百兆到户，千兆到企"的宽带接入能力。加快基础网络的 IPv6 改造，全面支持 IPv6 访问与解析，IPv4 与 IPv6 主流业务互通。

推动运营商有线无线宽带网络建设、广播电视网络建设、信息业务创新和应用深化。落实"宽带中国"战略，落实"宽带网络建设纳入城市规划、土地利用总体规划，政策保障宽带网络设施建设与通行，深化网络设施共建共享"措施。引入竞争机制，通过政府向运营商购

第 2 章　智慧城市运行管理中心的顶层设计方法与实现

买服务的方式，鼓励运营商在龙岗公众场所建设无线局域网，向公众免费开放 Wi-Fi。

4. 构建"感知龙岗"

基于共享的原则，建设覆盖全区的通用感知网络和专业感知网络，如视频监控网络、位置感知网络、身份感知网络、环境感知网络等；并建设感知网络综合管理系统，实现感知设备综合管理，对全感知网络进行集中监控、集中维护和集中管理，实现对城市传感网络总体状况的综合监测和全面掌控；传感数据的综合处理，对各类别的传感业务数据分类处理和初步整合，以满足不同应用的需要。基于共享的原则，优先建设一类视频监控，加快推进视频门禁联网，逐步推进二三类视频监控建设。扩大定位系统在交通运输工具等移动目标上的应用范围，实现对公共交通车辆、出租车运营车辆、专业运输车辆、环卫车辆等移动目标的精确位置感知。

5. 打造"无线龙岗"

加快无线宽带网(WLAN)建设，扩大无线网络覆盖，优化网络结构，提升网络质量，打造"无线龙岗"。逐步在公益性场所如市政公园、政府对外窗口、博物馆等为市民提供稳定的免费无线宽带接入服务。

6. 构筑"可视龙岗"

构建统一的基础地理空间信息平台，用于各个部门基于 GIS 系统的可视化应用。加快实现城市规划和市政设施智慧化。基于统一的地理空间框架和时空信息平台，按照全市要求统筹推进城市规划和国土管理。建设地下空间管理信息平台，集成自来水、电力、燃气、排污、通信及综合管线等地下市政基础设施信息数据，实现地下管线可视化和三维立体管理。对现有公路、水电等基础设施进行智能化应用和改造。

2.2.2.2　推动政务协同高效化

1. 健全政务信息资源共享管理制度

建立有效的信息资源共享管理机制，将龙岗各类政务业务活动中使用、传递和交互的信息资源，通过一定的标准、流程、制度和规范有效地管理起来，在保证信息资源的唯一性、准确性和权威性的基础上，形成业务数据流，确保数据可信赖、可获取、可应用，提升运营效率，支持基于事实的决策，实现数据价值最大化。信息资源管理机制需要有专业的管理人员及组织保障，业务可通过数据管理系统支撑。

各部门可以建立各自的数据库系统，但所有的数据必须归口到龙岗区层面统一管理，同时各部门数据库要与龙岗区数据库同步。同理，各局下属单位若需要建立独立数据库，也需要与该规则相同。数据管理策略框架如图2.7所示。

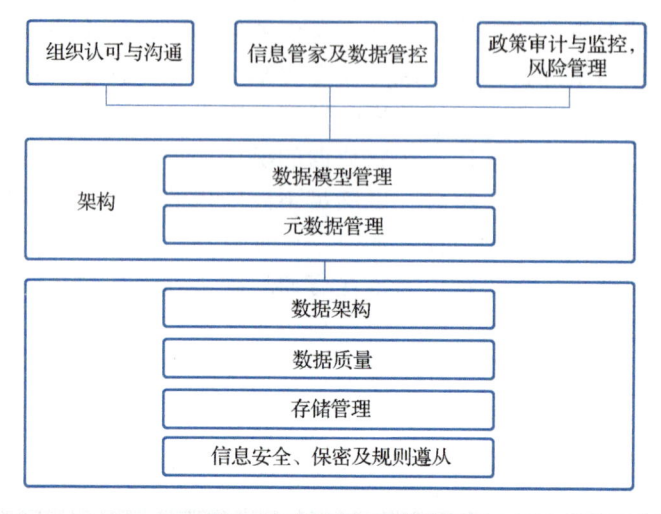

>>图 2.7　数据管理策略框架

2. 构建统一政务管理平台

通过构建龙岗政务管理门户网站，实现对政务管理功能的集成（图2.8、图 2.9），推动业务需求的快速实现，为政府行政人员提供一

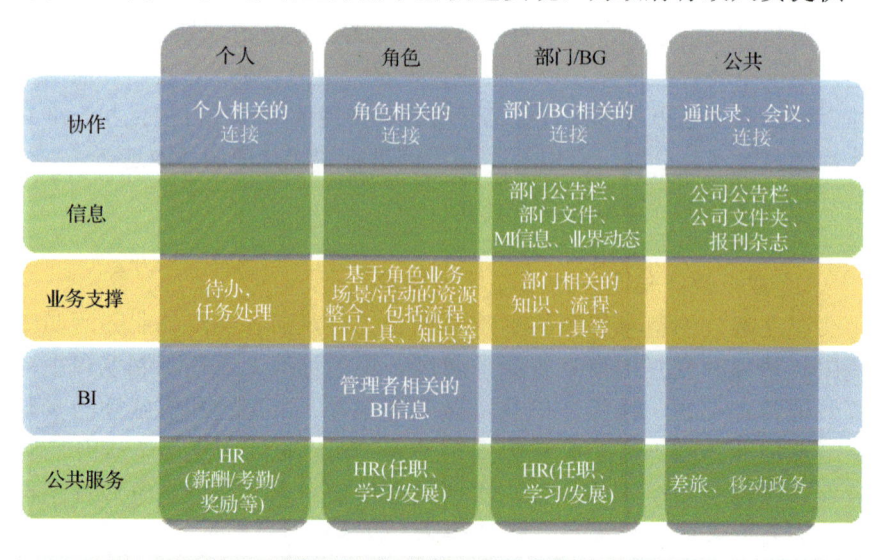

	个人	角色	部门/BG	公共
协作	个人相关的连接	角色相关的连接	部门/BG相关的连接	通讯录、会议、连接
信息			部门公告栏、部门文件、MI信息、业界动态	公司公告栏、公司文件夹、报刊杂志
业务支撑	待办、任务处理	基于角色业务场景/活动的资源整合，包括流程、IT/工具、知识等	部门相关的知识、流程、IT工具等	
BI		管理者相关的BI信息		
公共服务	HR(薪酬/考勤/奖励等)	HR(任职、学习/发展)	HR(任职、学习/发展)	差旅、移动政务

>>图 2.8　行政管理门户集成内容

第 2 章 智慧城市运行管理中心的顶层设计方法与实现

```
终端安全接入  [笔记本]  [手机]  [平板]

统一登录UI: 统一导航组件 | 单点登录 | 统一UI组件

基于角色的内容管理: 频道管理 | 窗体管理 | 权限管理
                  Profile推送 | 国际化 | 用户分析

W3 Workplace运行环境(PaaS)
          ↓ 服务

SaaS服务提供者: 知识管理(文档、社区) | 沟通协作(邮件、消息) | 业务处理(ERP、BI) | 员工服务(人事、IT)
```

>> 图 2.9 行政管理门户架构

个全面、高效、易用的办公协作系统环境。建设统一业务办公平台，可减少员工重复登录、使用多平台时间成本和学习成本；可安全便捷接入，打破时间空间工作限制；可深入与业务结合，通过团队协作、降低工作的复杂性；可通过业界新工具和技术的使用，驱动个人生产力和创新能力，释放政府的集体智慧。建设行政办公子系统，包括统一搜索系统、邮件系统、会议系统、即时通信系统、工时系统、任务分派系统、通信录系统等，将办公子系统无缝集成到政务管理门户网站。

构建政务管理门户移动客户端，支持手机、平板等各种常见客户端的访问，目前考虑到政务管理门户涉及业务处理内容较多，因此不能完全复制 PC 端功能，主要将信息查阅、审批、简单申报、BI 等在移动端实现(图 2.10)。

3. 构建资源共享平台

基于云计算和大数据技术，构建开放共享的资源共享平台。提高各个系统间的基础数据交换、优化分析服务能力，为各部门及第三方系统集成应用提供支撑，促进部门及行业间信息互联、互通、融合和共享，加速智慧应用孵化速度。

其中云架构分为云软件、云平台、云设备三层。资源共享平台主要指云架构中间层，其上层是 SaaS，其下层是 IaaS。龙岗资源共享平台架构包括集成服务子平台、公共应用子平台、大数据管理及商务智能服务等。

>>图 2.10　移动端实施应用

1）集成服务子平台

集成服务平台可有效支持政府内以及各政府部门间的数据集成、应用集成和业务流程集成的需求，分为两个层次。

政府内信息系统集成：用来支持内部信息系统之间的数据交换及互操作，进而实现龙岗区政府内信息、过程和服务的纵向集成的功能平台。

政府对外信息系统集成：用来支持区政府与上、下级部门间（如工商、社保、卫生、公安等）数据往来的横向集成的功能平台。

2）公共应用子平台

公共应用服务是将各应用需要的公共应用功能以服务方式提供，其包括如下几方面。

文档管理服务：过程文档和最终文档的管理服务，并支持与各应用集成。

报表服务：将关系数据以报表形式展现，并支持与各应用集成。

统一搜索：建立龙岗区统一搜索平台，可以对按需实现全文检索的应用进行集成。

工作流服务：建立龙岗区业务流程管理（BPM）平台。

社区服务：论坛、微博等。

SSO 服务：单点登录服务，提供"一次登录，处处使用"的用户体验。

第 2 章 智慧城市运行管理中心的顶层设计方法与实现

用户行为分析服务：可以收集系统用户访问行为轨迹，通过对用户行为的分析，研究产品的使用情况并协助优化改进。

移动平台服务：移动应用的开放门户，不但提供移动办公功能，同时为移动应用快速开发、测试、部署、管理提供一整套工作环境和工具。

GIS 地理信息服务：充分利用 GIS 共享服务，实现对空间信息的统一管理和发布，通过统一的服务来为 SaaS 层应用系统提供服务，实现信息精确定位。

3）大数据管理及商务智能服务

实现对政务标准化结构数据及非结构文档的集中管理，提供统一的数据服务(图 2.11)，包括 ODS 运营数据存储、数据仓库和内容管理。

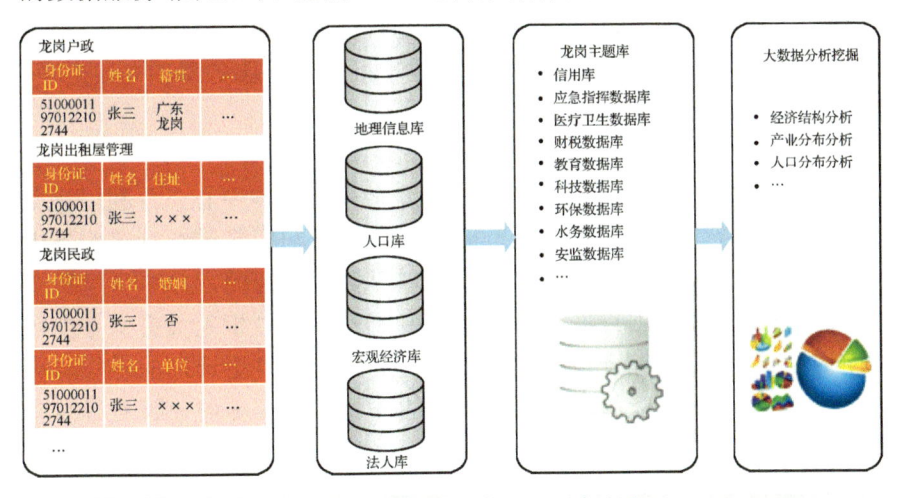

>>图 2.11 基础数据整合及分析挖掘

ODS 运营数据存储：可以实现多主题实时数据的集合，例如统一人员信息库、统一企业信息库，主要功能包括信息识别、整合、信息发布、订阅机制，以及信息的实时或准实时同步机制和提供服务的应用接口。

数据仓库：作为面向政府主题的数据集合，收集各政府部门应用系统中的数据，按照标准的政府主题进行数据整理和加工，生成决策所需要的信息，并且最终把这些信息提供给需要这些信息的使用者，供使用者做出改善业务经营的正确决策，同时也为政府应用系统、决策支持系统等提供数据共享支持。

内容管理：用于支撑对所有政府系统及外部文档的非结构化内容

管理，并发布多元化的内容，为知识管理等后台功能提供复用，主要包括内容集成、协同、记录管理和统一内容管理等。

建立数据开放平台，鼓励社会资本充分利用城市、政府、企业运行的数据，开发增值服务为全社会提供服务，促进数据的增值和数据价值转换机制的完善。

2.2.2.3 促进公共服务普惠化

1. 构建公共服务平台

建设龙岗公共服务平台，充分利用现有各类信息资源，将网上办事大厅龙岗分厅建成集信息公开、网上办理、便民服务、效能监察、政民互动于一体的公共服务平台，实现"一站式、一体化、零距离"的服务，提高行政效能。深化审批和公共服务应用，建设网上办事证照信息库，实现适用于网上办理的行政审批和公共服务事项在线办理、在线审批和在线反馈。

• 统一对外服务界面，建设智慧行政服务中心

智慧行政服务中心（图 2.12）是区综合行政服务中心充分利用物联网、互联网等信息技术手段，全面整合并优化配置区综合行政服务中心办事人员、工作人员、服务事项、申报资料、证照、办事环境等资源，有效集成服务项目，高效协同服务流程，为办事人员提供方便快捷服务。努力将区综合行政服务中心打造成为集"更透彻的感知、更全面的互联、更智能的应用、更个性的体验"于一体的"智慧行政中心"。发挥智慧行政中心的先导和示范效应，努力在全区实现智能信

>> 图 2.12 智慧行政服务中心

第 2 章 智慧城市运行管理中心的顶层设计方法与实现

息化的行政服务、标准规范化的服务流程、高效便捷化的公共服务、公正透明化的行政管理、低碳人性化的办公环境，使公众享受到智慧型的行政服务。

• 智能化手段拓宽政民沟通渠道

通过信息化手段拓展信息获取渠道，公众可通过网络、短信、语音门户等多种手段对政务信息进行自助查询、咨询和投诉。充分整合政务信息资源，构建全面覆盖各级政策法律法规、政府公开信息等内容的行政信息知识库，充分利用网上办事大厅开展政民互动，利用政务信息知识库实现常规问题自动回复，个性问题由各部门定期派专员在线答疑，并对知识库持续进行补充和更新。

2. 构建智慧教育体系

龙岗区在智慧教育方面要加快建设"三通两平台"，即"宽带网络校校通、优质资源班班通、网络学习空间人人通"以及"教育资源公共服务平台和教育管理公共服务平台"，构建龙岗智慧教育体系。通过教育专网建设，实现全区100%学校光纤联网。通过教育云平台以及相关应用实现教育公平、教育均衡。通过发展数字教育、远程教育等智慧教育手段，实现各级各类教育数据和资源的整合共享和按需推送。

• 教育专网建设项目

构建校校通、班班通、人人通的教育校域网，倡导各公办和民办学校建设基础校园局域网，完善教育信息化基础设施，实现龙岗区教育基础网络、深圳市教育城域网和电信网络的互联互通。通过电子政务光纤网络和电信等运营商网络，实现全区100%学校光纤联网。

网络设计充分考虑到现有网络数字教育业务应用特点，即对于教学应用，同一个操作的交互请求数据量和资源下载类数据量严重不对称的特性。比如，课堂教学过程中一位教师推送资源内容的业务，教师端发起资源推送请求，上行数据通过防火墙进入到数字教育应用软件，在云系统的配合下当发起资源下载业务时，学生端通过系统判断、资源搜索等操作，通过业务分发节点直连教育局核心交换机的万兆通道下发，保障了业务的及时性。通过上行访问业务和下行高带宽业务的分离设计，既节省了系统整体设备投资，又保障了系统的可靠性。硬件部分组成如图 2.13 所示。

• 建设数字教育系统

数字教育包括教育云平台，整合和利用现有校园信息化基础设施，建设覆盖全区、分布合理、开放开源的教育基础云环境，支撑形成教育云基础平台、云资源平台和云教育管理服务平台的层级架构。通过顶层统一门户的建设，使老师、学生、家长、管理者及市民可以使用不同的终端随时随地接入，为龙岗区学生、老师、家长、学校提供无处不在的资源共享服务、互动教学服务，创造性地实现个性化学习，全民教育和终身学习（图2.14）。

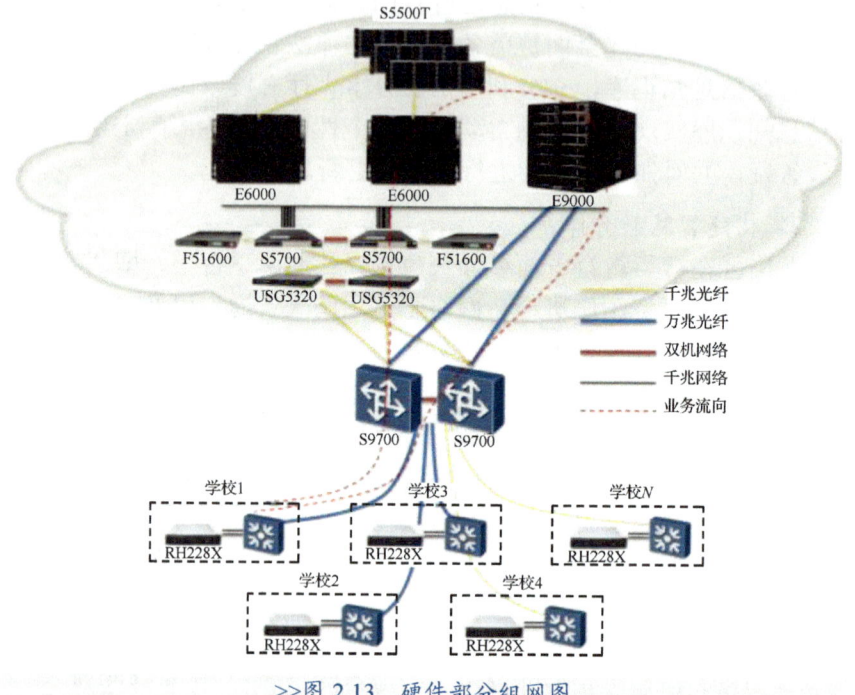

>>图 2.13　硬件部分组网图

>>图 2.14　数字教育服务平台整体方案图

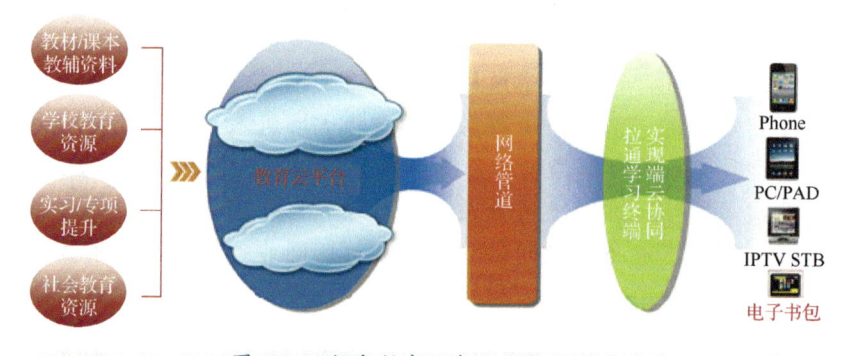

数字教育应用软件运用云平台技术，集业务功能与内容资源于一体，支撑数字化教与学全流程，解决教师备课任务繁重，测评方式单一，学

第 2 章 智慧城市运行管理中心的顶层设计方法与实现

生课业过重等问题，并最终实现高效课堂、因材施教与泛在学习。数字教育应用软件总体架构如图 2.15 所示。

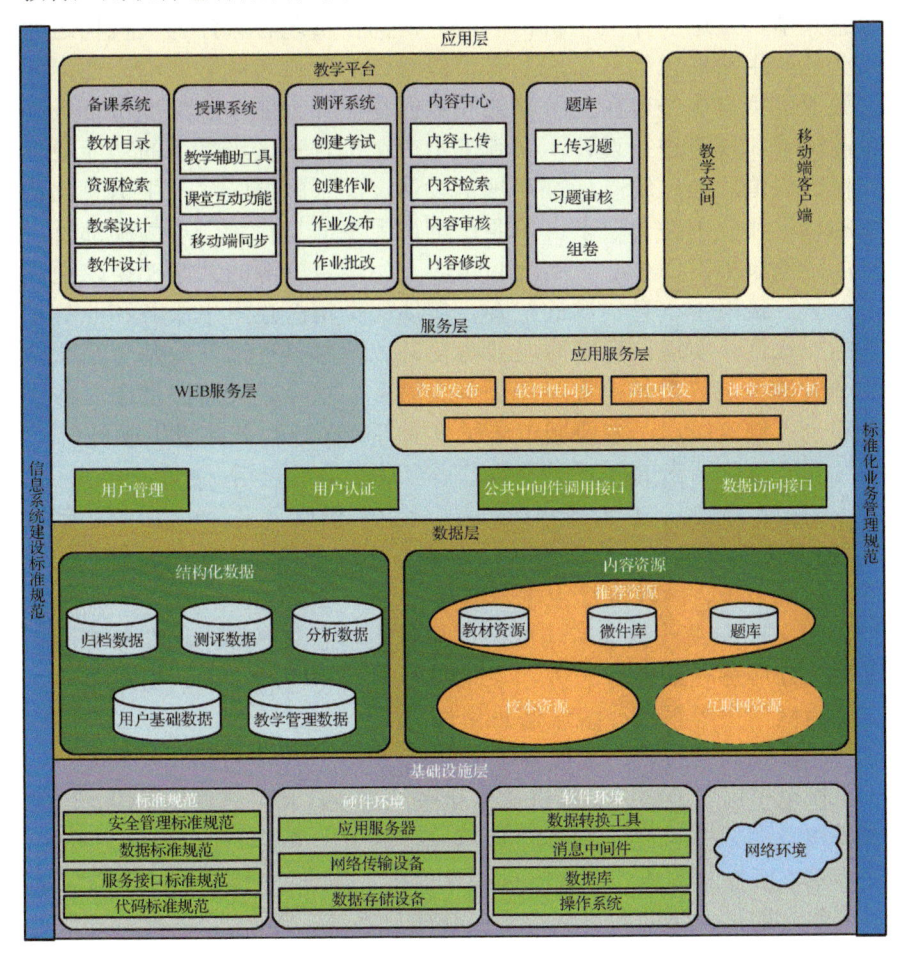

>>图 2.15 数字教育应用软件总体架构

3. 构建智慧医疗体系

建设区域卫生信息平台，实现医疗信息共享和服务互动。推进数字医院、远程医学平台等建设，引入国内外先进医疗资源，增强服务辐射能力。建设医疗数据中心和云平台，实现健康档案和电子病历在医院和社康中心间共享利用。全区医院达到卫生部电子病历应用等级 4 级标准，全面提升医疗卫生服务能力、服务效率和服务水平。

· 建设基于健康档案的区域卫生信息平台

建立基于健康档案的区域卫生信息平台，着眼于社区卫生服务中心,以卫生信息交换平台建设为载体,为居民建立连续、动态、终身的健康信息记录,实现"居民健康一体化"。通过平台建立健康档案信息共享,推进医疗卫生机构的业务协同,实现各医疗卫生机构之间"业务应用共享化"。考虑到与市级平台的对接和业务联动,龙岗区区域卫生信息化平台在业务功能和数据存储等方面按照深圳市市级平台的标准和规范进行设计,必须满足市级平台对区级平台的功能要求和接口规范。通过统一标准和规范设计,满足区域医疗卫生信息化系统的数据和应用整合要求。按照深圳市卫生信息化统一规划和部署,以居民健康档案为核心,实现与市级卫生信息资源的共享交换,通过市、区二级卫生信息资源的整合,实现与全市医疗卫生服务和业务管理的一致性,实现信息共享及业务协同。同时,逐渐开放基于互联网的个人健康门户系统,实现便民健康服务,重点建设居民健康服务平台和个人健康门户,方便城市居民享受各项医疗和公共卫生服务。

基于健康档案的区域卫生信息平台(图2.16)包括:1个中心(区医疗卫生数据中心)、1个平台(区域医疗卫生健康云平台)、6个基础系统(数据交换与信息共享系统、注册服务系统、患者主索引系统、医疗卫生标准系统、区域医疗卫生资源库系统、居民电子健康档案系统)、8项增强应用(统一健康卡集成、区域健康信息共享、区域业务协同、区域医疗服务在线监管服务、卫生综合管理和辅助决策、公众服务、卫生内网门户等系统、区域信息集成)。

• 推进数字医院、远程医学平台建设

以电子病历为核心,推进数字化医院建设。利用信息化手段,以患者为核心,以电子病历为基础,以居民健康卡为承载,打造数字化医院,逐步形成医疗业务软件、数字化医疗设备、计算机网络平台、RFID物联网平台四位一体的数字化综合医疗信息系统,逐步实现"诊疗服务无纸化"。同时,促进就诊流程优化,提供低差错、高效率、高质量的医疗服务。推行医院信息化,提升医院服务能力与核心竞争力。

以信息化推进新型医疗卫生服务模式,基于物联网、新一代移动通信和信息技术,基于智能移动终端(移动医生工作站、移动监督、移动指挥等)、远程医疗、健康监护、RFID电子芯片等移动通信和信息技术装备,深入探索以信息化带动的医疗卫生业务模式创新,整合优质医疗资源为居民提供连续、个性化的医疗卫生服务,促进龙岗区医疗卫生事业不断创新发展。例如,在妇幼保健院婴儿防盗系统试点基础上,向全区医院推广;实现医院RFID应用和医院移动医生站推广等。

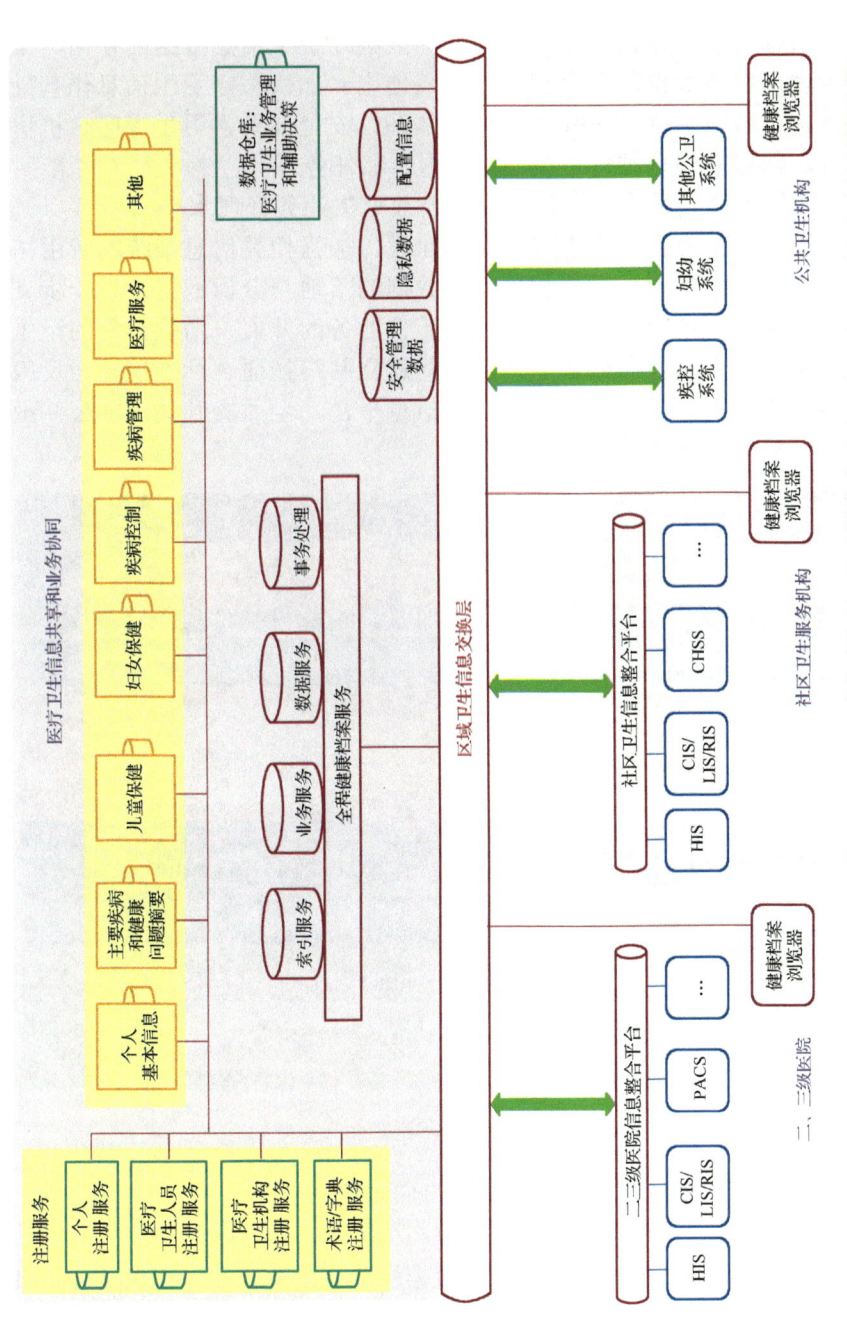

第 2 章　智慧城市运行管理中心的顶层设计方法与实现

>> 图 2.16　区域医疗卫生健康云平台逻辑架构图

- 建设区域医疗数据中心和云平台

建设区域医疗数据中心和区域医疗卫生服务中心，建立集中为主、分布为辅的统一数据中心，完成龙岗区医疗卫生信息数据的存储、集中管理，保障数据的安全存储和高效使用。加快医疗卫生信息化基础设施建设，包括区域医疗卫生标准体系、安全体系、卫生专网、机房工程、数据中心软硬件系统等建设内容和任务。

- 完善公共卫生信息化，提高公共卫生业务管理水平

进一步完善公共卫生监测体系建设，加强相关信息系统的应用拓展，通过对公共卫生领域相关业务数据的落地与分析应用，进一步支撑龙岗区疾病预防控制业务和卫生监督业务的开展，增强日常的卫生监测预警能力和应急处置能力，最终建立网络畅通、标准统一、反应灵敏、高效运作的统一的公共卫生信息平台，全面提升龙岗区公共卫生的业务管理水平(图 2.17)。

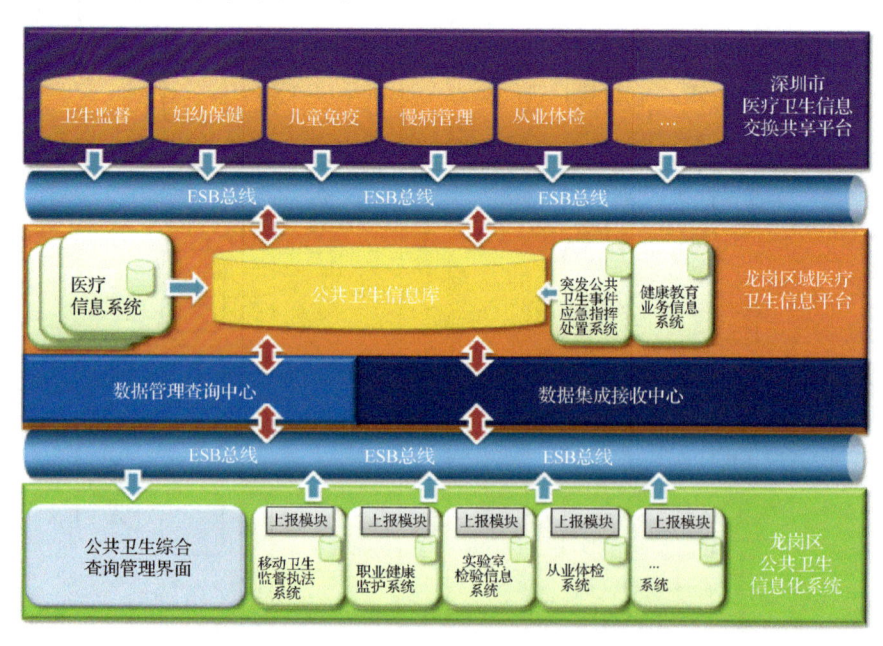

>>图 2.17　龙岗区公共卫生业务架构

- 以标准化推进医疗卫生资源的全面整合

遵循国家、深圳及国外医疗卫生相关标准，通过区域医疗卫生信息化总体规划，进行技术标准规范、数据标准规范的设计，重点建设龙岗区医疗卫生数据共享规范与最小数据集标准，完成标准化接口工作，实现区域内各系统和区域医疗卫生信息平台之间的数据级和应用级整合。

第 2 章 智慧城市运行管理中心的顶层设计方法与实现

4. 构建智慧人力资源和社会保障体系

按照全市统筹安排，开发社会信息综合管理系统，全面整合公民社保相关的各类信息；建设劳动就业信息平台，监控企业用工情况，保障劳动者权益；通过社区网格化管理方式掌握老年人分布状况，部署居家智能终端并实现与社区、区域医疗机构联网，实现对老年人的养老跟踪服务；统一社保服务办事流程，实现人力资源和社会保障所有行政服务事项网上在线办理，为各类服务对象提供优质便捷服务，基本形成"以人为本、一体化发展"的全区人力资源和社会保障信息化格局。

- 提升人力资源和社会保障智慧管理决策能力

社保信息综合管理以公民社保基础信息为依托，整合与公民社保相关的其他信息，全方位展示公民的社保整体状况。以公民的唯一识别信息(姓名、性别、身份证号)对公民进行统一的社保序列编码，并以此为基础记录公民的社会保险缴纳状况，记录公民的工作经历、培训记录、服务评价等信息，还可以建立公民间的社会关系(家庭关系)，通过全方位的社保监控网络，采集公民活动事件信息，结合互联的其他系统(银行、税务、社保基金等)中的辅助信息，通过这些信息可以为公民提供更好的专属社保服务，确保社保服务执行的有效和公平，综合分析后形成社会保障的管理建议，并通过对管理过程的跟踪对管理方法进行优化。

- 提升人力资源和社会保障业务管理能力

智慧劳动就业：一方面要搭建起用人单位与劳动者之间就业信息沟通的桥梁，实现劳动就业信息平台与智慧社区公共综合信息平台互联互通，使劳动就业服务进社区，为劳动者，尤其是来龙岗区建设者提供求职信息发布、招聘信息获取、劳动技能培训、劳动普法宣传教育、劳动争议调解等服务，让老百姓真正享受到信息化时代带来的便利。另一方面要通过对企业用工情况的监控来保障劳动者的权益，通过给公民进行统一的社保编号及要求用人单位进行劳务合同电子化备案，监控公民和用人单位的关系；通过公民社保账户，掌握公民的工资及福利发放情况；通过用人单位掌握公民在该单位的工作情况，防止用人单位不采用正规雇佣方式，充分维护公民的利益。

智慧养老：通过掌握社区老年人的分布，结合社区服务能力情况安排养老服务。老年人口特殊的自然生理、社会心理和文化观念等特征带来的养老需求是多方面的，需要建立集医疗护理、生活料理、社会救助、住房保障和社区服务等于一体的保障体系。通过社区网格化管理方式，将社区有养老需求的老年人进行均匀分布式划分，将社区的各种服务与该区域的老年人进行关联。通过在老年人居住环境部署智能终端，实时掌握老年人的生理状况，能够根据异常事件及时呼叫区域内医疗服务机构进行及时治疗；老年人也能够通过该终端请求某类型的服务，比如心理疏导等；同时，老年人请求的社区服务也可以通过该终端对社区服务人员的服务时间和服务质量进行记录。通过对老年人状况记录进行分析，根据结果安排社区各类型服务的时间和密度。

智慧残疾人士保障：首先，要建立面向全区残疾人的信息无障碍服务，使其享受平等的社会生活服务。比如在图书馆设立盲人电子阅览室，盲人不仅可以阅读电子图书，还可以观看无障碍电影；公交车上安装语音遥控装置，盲人在公交车站使用手持遥控器可以收听进站公交车的线路提示；十字路口的红绿灯音响指示系统通过密集、缓慢的嘀嗒声提示盲人是红灯还是绿灯；地铁站台楼梯的最后一个台阶的扶手上有盲文提示盲人列车前进的方向，在站厅通道口有盲文提示通道的走向；这些面向残疾人信息无障碍设施，可以使残疾人同健全人一样无障碍地获取信息资源和公共服务。其次，要完善残疾人士的保障管理工作。残障人士保障管理因其管理对象的特殊性，在确认其身份后，管理内容既涉及医疗护理、生活料理、社会救助，又涉及低保发放及工作技能培训和社区服务提供等诸多方面。通过与医疗机构和伤残评定机构进行互通互联，能够获得社区内残障人士的评定信息，将残障身份及残障程度信息记录，以便社区残障人士管理机构进行社区服务类型的管理。残障人士保障管理结合了贫困家庭保障管理和老年人保障管理的特点，针对需要照顾的残障人士，可以采用老年人保障管理的方式进行保障，针对部分具有劳动能力的残障人士，可以在领取低保的同时进行工作技能培训，既可以服务于社区，也能够帮助其就业。此外，对于区域内的流浪残障人士，通过与公安系统的互联互通，结合社区残障人士登记记录，对归属社区的残障人士进行社会救助，对区域外的残障人士通知其信息登记所在地的社会服务机构进行社会救助。

智慧贫困家庭保障：贫困家庭保障管理通过公民的社会关系和财务状况来确定低保发放，并通过社区互动活动来管理公民的技能和服务贡献。通过公民的家庭关系及成员的工作状况、经济状况，进行低保发放的评定，在确认低保发放后开始监控享受低保人员的银行账户、

第 2 章　智慧城市运行管理中心的顶层设计方法与实现

社保账户及税务记录，当享受低保人员的经济能力超出低保范围后停止发放低保。为了促进公民的劳动意识和再就业，经过鉴别和记录，要求有劳动能力的公民接收低保就必须参加社区安排的技能培训和义务社区服务，根据公民的工作经历设置公民必须参加社区技能培训及额定的社区服务时间，通过与各技能培训学校及深圳市技能认定和发证机构的互联互通，公民完成培训的时间和结果记录在公民社会保障信息中；公民参加的社区服务时间都会由服务请求者在移动终端上进行记录并进行服务质量评价，根据这两项的记录结果作为公民低保额度调升的依据，并且能够对超出的服务时间部分进行有偿核算。根据公民的培训记录和服务记录作为推荐依据，协助公民寻找外部工作机会，或者推荐成为社区工作者，一旦公民重新进入工作状态则可以取消其及家庭的低保发放。

- 提升人力资源和社会保障服务能力

社会保障呼叫中心：社会保障呼叫中心与龙岗区语音门户集成，同时与其他服务机构联动，及时响应社保服务请求并转交服务机构处理。通过设立统一的社会保障服务呼叫中心，由统一的渠道来受理公民的社会保障服务请求，将服务请求转交到其他服务机构，并监控该请求的处理结果，及时将处理结果反馈给请求者。同时，提供部分社会保障的信息和案例作为呼叫中心的资料库，以方便呼叫中心专员能够快速地识别问题或者提供解决方案。

社会保障服务平台：社保服务平台与龙岗区公共服务平台集成，为用户提供统一的服务界面。用户可以通过手机终端或电脑，在网上办事大厅的社保模块，查询个人社保、劳动力市场就业信息、社保时政要闻信息。其中个人社保查询服务包括个人基本信息查询、缴费历史查询、养老账户总额查询、失业待遇发放查询、工伤待遇发放查询、退休待遇发放查询、生育待遇发放查询、转入/转出基金查询、一次性缴费查询等。

2.2.2.4　提高社会管理精细化

1. 建立平安龙岗应急管理机制

开展体系性的建设与整合工作，夯实基础。应急调度指挥系统从纵向上，不同层次的应急平台的功能和技术体系要有一致性，与统一指挥、分级响应、属地为主的应急体制相一致；横向上，应急平台应能改变同级部门间条块分割、独立作战的局面，充分体现一体化应急的功用。呈现"多级、两维、一主线",涵盖各类突发公共事件应急管理全过程(监测监控、预测预警、应急准备/规划、决策/指挥/处置/支持、恢复重建分析)的跨管理域超系统结构。

　　加强公共安全数据的综合汇聚与分级分类管理。在区信息交换共享平台的基础上,建设公共安全信息共享平台。实现减灾信息资源交换、共享与整合,为上层业务应用提供数据交换、安全、导航、目录、元数据管理等基础支撑服务。对共性关键问题建立模型,实现对预测和决策分析的支撑。以地域、时空、气象等多种条件对突发事件发展演化的综合影响建立预测模型,针对突发事件演化的不同阶段实施应急救援,对事件演化的影响和综合效果进行研判。核心解决途径是开展综合风险分析、预测预警、辅助决策和模拟仿真等应急技术的综合性攻关与应用,研发集成监测-预测-预警的综合研判系统。围绕为决策者提供重大突发事件决策的技术环境,开展科技攻关,研发具有评估、监测、预测、研判和案例反演与分析的一体化决策指挥平台。平台主要包括预案管理、重大案例管理、应急资源管理、应急信息报送、协同会商决策等应用软件。研究基于风险识别的资源储备与动态调度模型,资源优化配置体系设计方法及多种救援力量统筹调度和协同作战技术,形成综合指挥调度系统。

- 应急指挥系统

　　建立区-街道指挥调度平台,实现有线、无线网络通信指挥调度、应急信息资源的收集更新、视频资源的接入、规范化的信息报送等功能,共享区级平台的指挥决策系统。完善区应急指挥系统功能,依托市应急办平台,建立突发公共事件的综合预警系统,具备预警信息汇总、分析、研判和发布功能。依托综治信访维稳和数字化城市管理系统完善现有气象、水灾、地质灾害、森林火灾等自然灾害的预测预警系统,实现相关灾害的综合预警。整合各类社会安全事件情报信息,健全情报信息汇总研判机制,建立健全社会安全事件的综合预警系统。依托龙岗区电子政务系统及部门业务系统,建立全区应急资源数据中心,分步实现全区横向、纵向相关应急平台的互联互通和信息共享,并在此基础上建立数据挖掘及应急指挥决策分析系统,为应急指挥决策提供高级别的分析支撑功能。完善移动应急平台的功能,加强车载数据库及车载综合应用软件的建设,满足突发事件移动指挥的应用需求。建立应急保障系统,实现对人力、物力、财力、医疗卫生、交通运输、通信保证等各类应急资源的管理,参考应急预案制定应急资源

第 2 章 智慧城市运行管理中心的顶层设计方法与实现

的优化配置方案，满足应急救援及恢复重建工作的需要。建立应急评估系统，实现对应急事件及应急能力的综合评估，为调整方案、事后总结、改善工作提供参考依据；实现市区间应急平台的互联互通。

- 应急整体监测网络

自然灾害事件、事故灾难事件、公共卫生事件、社会安全事件等不同应急事件需要不同类型的监控设备进行感知，比如：视频监控设备、水质传感器、大气传感器、噪声传感器、辐射传感器、温度传感器、风速传感器等，通过这些监控设备进行整合，形成整体监控网络，实现对各类事件的实时监控和信息获得。此外，通过综合服务平台可以接收市民的事件报告，比如：卫生事件、事故事件、安全事件等，作为应急整体监控网络的补充措施，充分发挥社区居民的移动监控终端功能。应急整体监控网络可以通过城市信息基础设施的感知网络和政府行政管理的社区综合管理服务平台实现。

- 应急信息集成系统

综合应急指挥中心接收各类型监控设备收集到的信息，并且需要与各协同部门共享事件状况信息和发布指令，因此需要通过应急信息集成系统来收集应急整体监控网络采集的信息，并与其他系统无缝衔接、协同工作。通过应急信息集成系统，监测的数据能够多渠道地汇总到综合应急指挥中心，应急中心可以实时掌握事件演变的状态过程、根据预案执行处理的效果、现场监控的音/视频信息，与事件处理的相关参与方(现场人员、专家团队、相关部门应急负责人及执行人等)共享这些信息，达到事件处理的最佳效果。通过应急信息集成系统，综合应急指挥系统能够与各类型应急事件的直接处理部门系统中应急指挥部分衔接，在事件处理过程中及时感知事件状态，共享事件处理过程中的数据、决策建议等进行发布，并接收事件处理信息反馈、阶段性成果，保证事件处理的流程能够顺畅执行。应急信息集成系统可以通过政府信息基础设施的集成平台实现。

2. 构建视频感知网络和智能视频分析系统

- 视频感知网络

建立龙岗区高清化、全覆盖、共享的视频感知网络，建立区、街道两级视频共享管理平台，实现视频信息全面共享。坚持高起点规划、高标准建设、分阶段落实，实现对城市所有出入口、公共区域、道路、场所、车站等重要场所全覆盖的视频监控网络。搭建全区统一的视频共享平台，为全区其他部门提供视频共享。按照一类二类三类标准，

智慧城市运行管理中心：
顶层设计与工程实践

分级分标准建设视频感知网络，实现公共场所的全面覆盖，为公安、交通、应急管理和城管等多个专业提供视频感知服务。

二三类点联网，可以利用居民建设的监控探头，由社区、小区自己聘用的监控员查看录像，政府部门负责专人管理、维护二三类点，并将二三类探头接入公安网及政府内网，公安可调取案发探头查看录像，增加办案效率，政府部门可以调取校园内部探头，查看相关录像。视频监控涉及的视频系统由城市信息基础设施的感知网络部分进行统筹规划和建设（图 2.18）。

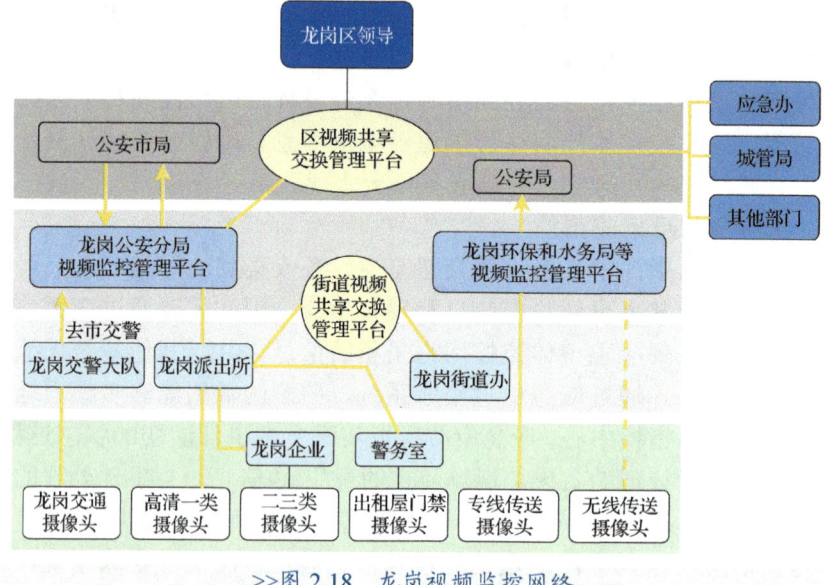

>>图 2.18 龙岗视频监控网络

- 智能视频分析系统

建立智能视频分析系统。通过分析视频图像中的海量数据建立模型库，及时发现系统中的异常情况，为公安、交通、应急管理和城管等提供及时的报警信息。视频智能分析系统（图 2.19）能够对视频区域内出现的运动目标自动识别出目标类型并跟踪，对目标进行标记并画出目标运动轨迹，能够同时监测同一场景里多个目标，可以根据防范目标的特点进行灵活设置；能够适应不同的环境变化，包括光照、四季、昼夜、晴雨等，并能够抗摄像头抖动。

3. 建立安全模型并实现智能分析和挖掘

通过食品、药品溯源、公安情报、织网工程等应用系统，将众多的信息搜集起来，建立系统、广泛的信息库，逐步建立安全模型并实现智能分

第 2 章　智慧城市运行管理中心的顶层设计方法与实现

析和挖掘，做到安全隐患的及时发现和排除，安全事故的即时处理。完善和丰富安全防范案例库，并做好向企业、居民的安全培训和教育。

>>图 2.19　视频智能分析分类

食品追溯系统（图 2.20）一般采用 RFID 技术，保障食品安全及全程可追溯，规范食品生产、加工、流通和消费四个环节，将大米、面粉、油、肉、奶制品等食品都颁发一个"电子身份证"，即全部加贴 RFID 电子标签，并建立食品安全数据库，从食品种植养殖及生产加工环节开始加贴，实现"从农田到餐桌"全过程的跟踪和追溯，包括运输、包装、分装、销售等流转过程中的全部信息，如生产基地、加工企业、配送企业等都能通过电子标签在数据库中查到。

4. 深入推动"织网工程"

实现基础信息一网采集、社会事件一网分流督办考核、公共资源一网整合共享、关联数据一网查询比对、社区服务一网延伸跟进，建成服务社区居民的"民心网"，化解矛盾纠纷和处置问题隐患的"工作网"，维护公共安全的"防控网"。

建设"一库两网两系统"，即公共基础数据库、社会管理工作网、社区家园网、社区综合信息采集系统和决策支持系统，实现社会管理工作的信息采集、数据共享、事件处置等功能。在现有基础上，建立互联互通、共建共享的公共信息资源库，建立统一、规范的社会服务管理工作平台，及时将发现的问题录入、分流、处置，形成支撑社会综合服务管理的信息系统。织网工程业务结构如图 2.21 所示。

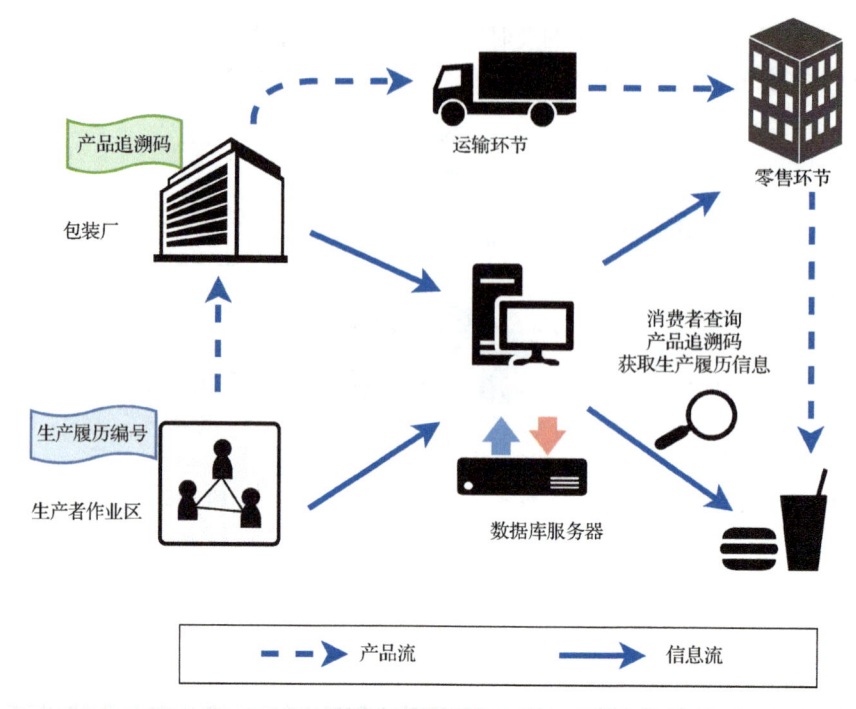

>> 图 2.20 食品追溯流程

>> 图 2.21 织网工程业务结构

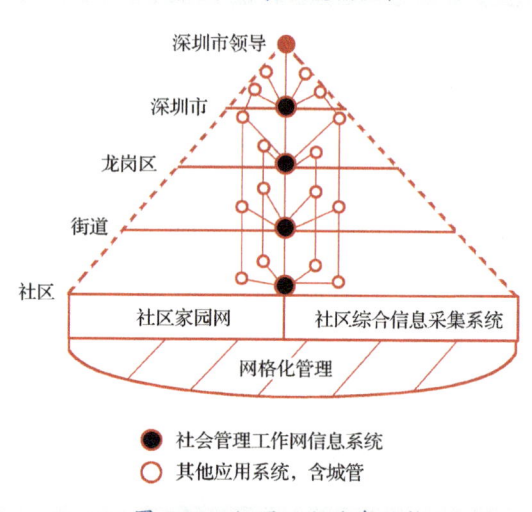

5. 构建智慧安全生产体系

通过建设各类感知网络和安全监管信息系统，配合织网工程等社会治理手段，实现企业安全隐患的登记入库、安全生产的监控、上门监督的信息采集和督促整改的闭环处理。加大网上安全培训力度。积

第 2 章　智慧城市运行管理中心的顶层设计方法与实现

极引入先进防灾技术，减少路面塌陷、火灾等事故的发生。

建设安全生产管理系统，借助通信、互联网和系统集成等技术，构建高效灵敏、反应快捷、运行有效的区、街道、社区、企业四级安全信息网络。系统整合安全生产监督管理、重大危险源信息管理、企业隐患排查网上申办、安全生产事故统计、安全生产政策法规检索、安全生产专家库、灾难事故应急指挥处理以及安全生产信息发布等应用，并实现对危化品企业、重大危险源的远程实时动态监控。逐步与公安、消防、建设、交通、国土、文化、环保、卫生、市场监管等负有安全监管职能的部门系统实现互联互通和信息共享，为安全监管提供科学可靠的决策依据和管理手段。并将系统与全区综合应急指挥中心系统互联互通，共享基础平台，实现全区重大危险源 24 小时实时动态监控，并对重大危险源数据库及时进行数据更新，实现动态监控和预警。

2.2.2.5　建设城市生活宜居化

1. 智能交通

- 建立智能化交通监测体系

基于计算机视觉仿真、雷达测速、智能图像分析、图像安全保存以及智能快速检索等技术，整合全区道路交通路网的监测设施和信息获取终端(如电感线圈、红外装置、摄像头等)，通过对它们的集中控制和互联互通，进行实时交通数据收集和动态监测，并基于商业智能与数据挖掘技术，对收集数据进行统计分析和数据挖掘并结合交通流历史数据进行数学建模，建立交通流时空模型，实现对路网交通流监测、视频监控、交通事件监测的集成与综合，制定交通策略，提升交通监测系统的现代化、智能化水平。

- 深化智能公共交通综合应用

利用信息化手段，实现公交的智能化应用：通过对公交卡海量数据的挖掘和分析，对线路安排和调度进行优化，推进智慧公交调度系统和调度中心的建设；全面推广应用集定位跟踪监测、车载视频、智能报站等功能于一体的公交智能车载终端；搭建智能公交公众信息服务平台，开展电子站牌工程试点；路口设置公交车辆识别装置，识别公交到达时实现优先通行的信号灯控制。建设出租车预约与调度系统，通过出租车预约服务与调度管理平台，实现实时预约、实时调度，快速满足市民出行需求。基于公共自行车体系，建立公共自行车管理平台，实现智慧化异地存取自行车，自助服务，免费短时使用，并结合 GPS 定位技术，实现车辆快速定位。

• 建设全方位交通控制系统

结合实时的交通流信息数据监测和分析，对重点路段、关键时段、重要事件给出交通流量预测，并制定相应交通控制管理决策，通过对交通信号和交通诱导的命令发布，实现控制区域内的交通控制功能。实现自动协调和调整整个控制区域内交通信号灯的配时方案，均衡路网内交通流运行，使停车次数、延误时间及环境污染减至最小，充分发挥道路系统的交通效益。此外，通过交通电子警察系统广泛应用于道路路口，有效防止闯红灯、逆行、跨线等交通违法/违章行为，减少由此引发的交通事故，保障交通畅通有序，缓解警力不足的矛盾，为交通管理部门执法提供科学依据。

• 建设基于互联网和广电信息网的交通信息服务

拓展信息发布和交通诱导系统，建设公众出行服务系统，创新基于互联网、通信技术和广电信息网的交通信息服务，通过电视广播、手机移动多媒体、动态路况导航仪、交通视频信息亭、可变信息牌等方式在全区主要道路、重要公共场所和主要区域向公众发布交通信息，如车速、双向车辆运行时间、道路气象信息、堵塞长度等，实现全区主要道路交通信息的实时发布，为市民的出行提供参考。完善公交地铁换乘、站点查询、票价等静态信息服务，逐步实现路况、泊车、行驶、民航、列车、轮渡等实时动态信息服务。

2. 智慧城管

• 提升城管智能化监管和移动办公能力

通过视频资源的共享、电子围栏等手段，加强监管场所的自动化监控和管理，提高重点场所的监控范围和管理效率。加强市政设施的安全信息采集和监测，通过物联网等手段，实现市政设施的智能化改造。

在现有数字城管的基础上，加强移动终端的数据采集能力，从单数据到照片、视频的传送，提高城管的信息采集能力。

• 鼓励公众参与龙岗城管的建设

通过手机 APP、微博、微信等应用，鼓励龙岗公众参与龙岗城管的信息采集、问题反映、城管监督和建议。城管大部分业务实现网上处理。方便公众和企业城管业务的处理，通过技术和柔性执法结合，提高城管的公众满意度。

第 2 章 智慧城市运行管理中心的顶层设计方法与实现

- 强化信息共享和业务协同机制

实现公安等视频与城管的共享,实现城管业务和其他业务数据的共享,强化业务协同机制,提高大城管和应急业务的工作效率。

- 加强对城管业务的电子监督和决策支持

通过电子政务效能监督系统,实现对大城管业务的综合考核评价。通过完善城管决策支持系统,实现城管业务的智慧化。

3. 智慧环保和水务

- 建设环境监测系统

建设天地空一体化的环境监测体系,包括污染源在线监控、环境质量在线监控、环境视频监控、设备设施运行监控等系统。通过实时、连续在线监控,提供一体化应用,准确、及时地反映污染源和环境质量变化。

重点完成以下系统建设:大气环境质量监测系统、大气污染源监控系统、水环境质量监测系统、水污染源监控系统、噪音监测系统、烟尘监控系统、辐射源跟踪管理系统、电磁(电离)辐射源监测监控系统、碳排放总量跟踪管理预警系统、减排量跟踪管理预警系统、危险废物跟踪管理系统、建设项目跟踪管理系统等。

- 构建移动执法系统

根据国家环保部门的要求,在龙岗区环保水务业务系统的基础上,加强建设环保移动执法。将移动信息化技术应用到环保管理中,建立移动执法系统,通过与现有审批系统、许可证管理、行政处罚、排污收费、环境信访、监测数据、在线监测、环境统计、排污申报等系统有机结合起来,实现信息共享和信息交换,实现对污染源编码库、环境管理事件编码库快捷访问,实现环境管理监管全过程。通过移动执法,环保执法人员可以对环保业务资源库、污染源信息、污染企业信息、案件、公文和法律法规等进行迅速查询,随时随地获得环保业务信息的支持,实现现场笔录、现场打印处罚告知书,达到提高执法力度和执法透明度的目的。确保现场执法程序的规范化和公开透明,最大限度地堵住管理漏洞、压缩自由裁量空间。通过移动执法,移动执法人员能随时随地执行业务,获取信息,并通过智能、安全和低成本的方式获取管理设备的应用与数据。

- 构建环保应急管理平台

建设集环境安全隐患预防性管理、应急信息平台、应急指挥为一体的环境安全综合管理平台。该平台以各部门业务系统和数据库为基础，包括应急联动专家系统、应急预案库、呼叫中心、应急处置决策服务、通信调度系统、事故内容管理系统、事故现场监测系统、事故处理协作系统、信息发布系统、处理经验交流系统等。环保安全综合管理平台实现环境隐患预防性管理和应急救援指导的作用，帮助工作人员及时做出突发事件的指挥、决策。

- 构建环境数据交换共享平台

获取龙岗区内环保水务建设管理、"三防"预警、应急处置、移动执法、在线监控等相关的视频、数据等信息。强化基础数据的清理、统计、分析，建立健全的、易扩展的环境专题空间数据分类体系。环境数据交换共享平台将所有已建或将建的环保业务系统的数据进行集中汇总，按照数据资源规划设计的数据标准规范以及数据模型进行统一组织，依据国家有关技术规范和环境信息行业技术标准分类体系构建的数据集，对各类业务系统的数据进行分类和梳理，按照不同的专题和用途进行分类存储和使用，同时可以完成数据的共享和交换工作，解决各部门、各业务系统之间数据无法共享的问题，即解决"数据孤岛"现象。

- 建设统一的门户平台

面向政府、企业和公众，及时公开环境信息，政务合理透明化。居民形成数字环保习惯，通过网络与政府进行互动反馈。公众可及时了解当前环境的各种检测指标，可以通过环境污染举报与投诉处理平台，向环保部门提出投诉与举报，从而帮助环保部门更加有效地管理违规排污企业，保持环境良好。

- 建设水务信息采集系统

通过对整个城区水务（包括：水库、河流、水源、蓄水池、供水/污水管网、污水处理厂、堤坝等）部署信息采集和视频监控设备，并建设统一通信网络进行监控信息的传递，将实时的水务监控信息能够及时反映在城市水务三维仿真分析系统上或者水务综合业务系统，使得龙岗水务管理者可以根据综合信息进行日常水务管理工作。

目前，市水务局在龙岗区范围内建设了一批水雨情、供水水质、污水水质、视频监控的信息采集系统。本着资源共享、节约成本、避免重复建设的原则。龙岗区应对市水务局所建的各种信息采集系统进行共享集成，而不必重复建设，本次需要集成的信息采集系统包括：水雨情信息采集系统(25个站点)、供水水质信息自动检测系统(10个站点)、污水水质在线检测系统(5个站点)、视频监控系统(2个站点)。

第 2 章 智慧城市运行管理中心的顶层设计方法与实现

对于市水务局现有的三防信息、供水水质、污水水质、水资源、水土保持等信息资源，由于市水务局已建成统一的信息发布和交换平台以提供水务信息资源共享与交换服务，龙岗区只需要购置一台前置机服务器，建设数据交换平台，通过数据交换平台与水务局的数据交换平台对接，定时访问市水务局的前置数据库即可实现共享市水务局的相关信息。

- 建设水质在线监测系统

可先在位于龙岗的清林径水库、龙口水库、黄龙湖水库、径心水库、枫木浪水库等重点供水水库进行水质在线检测系统建设。水库在线检测系统的主要监测指标为总磷、总氮、氨氮、高锰酸盐指数、水温、pH、溶解氧、电导率、浊度9个参数。对龙岗河、布吉河、丁山河三条重要河流，可在每条河流选择一个点进行河流水质在线检测点建设，河道水质在线检测系统的主要监测指标为总磷、总氮、氨氮、COD、SS、流量等6个参数。水质水量信息采集系统单站主要由取水单元、预处理单元、水质监测分析单元、流量测量单元、控制单元、通信单元、辅助单元、远程监控单元等部分组成。

- 建设水雨情监测站系统

目前，市水务局已有自动雨量站15个、水文站35个，在建水文站23个和改造2个水文站，并在"数字水务"一期工程项目增加49个小(1)型水库、10条河道的水雨情信息采集系统。"数字水务"一期工程完成后，水雨情测站将覆盖深圳的所有小(1)型以上水库。龙岗区可根据自身的业务需要，增加必要的水雨情测站。

- 建设视频监控系统

根据《深圳市水务重点地区数字视频监控系统规划》的内容，深圳市将在水库、河道、海堤、泵站等各种重要水务工程中建设视频监控站点374个。其中，清林径、赤坳水库已经建成，松子坑水库、三洲田水库、径心水库、炳坑水库、黄龙湖水库、龙口水库已在"数字水务"一期工程和深圳三防视频监控系统二期项目中安排，根据急用先建的原则，将在龙岗区余下较大的水库和一些重要的河道险段进行视频监控系统的建设，建设的范围包括：龙城蒲芦陂、龙城榕树头、龙岗新生大桥、枫木浪水库、塘坑背水库、黄竹坑水库、罗屋田水库、白石塘水库、打马沥水库。

各视频点与区环保水务局的连接将采用电信光纤VPN专线传输的方式进行。视频中心功能包括：实时视频监控、远程控制、告警管理、图像管理、安全管理、系统管理、网络浏览、内部视频信息共享。

- 建设水务综合业务管理系统

水务综合管理系统由水土保持管理、水资源管理、供水管理、排水管理、污水管理、水政执法、三防信息管理、工程建设与运行管理等模块和涉水管网 GIS 系统共同组成，结合监控网络收集的信息和三维仿真系统的动态展示，实现水务工作的日常监管和执行流程控制。通过智慧水务管理实时监控供水环境，并根据整合信息提供科学的监管和治理措施。通过智能传感器，智慧水务管理能够监控到：水源的水量和水质（包括水库、河流、水厂、地下水的监控）、管网的健康状况、用户的用水量等。与地理信息及城市其他设施信息的整合分析后，进行水务的日常管理的操作和活动：通过水资源调配来缓解用水不均问题；通过感知城市管网、输水、水压力的健康情况，对管网的各种设施进行维护、检修和建设，减少水泄漏造成的浪费和水体污染；通过节水设备、水价调整及用水模式建议等方式改变用户用水习惯。此外，通过信息的积累，智慧水务管理能够智慧地设置工业用水定额及动态调整机制，来加快产业结构的转换，推动低耗水量、高附加值的高技术产业的发展。三防信息管理利用水务监控网络实现与三防相关信息的采集，并能够与三防指挥协调工作。通过监控河道、水库和堤坝，智慧水务管理能够实时掌握水情变化和其他伴生灾害（比如：滑坡、漏洞等），为三防工作提供决策所需信息；通过获取台风、暴雨、干旱等信息，"智慧"的水务管理能够协助三防指挥进行水资源控制和调配；通过与三防指挥体系中其他系统的互通互联，能够配合和响应三防指挥的协调工作。

- 完成三防指挥系统升级改造

按龙岗水务发展规划，完成三防指挥系统的升级改造，建设 DLP 大屏投影系统和视频会议系统。

4. 智慧低碳城市

- 智慧能效管理

建设能效管理平台，通过对企业和居民能耗的信息采集和分析处理，政府可以对龙岗总体耗能进行管控，对企业设备能耗进行综合分析，能源管理企业可以提供能源管理与节能方案和服务。利用统一云平台的计算资源，在企业耗能设备统一安装智能感知终端（如智能抄表系统），实时监控各企业的能源消耗；建设能源管理平台，逐步在高能耗的制造业、大型商场等推行，提升政府的总体耗能管控能力、企业的设备能耗分析能力、节能服务商的能源管理与节能会诊服务能力。

第 2 章 智慧城市运行管理中心的顶层设计方法与实现

· 智能建筑

智能建筑将 ICT 技术、控制技术和现代建筑有机结合，通过对设备的自动监控，对信息资源的管理，能够实现建筑的低碳、节能和高效。鼓励智能楼宇建设，逐步推行智能建筑建设标准和规范，实现龙岗区内建筑的智能化。

通过制定智能建筑的基础设施建设标准，规范智能建筑的建设方式，加强智能传感器、可再生能源和水循环设备的部署，采用智能系统结合节能基础设施对整个建筑的空调(分区域的温度、湿度、风量调节)、照明(分区域的照明控制)、给排水(系统的能源消耗控制和循环利用)、消防和安保进行智能化管理，减少资源消耗和运营成本。

结合智能能耗计量(照明、空调、饮水机、电脑等)、智能水表计量、楼宇光伏发电和入网计量，通过与智能家居/办公室进行集成，实现自动控制和远程控制，集中查询各种能源消耗情况，对水和能源进行整合管理和组合使用，实时、便捷地查询以户为单位的所有能源消耗的明细以及所产生的碳排放。

5. 智慧社区

· 提供智慧物业管理服务

升级和建设新一代、智能化的视频安防系统，并将辖区视频安防和公安联网，实现一类、二类、三类视频监控系统的联网，切实提高居民的安全生活感受。

通过采用智慧停车手段，实现从车辆快速进场、快速停车，到车主返回车场时快速找车、快速缴费等一系列完整的、全自动化的功能。提高停车场使用率、减少车辆有害气体排放量、实现有限资源的合理利用。

在小区设立公共信息显示牌，提供交通、生活等常用信息，方便居民的生活。

引入智能抄水表、电表、煤气表等服务，解决目前用水、用电、用气管理的自动化程度低、中间环节多、缴费不及时等问题。

积极采用其他类型的智慧社区服务，提升社区的智慧化物业管理服务水平。

· 智能家居应用

向社会推广智能家居应用，利用智能电饭煲、智能冰箱、智能电视、智能窗帘、智能温控、智能照明等系统丰富和方便居民的生活。

2.2.2.6 推进产业发展现代化

1. 建设龙岗经济运行服务平台

建设全区统一的公共经济信息平台，整合各单位与企业的信息对接，实现利用此平台和企业"一个接口、一组数据"，提高政府对经济形势的研判能力。经济运行服务平台将各方经济信息数据分类、汇总、共享、交换，形成经济数据库。利用大数据中心的统计分析功能，开展对数据的抽取、清洗和分析工作，为区领导、各级政府部门和企业提供数据支持。平台设立数据接口给上级部门的信息系统，提供信息自动报送功能。

2. 建立企业能源公共管理信息平台

充分利用统一云平台的计算资源，在企业耗能设备建立智能感知终端（如智能抄表系统），通过对在各个企业部署能源检测终端，实时监控各企业的能源消耗。建设能源管理平台，统筹管理各项能源信息，向政府、企业、节能服务商等几个领域提供不同的能源数据信息服务。通过此平台，政府开展耗能情况总体管控，企业掌握设备能耗分析，节能服务商提供能源管理与节能会诊服务。拟在宝龙工业园区作为示范区域开展平台建设和运行，后续逐步在高能耗的制造业、大型商场等逐步推行。

3. 建设面向中小企业的公共服务平台

当前，中小企业已成为经济发展主力，龙岗所处的珠三角地区正在由原先的来料加工向高新科技转型。广大中小企业在转型升级的过程中，受困于资金、人才等实际条件的限制，往往难以建设或购买大而全的企业支撑体系（如共性电子商务、信息技术等）。因此，利用政府或产业园区资源建设公共服务平台，为中小企业提供金融、法律、信息技术等共性生产性服务，是推动中小企业改造升级，提升龙岗产业高端化发展的重要手段。中小企业公共服务平台的建设，基于全区中小企业转型升级实际需求，利用云计算、物联网等现代先进信息技术手段，建设面向全区中小企业的公共服务平台，为全区中小企业提供诸如信息技术、物流、电子商务等公共服务，进一步推动和提升区域中小企业发展环境。

中小企业公共服务平台由以下几部分组成：基础平台指利用区统一电子政务云平台或在产业园区建立"私有云"，为中小企业服务提供计算资源；数据资源库利用全区统一建立的大数据中心，实现与全

第 2 章 智慧城市运行管理中心的顶层设计方法与实现

区政策法规、金融、规划等各项数据资源的共享；服务资源平台连接服务提供商，提供金融、电子商务、信息技术等服务应用；通过统一的应用接口，中小企业获取所需的服务，园区和政府推送政策信息并获取所需的统计信息。

4. 建设招商引资平台

利用信息化手段构建信息丰富、安全可靠、实用完善的招商引资信息平台，满足龙岗区招商引资、对外宣传、扩大开放的需要，满足社会各界及国内外投资方投资需要，满足对招商引资项目信息查询与咨询的需要。整合全区和街道招商引资信息，通过现代信息技术，使用图片、影像以及多个国家的文字，将龙岗资源优势、政策优势以及招商引资项目向投资方进行广泛宣传。通过智能分析技术，为政府、园区和投资者开展工厂选择、产业方向等方面的辅助决策。利用 GIS 系统，将与招商引资密切相关的土地资源信息形象化，提高招商引资工作效率。

招商引资平台由以下部分组成：基础方面基于统一的电子政务云平台实现，数据部分采用统一大数据中心的数据服务，保证数据的统一性和同源性。采用三维 GIS 平台，整合区内土地资源和区域规划，为对外招商时企业直观展示实有土地、规划蓝图、产业规划等情况。招商智能决策平台，整合各种招商引资数据，在招商时能提供智能选址、产业匹配、政策信息等服务。

5. 推进电子商务发展

加强电子商务基础设施和交易保障措施建设，重点实现通信、物流等基础设施与电子商务公共信息平台等应用基础设施的同步推进，协调发展。积极发展现代物流，支持物流、仓储设施的现代化，搭建公共信息服务平台，形成有效支撑电子商务广泛应用的高效、便捷的现代物流配送体系；着力推进电子商务交易保障基础设施的建设，鼓励支持企业在电子商务交易平台、第三方公共服务平台建设等方面加大投资、加强研发，探索建立有效的交易主客体在线监测系统和有效的管理服务模式，实现交易保障服务的可持续发展。

积极培育电子商务服务。积极引导、支持、推进第三方电子商务平台服务、行业和企业特色电子商务平台建设，鼓励深圳华南城、深圳义乌小商品批发城等本地企业建设电子商务平台和从事电子商务服务，充分发挥其示范带动作用，带动产业集群发展。引导、鼓励建设电子商务产业园，支持龙岗硅谷动力电子商务港、华南城（深圳）电子商务产业园、大运软件小镇、李朗软件园等以互联网与软件为特色的产业园区建设与发展，通过加强招商和服务，吸引产业链上下游企业进驻产业园，开展电子商务等配套服务，形成特色产业优势集群，推动新兴技术与经济发展一体化进程。

开展电子商务相关培训。积极争取深圳市电子商务大讲堂在龙岗开展长期培训工作，并通过引进阿里巴巴、淘宝大学、鹏城网商会、深港淘宝商会等电子商务服务型机构，结合电子商务大讲堂、专业研讨会等活动对企业经营者和公众进行培训，进一步普及和推广电子商务，推动企业积极应用电子商务提高核心竞争力，从而形成有利于电子商务发展的良好氛围。

6. 推进现代物流业发展

加强物流基地的建设。按照土地利用和城市总体规划，在物流枢纽及特色物流中心规划建设一批用地节约、产业集聚、功能集成、经营集约的物流园区。按照有效整合物流资源，强化集约、集聚发展要求，加强建设平湖物流产业基地以及南湾、横岗区域物流中心，大力发展国际采购、中转、分拨以及配送业务，加快形成以供应链服务企业为主体的物流服务企业群。

加快现代物流企业的培育和成长。鼓励和扶持物流园区的发展，营造适合物流发展的环境，加强对物流市场的培育和引导，在物流项目用地、项目建设、资金扶持上给予物流企业大力支持。通过充分利用龙岗区加工制造企业多、原材料产成品配送需求大的有利条件、积极引进和发展第三方物流公司。鼓励吸引国内外物流公司通过信息、人才、资金、管理优势，不断扩大第三方物流企业的规模。

建设物流公共信息平台。通过建设物流公共信息平台和优化物流信息流程，建立科学的物流运作与服务规范和信息交换标准，提高物流业务的服务效率和水平，降低社会物流成本；建立完善、高效、可靠的物流信息系统，为物流企业提供良好的信息环境；该平台将建设成为物流业的运作中心，集物流信息采集、在线交易、智能配送、运输过程控制与优化、货物实时跟踪、在线客户服务、资金结算、数据交换和信息发布等主要功能于一体，实现物流运作的全流程电子化交易和在线客户服务。

7. 推进智慧园区建设

建立园区分级分类的信息化标准。在园区基础设施、管理服务、应用系统等方面，分级分类建设标准，规范龙岗园区的信息化建设，

第 2 章 智慧城市运行管理中心的顶层设计方法与实现

为园区信息化建设提供指导，使园区建设朝规范化、标准化方向发展。满足不同类型企业入驻对园区信息化的要求。建立园区信息化奖励政策，引导龙岗园区信息化朝规范化、标准化方向发展。通过专项资金扶持，促使一批有条件、有需求的园区尽快进行信息化改造升级，力争使龙岗园区信息化上台阶。

提升园区信息化和智能化水平，完善信息化基础设施、园区管理平台、园区运营平台、园区公共服务平台等，降低企业信息化和创新成本，提高园区服务和管理水平。

通过建设园区信息化样板点，使得龙岗园区有实际参照，有实际比较，不落空谈，带动一批园区进行信息化改造升级。在大运软件小镇、天安数码园等园区进行试点，建立园区信息化样板点。

智慧化园区采用先进的计算机技术、通信技术、自动化控制技术、物联网和传感网技术，实现对园区的智能化管理以及智慧化服务。智慧园区主要实现三项功能：一是园区智能化管理，直接为科技园区管理部门服务，提高园区管理的智能化水平，如园区内的应急协调、应急指挥调度管理，智能监控，智能停车等；二是为园区内企业提供智慧化服务，直接为园区内企业提供服务，如对园区入驻的企业提供（一站式）IT 基础设施、信息化服务等；三是虚拟空间拓展功能，为园区内企业提供门户宣传、电子商务公共平台等服务。

8. 发展智慧产业集群

充分利用龙岗的区位优势和资源特点，以建设智慧产业园为主要手段，积极吸引云计算、物联网、大数据、电子商务服务等新兴技术企业入驻龙岗，并鼓励国内外高等院校、科研院所、专家团队在龙岗建立智慧产业相关产业化基地，推动龙岗智慧产业集群式发展。

依托华为等高新技术企业，积极拓展相关产业链企业入驻龙岗，提供土地、政策、资金等便利条件，保障区内形成智慧产业发展良好产业生态，形成有国际竞争力的产业集群。立足龙岗产业发展和城市转型实际情况，推进云计算、物联网等新技术的深入应用，培育新兴智慧服务业发展。在李朗产业园区等园区建成智慧产业园区，吸引一批智慧产业企业入驻。

2.2.2.7 完善信息安全保障体系

1. 进一步加强组织领导和专业队伍建设

明确信息安全保障工作中的各方职责，全区各级各部门健全网络信息安全管理组织和安全管理制度，强化各领域、各环节信息安全制度管理，保证信息安全各项工作健康有序开展。按照国家信息安全等级保护原则和涉密信息系统管理的有关要求，以支持协同互动的业务应用为目标，在智慧城市建设过程中，同步规划、同步建设，完善信息安全保障体系。

2. 强化信息安全基础设施和管理体系建设

建立全区统一的政府互联网安全接入监控中心，集中统一管理互联网出口，完善电子政务网络信任、安全管理和应用支撑等外网信息安全保障体系。采用共建共用模式，建立全区统一的政务数据灾备中心，增强电子政务信息系统抗毁能力，为社保、税务、财政、公安、工商、环保等重要信息系统提供不同等级的异地备份和灾难恢复服务。重点加强网络攻击、病毒入侵、网络窃密的发现和防范能力建设，健全信息安全评测、密码保障和网络信任、应急处理与灾难备份等基础设施建设。

3. 完善电子政务信息安全监督检查制度

建立全区统一的数字认证服务中心，实现网络授权论证、业务访问授权论证等安全功能。建立政务信息安全审计监控中心，确保对各级用户的网络运行情况、资源访问情况、数据传输情况、网络运行情况进行实时监控。

4. 完善信息安全保密审查机制

按照政务公开和安全保密有关规定，建立健全上网信息发布审查制度，严格规范上网信息的内容和范围，依法治理垃圾邮件和不良信息传播。各单位尤其是党政机关、金融、财税等部门，坚持内网与外网物理隔离，严禁内外网交叉使用，建立完善的信息资源备份机制，保障政务资源数据安全，杜绝各类窃密事件的发生。

5. 加大对公众个人信息的保护力度

加强对各类拥有个人信息的政府单位、企业、个人的规范管理，明确其保护个人信息安全的责任和义务，规范对个人信息的收集、储存及使用行为，提升个人信息安全保护的技术能力。加强对个人信息保护的宣传，强化公众的个人信息安全保护意识，提高全社会的个人信息保护意识。形成全社会共同保护个人信息安全的良好氛围。

2.2.2.8 优化建设运行管理机制

建立健全龙岗区智慧城市建设的领导推进和统筹协调机制。建立

第 2 章 智慧城市运行管理中心的顶层设计方法与实现

由区主要领导担任组长，各相关委办局负责人为领导小组成员的龙岗区智慧城区工作领导小组，负责智慧城市建设工作总体推进。在领导小组下设立办公室，负责统筹协调智慧城市建设和日常推进工作。在各相关部门和各级街道政府机构中建立负责具体项目落实的工作推进小组。明确领导推进小组、管理办公室及各单位工作推进小组之间的协同关系，建立联席会议制度。

加强智慧龙岗建设的统筹组织能力，实行"统一规划、统一管理、统一运营"。在智慧龙岗总体规划制订完成之后，经政府发布成为作为智慧龙岗建设的纲领性文件，明确规划的重要地位，不断完善规划的执行和调整机制，保障规划原则性和机动性的合理统一。整合构建"智慧龙岗运行管理中心"，组建智慧龙岗运行管理中心行政实体，配置相关人员和编制，集中行使智慧城市的各项管理和协调职能，统筹智慧龙岗的运行工作。

建立社会化市场化的中介服务体系。鼓励和引导工程技术研究中心、生产力促进中心、创业服务中心等各类技术开发和中介服务机构按照市场化运作方式，为政府、企业实施信息化提供智慧城市建设相关的需求诊断、方案设计、咨询论证、实施、监理、人员培训等服务，并逐步形成专业化、网络化、市场化的新型信息化技术服务体系，从而最大限度地降低智慧城市建设的风险。

积极探索推行各类服务外包制度。围绕用户技术支持、系统运行维护、软件设计开发等服务需求，积极在政府部门中推行信息化服务外包制度；改善预算管理，完善信息化项目支出预算相关规范，探索将信息系统的技术支持、运行维护、软件开发等外包服务纳入政府采购序列，为政府部门购买服务、推行外包制度提供保障；培育外包市场，通过政府授权、委托、认定等方式，引导、扶持提供外包服务的企业和专业机构，建立资质认定、服务承诺、收费管理等配套的规范标准，为推行外包制度创造条件、形成规范。

建设多渠道的建设投融资体制。由于智慧城市建设目前还在探索阶段，建设工程大多具有投资规模大、内容复杂、风险因素较多等特点。因此，在开展智慧城市建设的过程中需要针对不同类型的建设项目采取不同的投融资策略：对于风险大、社会效益巨大的项目，应考虑以政府为主建设；高投入、高风险，同时高收益的项目，可以由政府加强指导与扶持，提升企业的抗风险能力；对于智慧城市建设具有战略意义的新兴产业，政府可以在企业贷款、上市融资、人才引进、税收等方面给予优惠政策。最终形成以政府投入为导向、企业投入为主体、金融机构和其他社会资金共同参与的多渠道信息化投资模式，完善信息化建设风险投资政策，建立"谁投资，谁受益；谁使用，谁付费"的运营机制，积极吸引多方力量参与智慧龙岗建设。

2.3 典型智慧城市运行管理中心顶层设计

智慧城市运行管理中心体现城市信息化、智能化发展的高级阶段，体现政府推动信息化建设的资源配置能力和城市改革创新的水平。从技术资源、业务应用、统筹管理、安全保障几方面对智慧城市运行管理中心展开设计。

2.3.1 总体架构设计

2.3.1.1 概念设计

依托信息技术和业务需求的"双轮驱动"，通过推进网络层面、数据层面、系统层面的三类整合，处理整体和局部、已建和新建、政府和社会的三对关系，推动项目碎片化向体系化、任务驱动向数据驱动、过程管理向绩效管理的三个转变，建设统筹集约、数据驱动、业务协同、安全可信、高效智能的智慧城市运行管理中心，绘制以政务信息化为引领的信息化发展"一张蓝图"，实现"七全、三统一"的发展愿景，即基础设施全网感知、数据资源全类共享、智慧能力全面支撑、惠民服务全员普惠、社会治理全时协同、生活环境全域宜居、经济运行全业高效，以及统一组织管理、统一安全保障、统一标准规范（图 2.22）。

2.3.1.2 建设方法

为切实支撑智慧城市运行管理中心可落地、可持续发展，以"城市操作系统"方法确定项目之间的配合和约束关系，对智慧城市运行管理中心进行建设（图 2.23）。"城市操作系统"是在城市物理基础设施和政、企、民等各类城市服务对象之间建立的桥梁，具备资源统筹调度、数据共享协同、接口标准适配、统一安全保障等功能，解决软硬件、新旧系统的适配问题。"城市操作系统"站在城市全局高度，将城市看作一个整体，通过对智慧城市运行管理中心物理资源和虚拟资源的标准化封装，按照城市管理者的任务指示辅助实现对城市设施、

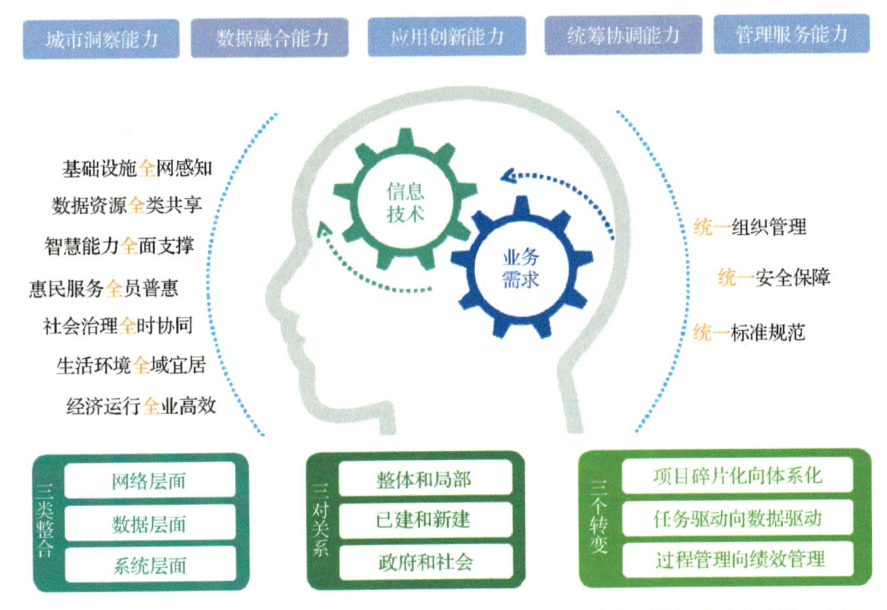

第 2 章 智慧城市运行管理中心的顶层设计方法与实现

>> 图 2.22 智慧城市运行管理中心概念图

资源、业务等各类要素的调度、分配、管理和驱动，实现集约化建设，打破信息壁垒和数据孤岛，实现互联互通，从而为城市各部门原有业务提供集成和赋能，为信息化引领经济社会高质量发展奠定坚实基础。

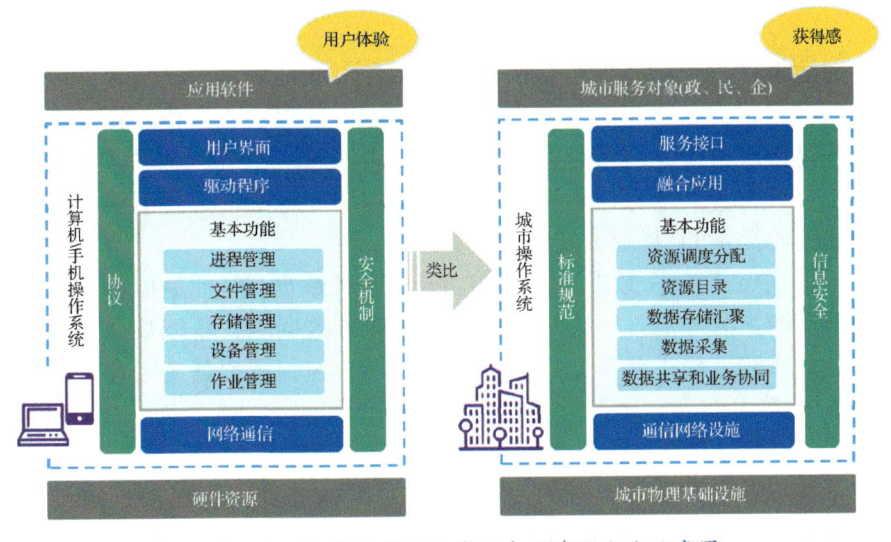

>> 图 2.23 智慧城市运行管理中心建设方法示意图

2.3.2 顶层设计

2.3.2.1 智慧城市运行管理中心顶层设计框架

依据智慧城市运行管理中心概念设计，将"七全、三统一"从系统实施的角度，概括为智慧城市运行管理中心顶层设计框架的五个架构，即技术资源架构、业务应用架构、统筹管理架构、安全保障架构和标准规范架构。顶层设计框架围绕"技术资源集约先进、业务应用融合协同、统筹管理协调高效、安全保障全面可信、标准规范健全完善"五大方向，以统筹管理架构为前提，以技术资源架构为核心，以业务应用架构为抓手，以安全保障架构为基础，以标准规范架构为保障，使智慧城市运行管理中心五大架构形成一个相互关联、互为支撑的有机统一体。

在统筹管理架构下，智慧城市运行管理中心建设工作由市级电子政务主管部门统筹组织落实，市、县级市(区)两级开展具体建设实施。市级负责指导、跟踪、评估智慧城市运行管理中心建设全过程，县级市(区)在市级统筹约束下可根据自身条件和需求进行拓展应用，形成市区两级"1+N"的智慧城市运行管理中心应用体系。

在技术资源和业务应用架构下，智慧城市运行管理中心建设遵循"一基础、一中心、一平台、四枢纽"的层次结构。

"一基础"指信息基础设施。通过基础感知设施建设，提升智慧城市运行管理中心信息采集和智能感知能力。通过城市通信网络、电子政务网络、物联感知网络，为智慧城市运行管理中心整体运转及应用服务提供广覆盖、短延时、高稳定性的通信网络体质。通过城市数据中心，支持各类政务信息系统集中部署和统一运维，为智慧城市运行管理中心提供IT基础设施和云计算平台。

"一中心"指大数据资源中心。汇聚政务数据、行业数据和互联网数据资源，处理后按一定维度划分形成业务数据库、基础数据库、主题数据库等，提供共享交换和有序开放，为各领域智慧应用有效提供数据支撑。

"一平台"指智慧能力平台。依托云计算、大数据、人工智能等信息技术，建设智慧能力平台，提供通用性深度开发环境，推动数据资源融合创新，为各政府部门、各县(市)区提供统一的知识工程体系、数据分析挖掘支撑和可视化运行展示能力。

第 2 章 智慧城市运行管理中心的顶层设计方法与实现

"四枢纽"指惠民服务、城市治理、生活环境、经济运行四大枢纽。通过深化各领域业务应用建设，强化跨行业、跨部门的智慧融合，促进业务的快速反应和政务的高效协同，提升政府治理能力，打造普惠便捷的惠民服务体系、精准协同的城市治理体系、和谐宜居的生活环境体系、繁荣高效的经济运行体系。

2.3.2.2 市县协同关系

智慧城市运行管理中心建设应注重市、县级市(区)两级的分工和联动，以平台上移、业务下沉为原则，采用市级重点统筹建设基础、核心、共性信息系统，各县级市(区)重点建设特色应用的方式，形成市、县级市(区)两级分工建设和协同联动的一体化机制，明确"1+N"责任分工、实现"1+N"联动发力(图 2.24)。

	技术资源架构	业务应用架构	统筹管理架构	安全保障架构	标准规范架构
市级	统筹规划建设	规范共性应用 促进业务融合	组织协调 分解任务 督查考核	研究制定	研究制定
县级市(区)	利用市级 适当扩展	利用共性应用 开展具体业务	按要求推进 接受督查考核	遵照执行	遵照执行 试点示范

>> 图 2.24 智慧城市运行管理中心市县协同关系图

市一级作为"1+N"中的"1"，要结合全市战略定位和经济社会发展需求，组织开展智慧城市运行管理中心建设。对全市信息化基础设施、数据资源、智慧能力实行"统建共用"、统一运维的建设运营方式。由市信息化主管部门负责统筹推动市域范围内数据融合和业务协同，协调推进市域范围内各领域重点应用建设，完善体制机制，建立健全政策体系和标准规范。由市级各单位负责相关领域数据资源建设、重点应用建设和运行。

县级市(区)一级作为"1+N"中的"N"，要围绕本区域特色和需求，配合推进智慧城市运行管理中心建设。充分利用全市统筹建设的基础设施、数据资源、智慧能力等共性部分，避免重复建设。由各县级市(区)信息化主管部门负责统筹推进辖区信息化建设，在市信息中心指导下，按照市级政策、规划、标准规范，主要做好区域内基础数据的采集、更新和深化应用，因地制宜开展具体业务。

2.3.2.3 总体原则

统筹推进，统一领导。统筹部署智慧城市运行管理中心建设，合理布局，突出重点，分步实施。强化智慧城市运行管理中心统筹领导机制，完善跨层级、跨系统、跨部门、跨业务的协同工作机制，明确任务进度和分工，落实责任，保障智慧城市运行管理中心有序建设和长效运营。

数据驱动，集约高效。突出城市数据资源在政务信息化建设中的基础性、全局性、战略性作用，大力加强数据资源整合汇聚、连通共享和智能分析。突破部门界限和体制障碍，有效整合已有政务信息化系统，推动"大平台、大数据、大系统"的集约化、协同化建设。

需求导向，深化应用。面向人民群众日益增长的物质文化需求和美好生活需要，深化业务协同和数据融合应用，提高城市整体运行效率和管理服务水平，增强人民群众的获得感。深化应用大数据、物联网、人工智能、区块链等新一代信息技术，适度超前布局，打造一批突破性典型应用场景。

保障安全，持续发展。全面落实国家网络和信息安全相关要求，加强对基础网络、关键系统和核心资源的安全保护，营造安全可信的基础环境。建立与经济社会发展相适应的智慧城市运行管理中心建设运营机制，推进形成政府主导、多元参与、合作共赢、可持续发展的智慧城市运行管理中心建设运营格局。

2.3.3 技术资源架构

智慧城市运行管理中心的技术资源架构图见图 2.25。

2.3.3.1 基础设施

1. 建设内容

基础设施包括基础感知、基础网络和城市数据中心三部分，是智慧城市运行管理中心的统一信息基础支撑（见图 2.25 中底层基础设施部分）。其中，基础感知是智慧城市运行管理中心数据资源的底层来源，由感觉神经系统和运动神经系统组成。通过摄像头、RFID、传感器、GPS、智能终端等基础感知设施，实现智慧城市运行管理中心对地下管网、生态环境、公共基础设施、城市运行状态等的信息采集和智能感知。基础网络由城市通信网络、电子政务网络、物联感知网络等组成，按照统一规划、分级负责的原则进行建设，实现智能、高速、移动、安全、泛在的网络基础环境。城市数据中心为全市各类应用平台系统提供统一的基础设施，提供可动态调配和平滑扩展的计算、存储和网络通信能力，以及统一安全防护、运维管理、容灾备份。

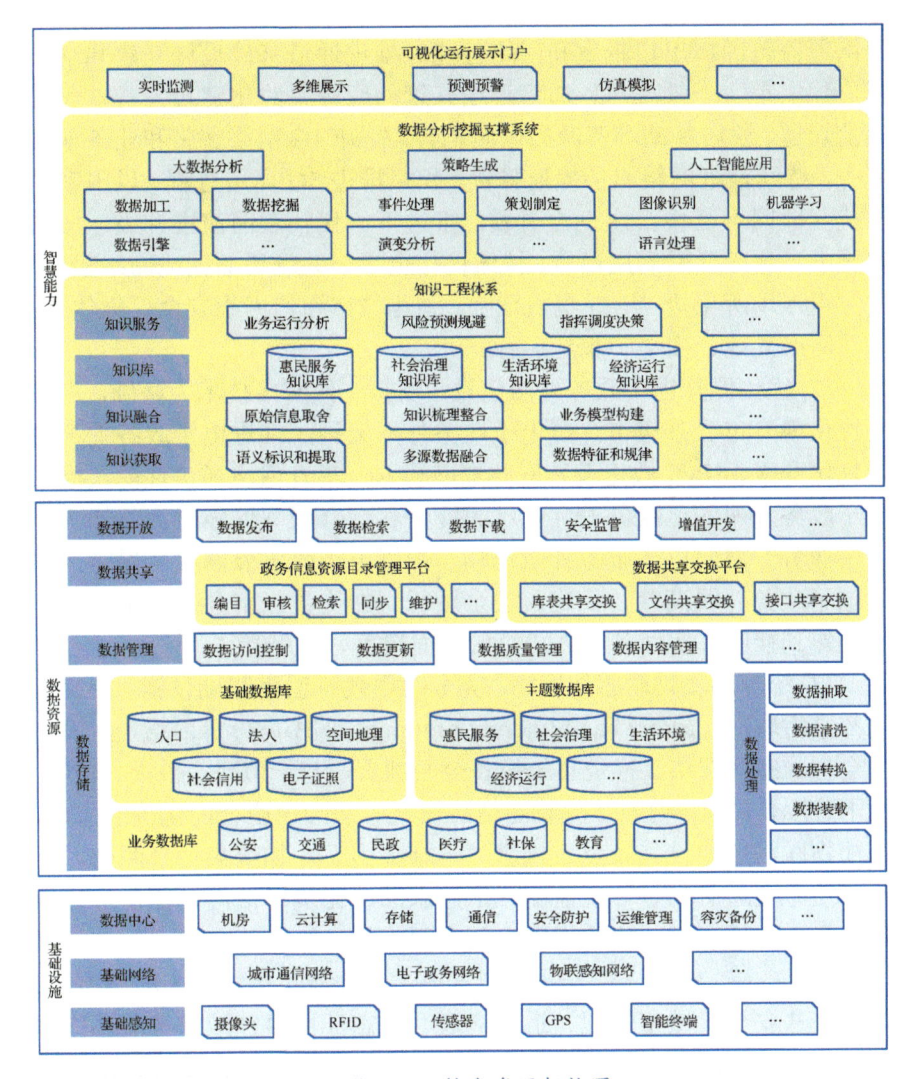

第 2 章 智慧城市运行管理中心的顶层设计方法与实现

>>图 2.25 技术资源架构图

2. 建设任务

通过物联网、视频监控等技术应用，增强智慧城市运行管理中心的感觉神经和运动神经功能，提升智慧城市运行管理中心感知能力。建成城市数据中心，支持各类政务信息系统集中部署和统一运维，提高智慧城市运行管理中心数据存储和处理能力。

(1)提升城市通信网络服务能力。贯彻落实中央建设网络强国的要求，加快建设高速、移动、安全、泛在的新一代信息基础设施。优化互联网骨干网络结构，提高骨干网传输容量，提升全市城乡光纤宽带网络覆盖范围、出口带宽和网络性能。推进通信基础设施共建共享，推广住宅小区一纤入户、通信管线共管入廊等集约化建设模式，促进通信管道、铁塔基站等资源的全面整合。提升 4G 网络宽带和业务承载能力，持续推进网络服务提速降费，积极推进 5G 商用进程。以国家下一代互联网示范城市建设为引领，推进下一代互联网演进升级，加快实施下一代互联网商用部署。持续优化全市公共场所的无线网络建设，扩大重点场所免费 Wi-Fi 覆盖范围。强化城市通信网络安全保障体系，保障网络高效、安全、稳定运行。

(2) 优化提升电子政务外网建设。以新一代网络技术为基础，进一步优化现有市、县级市(区)电子政务外网架构，推进电子政务骨干网络优化升级、IPv6 改造及物联感知网接入，提升网络通信性能，提高电子政务外网的全业务差异化承载能力和综合服务保障能力。加快非涉密业务专网向电子政务外网迁移。加强电子政务外网安全保障，保证电子政务外网高效、稳定、安全运行。加快县级市(区)电子政务外网延伸到社区，实现各社区(村)的全面覆盖、光纤接入。

(3) 统筹部署物联感知网络。充分利用现有通信基础设施，统筹部署窄带物联网(narrow band Internet of things，NB-IoT)等网络，建设覆盖全市的感知网络。推进感知设备全面部署，基于道路、桥梁、管网、地下管廊、井盖、灯杆、电梯、消防设施等基础设施智能化改造需求，增加物联网感知设施布点。推进"一杆多用"，加快集智慧照明、视频监控、交通监测、环境监测、应急求助、无线通信等功能于一体的智慧多功能杆建设。构建城市运行全面感知网络，汇聚整合城市运行核心系统的感知信息，依托物联网等技术加强城市运行状态动态监测，提升公共安全、城市管理、道路交通、生态环境等领域的智能感知水平，开展社会治理领域物联网示范应用。规范数据采集格式，统一接入标准，建设城市物联网管理平台，支持感知设备统一接入、监测数据的统一采集和集中分类管理，实现各类感知信息在平台上的汇聚共享与整合应用。

(4) 完善公共视频监控覆盖。加强一类监控补点控面和提质升级，推进二类、三类视频资源联网共享。在对已有视频监控设备进行资源普查的基础上，统筹优化城区布局，拓展乡镇(街道)、村(社区)视频监控建设，进一步扩大视频监控覆盖面。全面推广高清智能摄像机，优先选用智能、高清、低照度、宽动态摄像机。推动全市重点公共区域高清视频监控全覆盖，加强对交通枢纽、热门景点的视频监控，实

第 2 章 智慧城市运行管理中心的顶层设计方法与实现

现城镇道路交叉口无死角，主要道路关键节点无盲区，人员密集区域无遗漏，以及要害部位、重要涉外场所、案件高发区域、治安复杂场所主要出入口全覆盖。

(5) 推进公共安全视频资源共享。以公共安全视频共享平台为核心，分级有效整合各类视频图像资源，最大限度实现公共区域视频图像资源的联网共享。整合教育、卫健、市场监督管理、生态环境、文广旅游、应急、供电、自来水、燃气、金融、石化、危险物品等重点行业、领域涉及公共安全的二类视频监控资源，接入公共安全视频共享平台，同时有选择地接入三类视频监控资源。建立健全权限管理机制，规范视频图像信息查看、调取、发布的流程。

(6) 完善城市数据中心建设。运用云计算、大数据等先进理念和技术，按照统建共享、集约绿色的原则建设城市数据中心，在云计算环境下为全市政务信息系统、数据资源集约化管理提供可动态调配和平滑扩展的计算、存储和网络通信能力，以及高等级、高可靠性的信息安全保护和运维保障服务。完善"两地三中心"数据中心架构，提供异地容灾备份服务，全面保障政务数据安全性和业务连续性。推进市级部门非涉密系统向城市数据中心迁移，小机房逐步撤并，新建业务应用系统直接部署在城市数据中心。

3. 建设方式

城市通信网络与信息化发展，城乡、土地利用等规划做好衔接。所有新建住宅小区和楼宇光纤铺设要与建筑施工同步到位、同步验收，加大老旧住宅和楼宇光纤化改造工程推进力度。统筹市、县级市(区)通信网络建设，推动市、县级市(区)通信基础设施齐头并进、同步提升。

电子政务网络由市级统筹规划，市、县级市(区)分级建设，重点部门实现政务外网双链路接入，提高网络可靠性。各部门非涉密政务信息系统应基于电子政务外网统一部署，原则上不再新建业务专网。

鼓励县级市(区)根据发展需要开展物联网规划布局和试点建设，支持、鼓励县级市(区)各类物联感知设备统一接入城市物联网管理平台。充分共享实践经验，推广成功试点经验在全市范围复用。

统筹公共安全视频监控系统建设，加强部门间沟通协调，立足共建共享，避免重复建设。充分利用各部门原有公共安全相关的视频监控图像资源、社会视频监控资源，将已建资源与新建资源纳入统一框架，实现监控资源的统一调度和分级管理。

城市数据中心由市级统筹规划，市、县级市(区)分级建设，对接省级大数据中心。市级各部门原则上不再新建独立机房或数据中心，县级市(区)的数据中心按照统一规划和标准规范进行对接。

2.3.3.2 数据资源

1. 建设内容

数据资源包括数据资源的归集、治理、共享、开放。从政府部门、社会机构、互联网等来源获取数据，经过抽取、清洗、转换、装载等初步的数据处理，按分类归集在业务数据库、基础数据库和主题数据库。对数据的访问、更新、质量、内容等进行统筹管理，依据数据共享交换规则，提供政务信息资源目录和数据共享交换等服务（见图 2.25 中数据资源部分）。

业务应用架构中各枢纽的智慧应用从数据共享交换平台获取所需数据，由数据分析挖掘支撑系统提供大数据分析和人工智能应用能力，与全市统一的数据开放平台对接进行数据依法公开和深度社会化利用，实现各类智慧应用的精准、高效运行。同时，数据开放平台和各枢纽智慧应用系统也将业务运行过程中产生的新数据反馈至数据资源层，经过标准化处理之后融入基础数据库和主题数据库中，实现数据资源体系的扩充和完善。

2. 建设任务

健全数据资源管理机制，整合汇聚政务数据、行业数据、互联网数据等，通过技术和机制创新，深化基础数据库、主题数据库和业务数据库建设，优化政务信息资源共享服务平台和数据开放平台，完善社会数据资源采集机制，为智慧城市运行管理中心提供全面的数据归集、数据治理、共享交换、开放应用能力。

(1)健全全市数据资源体系。按照"一数一源"原则深化全市统一的人口、法人、空间地理、社会信用、电子证照五大基础数据库建设，进一步发挥其基础性、全局性、战略性支撑作用。以现有业务信息资源为基础，结合惠民服务、社会治理、生活环境、经济运行四大枢纽业务需求，完善主题数据库建设。归集各枢纽智慧应用系统业务运行过程中产生的新数据，吸纳社会数据资源，实现数据资源体系的扩充和完善。通过业务数据库、基础数据库与主题数据库的联动，形成完整、准确、鲜活的城市数据资源体系。

第 2 章 智慧城市运行管理中心的顶层设计方法与实现

(2)加强数据资源管理。健全全市统一数据采集与更新机制，明确各部门、各县级市(区)政务信息采集与更新职责，从源头把关数据质量，避免重复采集、多头采集。按照"一数一源、多元校核"的原则，强化数据资源的比对，落实数据质量维护责任。加强数据动态更新，根据不同数据的共享方式，通过增量更新、全量更新和在线更新等方式，保证数据资源的鲜活度。制定数据质量反馈机制，提升数据资源的准确性、权威性。推进数据分级分类管理，明确数据资源使用权限，按照"谁提供谁负责，谁采集谁负责，谁管理谁负责，谁使用谁负责"的原则，制定完善相关细则，健全与政务信息资源采集、更新维护、共享交换、审核发布相关的各项制度和标准，建立政务数据资源管理的长效机制。

(3)深化政务信息资源目录体系建设。完善现有政务信息资源目录管理平台，丰富信息资源编目、审核、发布、检索、数据挂接、目录同步等功能，形成跨部门、跨层级的全市统一的政务信息资源目录体系。各部门按照《政务信息资源目录编制指南》编制、维护本部门政务信息资源目录，市信息化统筹部门审核、发布全市政务信息资源目录。各县级市(区)按照《政务信息资源目录编制指南》编制、发布、维护本地区政务信息资源目录，并同步上传至市政务信息资源目录。

(4)优化政务信息资源共享服务平台。按照省电子政务外网数据共享交换平台建设规范，健全市级数据共享交换技术标准规范和安全机制，完善接口、库表、文件等共享交换方式，提升市级政务信息资源共享服务平台数据共享交换能力。各县级市(区)根据需要建设和维护本地区数据交换平台分节点，实现省、市、县级市(区)跨层级数据共享交换。

(5)加快政府数据有序开放。完善市政府数据开放平台，丰富元数据发布、数据检索、数据导航、数据预览、数据下载、可视化展现等功能和服务。完善元数据体系，丰富更新频率、关键字、公共访问级别、分析单元、地理有效范围、与技术文件的链接等描述信息。重点面向惠民服务和社会治理领域，将数据资源按照重要性和敏感程度进行分级分类，不断扩大数据开放的领域和范围。增强数据资源实用性和规范性，采取多种可机读格式，为公众提供数据包下载、API接口等数据开放服务，满足不同应用场景需求。通过数据流转全程留痕、数据安全监测预警、数据泄露可追溯等手段，加强数据全流程的安全监管，在充分保障数据安全和隐私保护的前提下，实现数据资源有序开放。建立可持续的市场化开发和应用机制，有效指导和带动公众、企业、研究机构等对数据资源的增值开发，并充分吸纳其应用成果和衍生数据，释放数据红利。

3. 建设方式

数据资源体系由市级统筹规划，市、县级市(区)分级建设。各部门、各县级市(区)按照统一的数据规范和接口标准建设数据资源，从源头保障数据资源的权威性、一致性、可用性，为共享交换奠定基础。市级各部门应用系统开发应注重上下联动和一体化建设，确保数据资源的完整性和准确性。将各部门落实数据资源更新、共享、开放等环节的工作情况与部门绩效考核挂钩。

各部门不再单独建设数据共享交换平台，统一利用全市政务信息资源共享服务平台进行数据共享交换。各县级市(区)分别建设县级市(区)级数据共享交换平台，和市级数据共享交换平台对接，形成县级市(区)级数据汇聚节点，按照统一规划和标准规范向上汇聚数据。

各部门不再单独建立数据开放平台，各县级市(区)根据需要建设和维护本地区数据开放平台分节点。

2.3.3.3　智慧能力

1. 建设内容

智慧能力作为衔接数据资源层和业务应用架构的关键环节，在基础设施完善和数据资源汇聚的基础上为业务应用提供通用性智慧组件支持，同时通过数据分析挖掘支撑系统、知识工程体系和可视化运行展示门户，有力支撑各枢纽智慧应用的高效精准运行(见图 2.25 中智慧能力部分)。

数据分析挖掘支撑系统主要具备大数据分析、策略生成和人工智能应用等支撑能力，其中大数据分析能力包括数据加工、数据挖掘、数据引擎等，主要对智慧应用运行过程中涉及的相关数据进行多维度数据分析；策略生成能力包括事件处理、演化分析、方案制定等，主要对城市运行过程中出现的异常、突发事件进行有效识别并制定相应的处理策略；人工智能应用能力包括图像精准识别、机器学习和语言处理分析等，有效提升智慧城市运行管理中心的运行效率和深度分析能力。知识工程体系在城市各领域业务经验、领域

第 2 章 智慧城市运行管理中心的顶层设计方法与实现

知识、标准案例的基础上，结合管理服务内在逻辑，提炼、融合形成惠民服务、社会治理、生活环境、经济运行四大枢纽的知识库，对碎片化和异构化知识进行梳理、整合、表达和建模，从而为业务运行分析、风险预测规避、指挥调度决策等应用提供有力支撑。可视化运行展示门户作为智慧能力层的前台展现，建立标准化系统接口与各枢纽智慧应用对接，对惠民服务、社会治理、生活环境、经济运行四大枢纽的关键运行体征指标进行实时监测、多维展示和仿真模拟，以支撑各枢纽的分析决策。

2. 建设任务

构建智慧城市运行管理中心的核心支撑能力，为各领域运行提供数据分析挖掘支撑、知识工程体系和可视化运行展示能力，实现城市运行状态仿真模拟、集中展示和决策辅助，提升各领域业务应用的高效化与智慧化水平。

(1) 开发数据分析挖掘支撑系统。提升大数据分析能力，实现数据加工、数据挖掘、数据建模等支撑功能，对智慧应用运行过程中涉及的相关数据进行多维度分析，提升各类数据资源的质量和利用价值；提升策略生成能力，实现事件处理、演化分析、方案制定等功能，对城市运行过程中出现的异常突发事件进行有效识别，同时通过演化分析推导制定多种可行性强、时效性优的处置方案，提升各类异常事件的处理效率；提升人工智能应用能力，实现图像精准识别、机器学习和语言处理分析等功能，加强系统自适应和演进升级能力构建，实现智能应用快速封装，降低各领域应用人工智能技术的创新成本。

(2) 构建城市运行知识库和业务模型。加强数据融合分析，在实际业务场景中开展语义标识和提取、多元数据融合、数据特征和规律总结，并将获取到的碎片化知识内容进行有序融合，依据信息有效性做出相应取舍，梳理并整合碎片化、异构化知识，构建知识模型。提炼、融合城市各领域业务经验、领域知识、标准案例，结合管理服务需求，构建惠民服务、社会治理、生活环境、经济运行四大枢纽的知识库体系，构建机理模型，为业务运行分析、风险预测规避、指挥调度决策提供精细化、智慧化的支撑。

(3) 搭建运行展示门户。基于 GIS 动态展示技术，建设集城市运行多维数据展示、预测预警、模拟仿真等功能于一体的智慧城市运行管理中心运行展示门户，实现对惠民服务、社会治理、生活环境、经济运行类城市运行关键体征指标的实时监测和集中展示。加强对城市各领域业务运转的仿真模拟，推进运行展示门户与各枢纽智慧应用系统的互联，支撑城市运行各领域的分析决策，实现城市管理由被动应对向快速预警、主动预防转变。

3. 建设方式

数据分析挖掘支撑系统、知识工程体系和可视化运行展示门户由市级统一建设和运维，市级各部门新建的业务信息系统应采取松耦合架构，与全市统一的智慧能力支撑对接。各县级市(区)依据实际需求接入相关业务应用、分权限调用，实现县级市(区)级系统与市级系统的联动。

2.3.4 业务应用架构

智慧城市运行管理中心业务应用架构设计遵循以人为本的发展理念，以实现城市高质量、可持续发展为根本目标，围绕惠民服务、社会治理、生活环境和经济运行四大枢纽，重点考虑跨层级、跨系统、跨部门的数据整合和应用协同，增强公共服务、营造和谐社会、改善生活环境、促进经济发展(图 2.26)。

2.3.4.1 业务分析

推动城市发展"供给侧"改革，以业务需求为导向，将业务应用按惠民服务、社会治理、生活环境、经济运行四大领域划分，分别面向人(法人)、事物、环境、产业四大类对象开展管理服务，形成惠民服务、社会治理、生活环境、经济运行四大枢纽。从强化跨部门数据融合和业务协同的角度，依托数据资源体系和知识工程体系建设各枢纽智慧应用。

2.3.4.2 建设重点

1. 惠民服务枢纽

惠民服务枢纽建设的重点包括政务服务、文旅、健康服务、教育、社保等方面的业务应用(图 2.27)。依托智慧城市运行管理中心开展惠民服务应用，整合政务服务、文旅、卫健、教育、社保等领域资源，完善惠民信息化服务体系，通过数据共享开放、业务融合创新、大数据应用等提高政务服务效能，打通服务渠道、创新服务方式，解决城市服务的政务服务、社会保障等领域的民众堵点、痛点问题，增强惠

第 2 章　智慧城市运行管理中心的顶层设计方法与实现

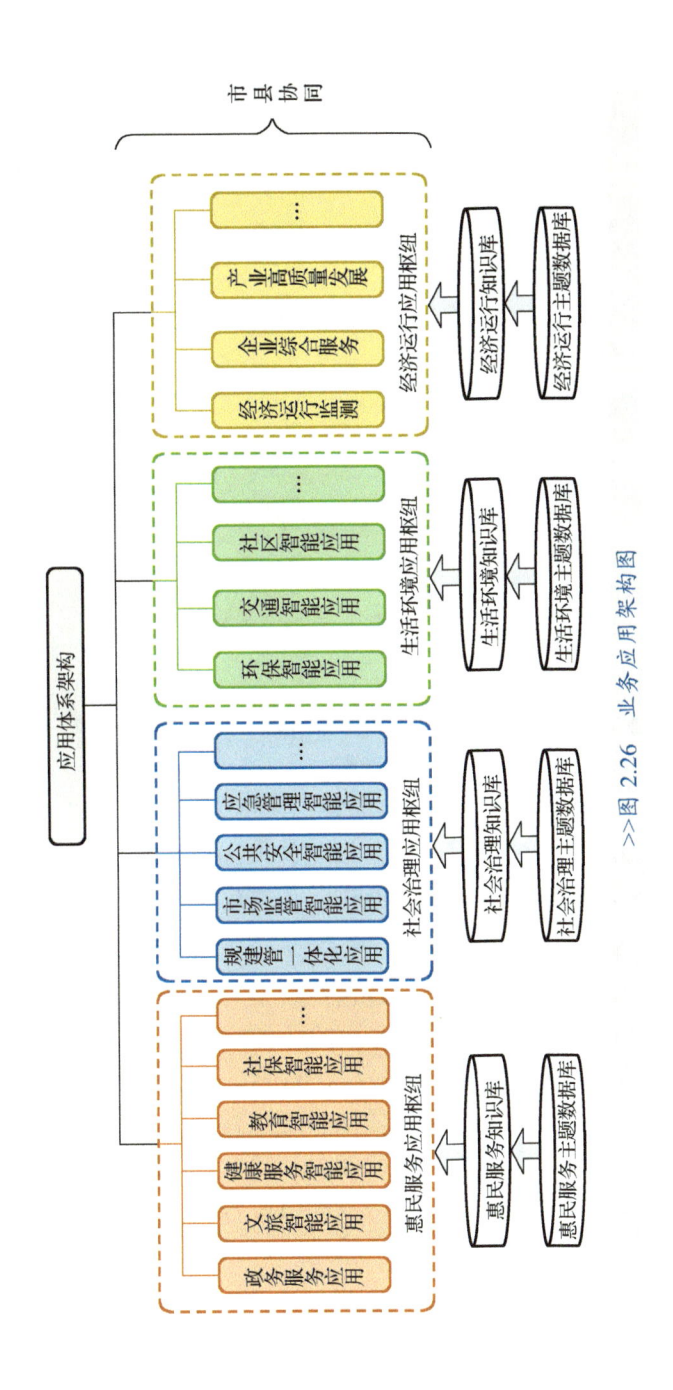

>> 图 2.26　业务应用架构图

>> 图 2.27　惠民服务枢纽建设示意图

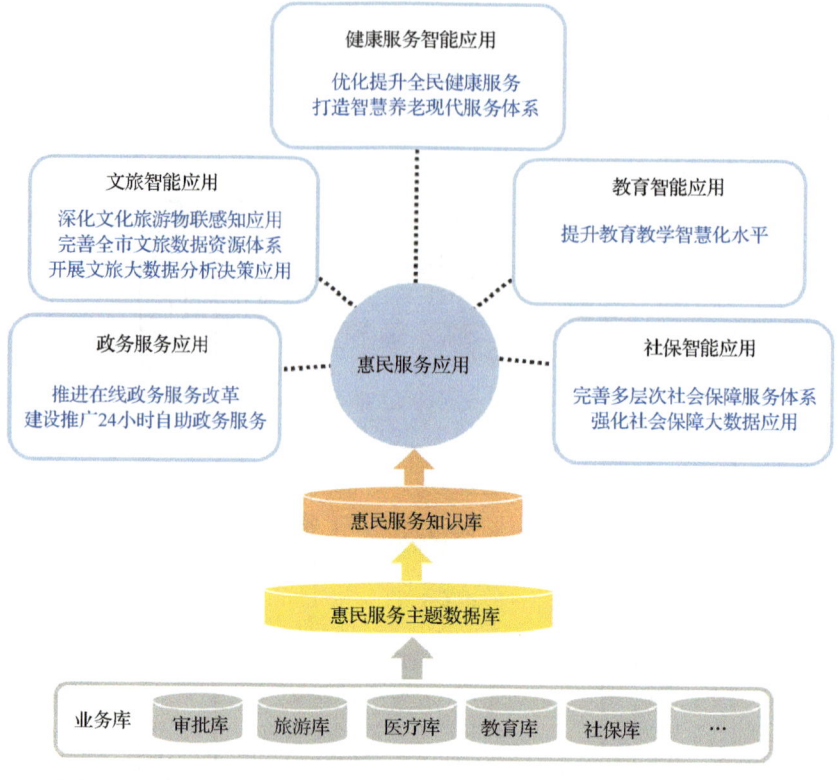

民服务领域的服务能力，满足不同人群的服务需求，提供便捷化、多元化、普惠化的服务，有效提升民众满意度和幸福感。

2. 社会治理枢纽

社会治理枢纽建设的重点包括规建管一体化、市场监管、治安防控、社会综治、应急管理等方面的业务应用（图 2.28）。依托智慧城市运行管理中心开展社会治理应用，实现"一张图"管理、一体化执法，加强城市规划的前瞻性、整体性和连续性，强化市场监管的联动响应能力，提高公共安全风险防范能力，提升应急突发事件处理能力，推动各领域管理从单部门作战向多部门协同转变，探索建立平战结合、全流程全覆盖全响应的社会治理模式，提高对管理领域堵点、痛点的预判能力和治理水平。

3. 生活环境枢纽

生活环境枢纽建设的重点包括生态环境治理、交通出行服务以及智慧社区建设等方面的业务应用（图 2.29）。依托智慧城市运行管理

第 2 章 智慧城市运行管理中心的顶层设计方法与实现

市场监管智能应用
推动社会信用体系建设
推动协同监管和网络化监管
加强市场监管效能监察

公共安全智能应用
构建综合治安防控体系
推行网格化社会综合治理
搭建安全生产监管大数据平台

规建管一体化应用
统筹推动"多规合一"
打造"智慧住建"体系
提升城市管理精准化

社会治理应用

应急管理智能应用
深化全市应急资源体系建设
加强全市应急预警体系建设

社会治理知识库

社会治理主题数据库

业务库　规划库　城管库　市场库　公安库　应急库　…

>> 图 2.28　社会治理枢纽建设示意图

交通智能应用
加强交通动态感知和智能调度
健全公众出行综合信息服务体系
健全智慧停车综合信息服务体系

环保智能应用
大力推进污染智能监管
推动环保大数据分析应用
加强水资源监测感知

生活环境应用

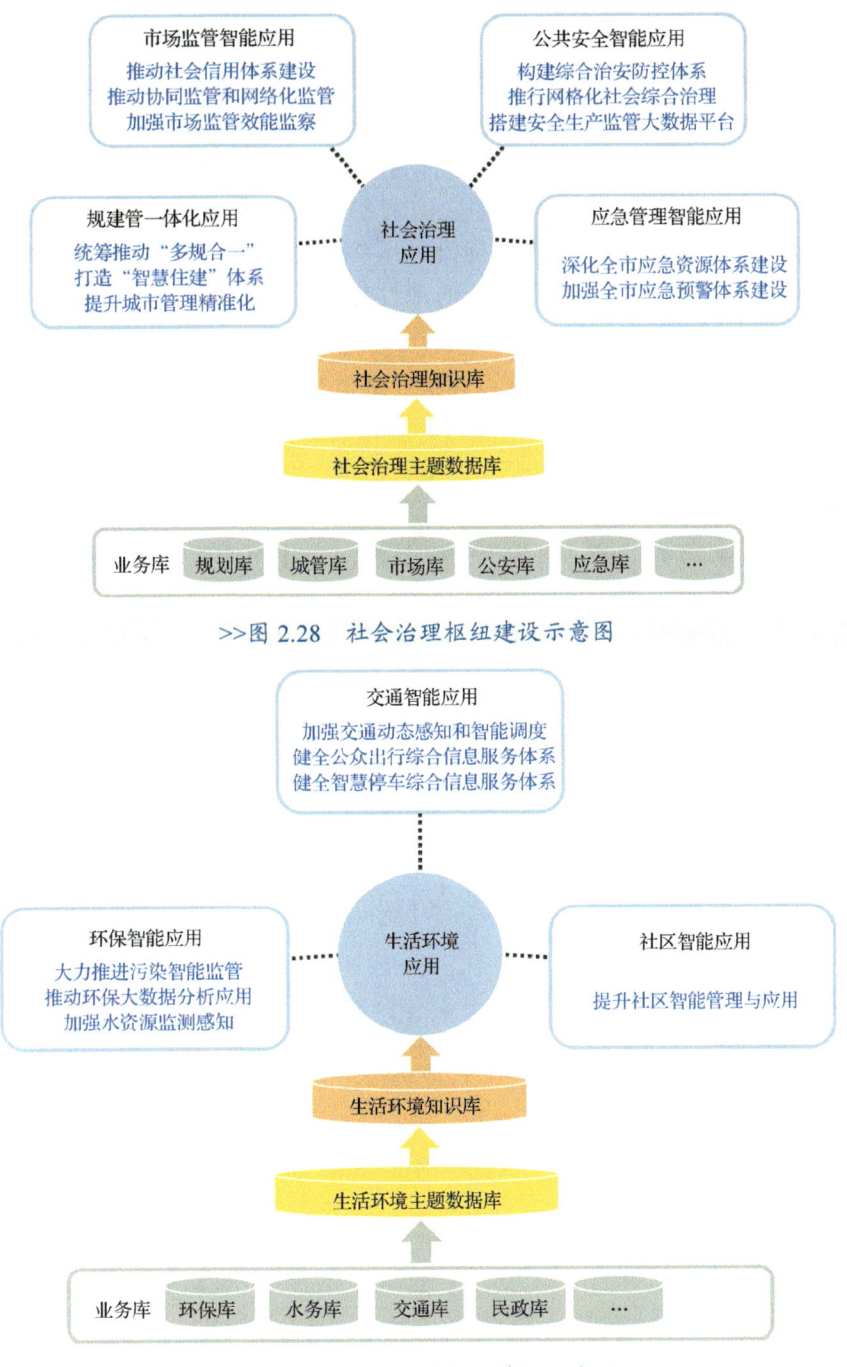

社区智能应用
提升社区智能管理与应用

生活环境知识库

生活环境主题数据库

业务库　环保库　水务库　交通库　民政库　…

>> 图 2.29　生活环境枢纽建设示意图

中心开展生活环境应用，以提升生态环境质量、交通出行管理服务能

75

力以及智慧社区建设为重点，强化空间服务能力，实现生态环境、交通、社区等城市生活环境的全域宜居，增强城市整体生活居住体验。推进环保大数据应用，建设环境监测平台，提升环境质量的评估与分析、环境污染的预测预判、环境行为的监督管理与应急指挥水平。对全市交通信息实现全面动态监测，打造方便快捷的交通服务体验与高效协同的业务管理模式。提升社区综合管理服务能力，建设智慧社区试点示范，增强生活服务的个性化、智慧化。

4. 经济运行枢纽

经济运行枢纽建设的重点包括经济监测、企业服务、产业高质量发展等方面的业务应用（图 2.30）。依托智慧城市运行管理中心开展经济运行应用，实现对全市经济发展状态的一体化监测、评估、预测与集中展示，增强决策支持能力。优化企业综合服务体系，整合汇聚各类企业政务服务资源、开发区服务资源，强化企业综合服务体系对产业的支撑作用，进一步优化营商环境。助推农业、制造业、现代服务业的数字化转型，打造科技服务业体系，形成全市"多业联动、高效发展"的产业发展格局。

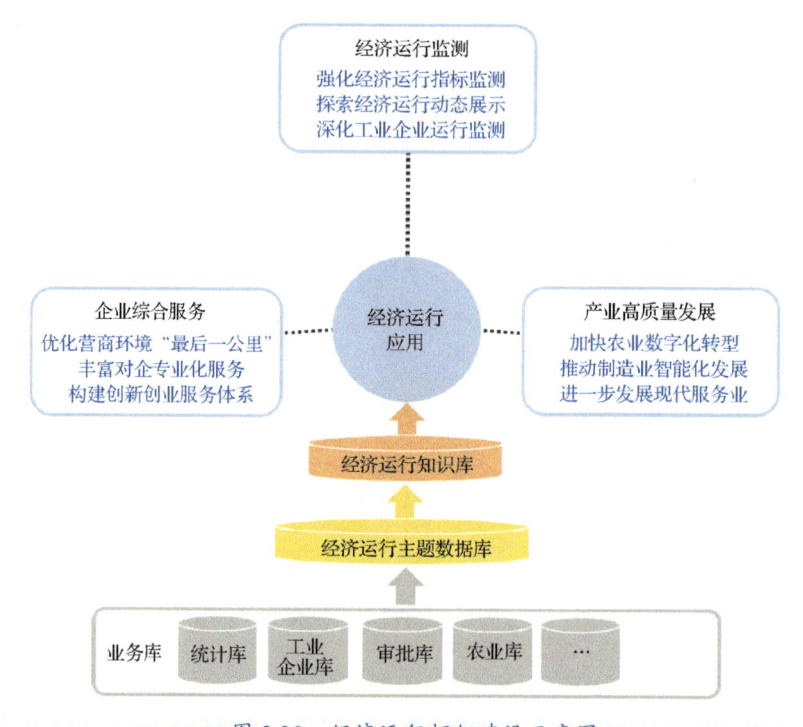

>> 图 2.30　经济运行枢纽建设示意图

第 2 章 智慧城市运行管理中心的顶层设计方法与实现

2.3.5 统筹管理架构

智慧城市运行管理中心统筹管理架构由组织协同机制、项目管理机制和推进落实机制共同构成。通过统筹管理架构理顺统筹协调关系，保障智慧城市运行管理中心建设前、建设中、建成后的全生命周期管理。

2.3.5.1 组织协同机制

在市党委和市政府领导下成立工作领导小组(以下简称"领导小组")统一组织、领导、协调、监督智慧城市运行管理中心建设工作，统筹规划智慧城市运行管理中心重大项目，对建设工作做出决策指挥，统一思想认识、统一行动方向。

市信息化牵头部门负责组织制定智慧城市运行管理中心顶层规划、实施纲要和工作标准等，负责相关重大项目的立项审批，具体组织推进智慧城市运行管理中心的建设工作，负责智慧城市运行管理中心技术资源的日常管理运维工作，强化技术人员与业务责任部门的沟通交流机制，并对各部门具体建设任务进行监督与指导。

市级各部门按照具体分工，负责本行业本领域业务应用开发，做好数据资源体系建设工作。各县(市)区各部门集约利用智慧城市运行管理中心资源，融合各领域、行业的数据，做好创新应用，实现城市服务模式、治理模式、产业发展模式的新突破。

2.3.5.2 项目管理机制

1) 管理范围

建立智慧城市运行管理中心建设项目全流程闭环管理机制，出台实施细则，涵盖信息化项目全生命周期的评估论证、立项审批、招标采购、项目建设、过程监理、工程验收、资金管理、审计监督等环节。

2) 管理主体

市信息化牵头部门、市财政局等作为市级大数据和电子政务项目的管理主体，对智慧城市运行管理中心相关项目进行全流程闭环管理。

3) 实现路径

通过建立项目全生命周期的信息化管理机制，整合打通现有各相关管理主体分散、割裂的信息化管理手段，建立全口径备案制度(项目名称、建设单位、投资额度、运维费用、经费渠道、数据资源、应用系统、等级保护备案等)，进一步加大管理力度。制定完善基础数据采集、数据资源共享目录、信息系统接口等相关技术标准和实施细则，推广各种技术标准规范的应用。

加快智慧城市运行管理中心智库的高层次专家储备，完善重大政策、重大项目专家咨询制度。建立完善智慧城市运行管理中心建设重大项目听证、问责、监察审计制度，引入第三方机构对工程咨询、设计、监理、验收测试和成效评价等工程建设全过程进行质量跟踪。

2.3.5.3 推进落实机制

1) 绩效管理机制

市信息化牵头部门细化分解智慧城市运行管理中心建设任务，建立目标责任制，纳入绩效管理，明确完成时限，动态跟踪建设任务落实情况，强化对项目建设进度的跟踪把控和建设质量的监督检查，形成通报机制，结合年度智慧城市运行管理中心建设绩效考核结果，开展资金预算动态调整和项目管理约束。

各相关管理主体按照职责分工，对智慧城市运行管理中心建设项目进行专项评估，避免重复建设和盲目投资。对不符合共建共享要求的项目，相关部门不予审批，不拨付运维经费。加大对电子政务网络、数据共享交换平台等公共性基础性平台的运维经费保障力度，逐步减少直至取消信息孤岛系统和利用率低的专网的运维经费。

2) 推进落实规则

由"城市操作系统"实施方法论为智慧城市运行管理中心提供一种统筹管理方式，处理智慧城市运行管理中心建设中资源调配和管理的问题、软件和硬件的关系，落实"三融五跨"。推进落实关系图如图2.31所示。其运行管理规则包括：

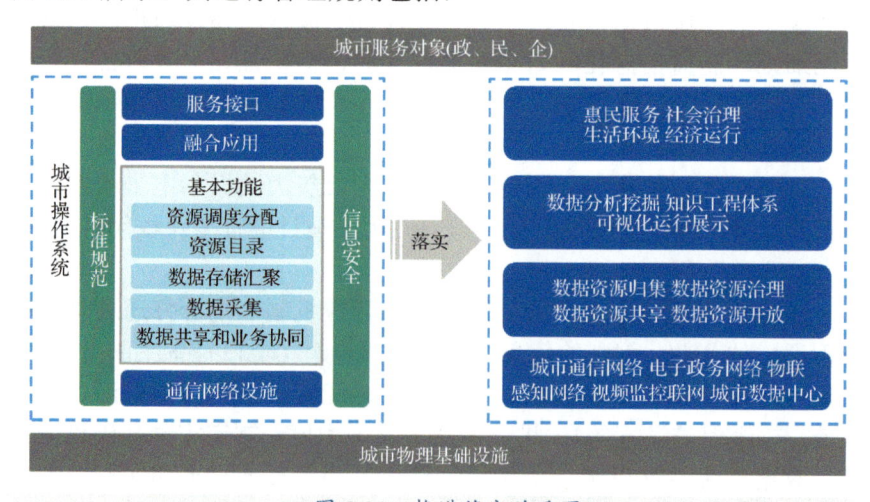

>>图 2.31 推进落实关系图

第 2 章　智慧城市运行管理中心的顶层设计方法与实现

(1) 基础设施、数据资源、智慧能力建设突出市县联动、标准统一、集约共享、充分利旧。

(2) 惠民服务、社会治理、生活环境、经济运行枢纽建设强调充分利用市级智慧能力服务，做好数据、系统、平台的标准化对接，强化跨部门业务协同。

2.3.6　安全保障架构

智慧城市运行管理中心安全保障体系架构以《国家网络空间安全战略》《关于加强重要领域密码应用的指导意见》等政策文件为指导，由信息安全技术体系和信息安全管理体系两个部分构成，对智慧城市运行管理中心进行全周期信息安全保障。

2.3.6.1　信息安全技术体系

1) 信息安全等级保护

依照国家信息安全等级保护的管理规范和技术标准，根据系统内部的不同业务区域划分安全域进行不同等级的保护。同一系统内根据信息的性质、使用主体、安全目标和策略等元素的不同划分的不同逻辑子网或网络，每一个逻辑区域有相同的安全保护需求，以及相同的安全访问控制和边界控制策略，区域间具有相互信任关系。可使用符合国家有关规定、满足信息系统安全保护等级需求的信息技术产品和信息安全产品，开展信息系统安全建设或者改建工作。

2) 信息安全等级测评

落实信息安全等级保护制度，建立健全信息安全等级的安全审查、风险评估和管理机制。定期对重要信息系统开展系统软件、管理软件、应用软件安全配置管理的检查工作。定期对信息系统的安全状况、安全保护制度及措施的落实情况进行自查。定期由信息安全等级保护测评机构，对智慧城市运行管理中心安全管理、安全防护、稳定运行等安全保障能力进行测评。

3) 信息安全风险评估

引入信息安全风险评估机制，定期对物理环境、网络结构、网络服务、主机系统、数据、应用系统、安全系统、安全相关人员、处理流程、安全管理制度、安全策略等进行全方位的信息安全风险评估，识别受保护的信息资产所面临的威胁和信息系统所存在的脆弱性。对信息系统已采取的控制措施进行识别，并对控制措施的有效性进行确认。建立数据安全风险管理机制，对已知或潜在的数据安全进行分析，制定防范措施并监督落实。

2.3.6.2 信息安全管理体系

1) 信息安全组织管理

各级各部门网络信息安全领导机构加强对智慧城市运行管理中心网络信息安全的组织领导，依据"谁使用、谁主管、谁负责"的原则，落实工作责任。在信息安全防护各关键环节设立网络管理员、数据库系统管理员、操作系统管理员、业务系统管理员等安全管理岗，明确规定信息系统安全管理过程中的人员配备及职责。

2) 信息安全制度管理

建立智慧城市运行管理中心网络信息安全管理制度和流程规范。基于信息系统全生命周期管理，从系统规划建设、上线运行、系统下线、运行能力评估等维度，建立安全管理制度。建立规范的操作流程，促进安全维护和管理工作体系化、规范化。以数据安全标准与安全策略为依据，开展数据安全管理工作，采取数据安全保护控制措施，满足数据安全的业务需要、监管需求和隐私保护。

3) 信息安全运维管理

对智慧城市运行管理中心安全防护进行运维全生命周期管控，包括环境管理、资产管理、介质管理、设备维护管理、漏洞和风险管理、网络和系统安全管理、恶意代码防范管理、配置管理、密码管理、变更管理、备份与恢复管理、安全事件处置、应急预案管理、外包运维管理等。建立完善的运维服务机制和运维流程，实施7×24小时的运行监控和定期巡检，保证智慧城市运行管理中心的完全冗余性和应用可扩展性，保障运行可靠性和数据安全性。

4) 信息安全应急管理

建立智慧城市运行管理中心安全态势感知与预警平台，重点保护核心部位和应用边界。完善应急预案，制定不同等级信息安全事件的响应、处置预案，对信息安全事件分等级进行应急处置，开展网络与信息安全应急演练，健全网络与信息安全信息通报机制，提高风险隐患发现、监测预警和突发事件处置能力。

第 3 章

智慧城市运行管理中心的关键技术

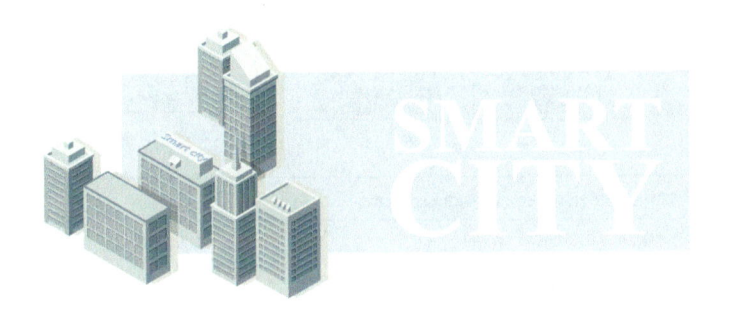

智慧城市运行管理中心是一个复杂的系统工程，涉及物联网、通信、云计算、大数据、人工智能等多方面的技术和产品，可以说基本覆盖了现代信息技术的大部分领域。从最核心的角度出发，智慧城市运行管理中心重点关键技术应当是三个方面：首先是基础设施系统，既包括服务器、通信设施等硬件系统，还包括云计算平台、大数据平台、安全体系等软硬结合的基础设施；其次是基于软硬件基础设施构建起城市数据的感知和采集汇聚体系，重点是利用各种各样的数据采集手段，从多个维度对城市数据进行采集，同时利用时空信息平台等技术手段进行有效汇聚；最后是面向城市需求的数字智能分析和服务技术，重点是基于采集汇聚的城市数据，开展各类建模、分析和智能应用，用于解决城市公共服务和社会治理中的各类应用问题。

本书从以上三个方面入手，重点选取了当前在基础设施、数据采集、智能应用三个领域较为典型的若干创新技术进行阐述（图3.1）。通过这些创新技术的实施，可以全面提升智慧城市运行管理中心的整体效能，更好地支撑城市治理能力现代化建设。

智慧城市运行管理中心：
顶层设计与工程实践

城市数据智能分析与服务技术

面向智慧城市业务应用的主题数据建模与分析技术	基于语义的企业服务信息自动匹配方法	基于多层可追溯比对架构的无人工干预智能审批技术	基于多源应用融合式集成的一体化移动政务协同技术
政务部门数据共享和治理技术及机制	基于语义的智能化政策匹配方法关键技术	多层架构支撑的智能比对技术	基于数据融合的"掌上治理"技术
面向领域的主题数据建模与分析技术	基于语义的政府政策解构和分类管理方法关键技术	面向事后监管的抽查追溯预警算法	基于业务融合的一体化协同管理技术

面向精细化管理的城市数据感知、多维采集和融合汇聚

城市高空影像数据常态化采集系统关键技术与应用	基于边缘计算的海量数据秒级视频数据采集和智能分析处理	支持多维数据融合汇聚的时空信息云平台关键技术和应用
无人机全景城市高空影像数据常态化采集模式	融合计算机视觉算法和神经网络算法的模型设计及优化技术	基于时空索引的海量空间数据聚合分析与可视化
基于真实投影骨架的图片拼接融合技术	基于卷积神经网络的人脸特征提取和融合表达技术	海量图像特征数据的搜索、大数据分析与挖掘技术	基于分层分级思想的服务转发控制机制
基于全景影像数据模式的城市现状变化甄别		

基于自主知识产权的新一代智慧城市ICT基础设施系统

基于大数据分析技术的网络安全态势感知体系关键技术与工程应用			基于城市数字平台的数据融合技术		
数据采集	CIS网络安全智能系统	云端服务	AI	大数据	IoT
			视频	融合通信	GIS

FusionInsight-全自研融合大数据平台

| Hadoop大数据平台 | 分布式数据仓库 | 数据分析洞察平台 | 大数据应用容器和实时决策引擎 | 大数据操作运维系统 |

专属云（行业云）+私有云的混合云关键技术和工程应用
基于搭载鲲鹏架构芯片的TaiShan服务器产品创新与关键技术

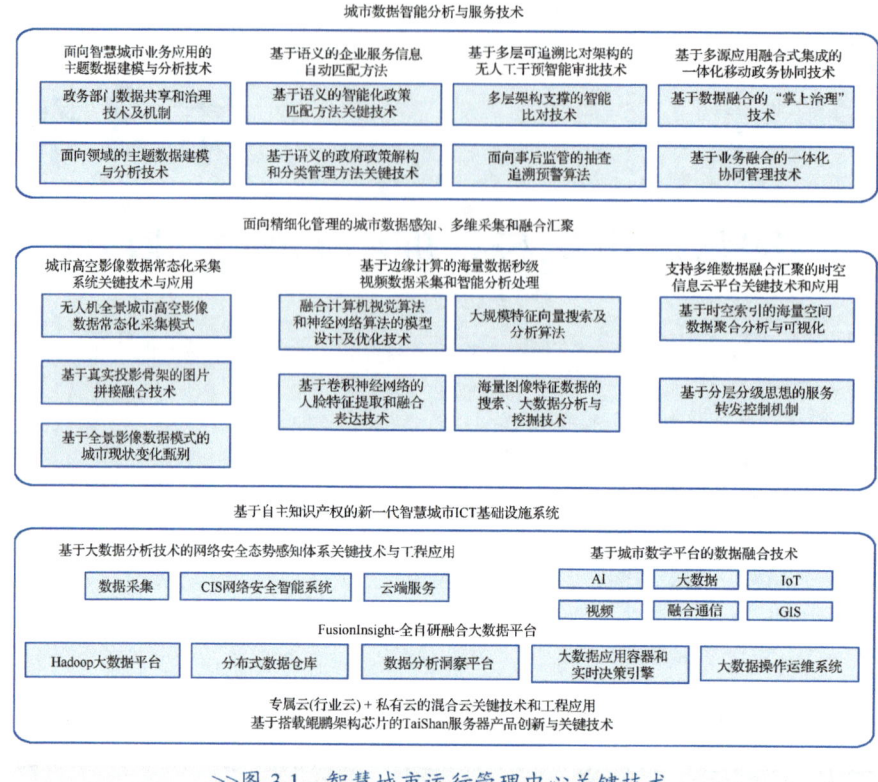

>> 图 3.1 智慧城市运行管理中心关键技术

3.1 基于自主知识产权的新一代智慧城市 ICT 基础设施系统

3.1.1 基于搭载鲲鹏架构芯片的 TaiShan 服务器产品创新与关键技术

针对智慧城市中海量数据处理中存在的数据处理量大、CPU 性能低、云资源利用不足的问题，应用了基于新一代数据中心高性能鲲鹏 920 处理器的 TaiShan 服务器。鲲鹏 920 处理器基于 ARM 授权的核心架构，采用 7nm 工艺制造，芯片整体由国产化自主研发设计完成。芯片集成 8 通道 DDR4 内存，集成 100G RoCE 以太网卡功能，大幅提高系统集成度。支持 PCIe4.0 及 CCIX 接口，可提供 640Gbps 总带宽。单槽位接口速率为业界主流速率的两倍，有效提升存储及各类加速器的性能。通过优化分支预测算法、提升运算单元数量、改进内存子系

第 3 章 智慧城市运行管理中心的关键技术

统架构等一系列微架构设计,大幅提高处理器性能。典型主频下,SPECint Benchmark 评分超过 930,超出业界标杆 25%。能效比优于业界标杆 30%。内存带宽超出业界主流 46%。

TaiShan 服务器是国产化自主可控的新一代数据中心服务器,适合为大数据、分布式存储、原生应用、高性能计算和数据库等应用高效加速,满足数据中心多样性计算、绿色计算的需求。TaiShan 服务器具有高性能、灵活适配、安全可靠等特点。Taishan 服务器搭载鲲鹏 920 处理器,性能比肩 x86 高端型号,8 通道内存技术,支持 32 个 DDR4 内存插槽,最高内存容量可达 4TB,支持 Atlas 300AI 加速卡、ES3000 V5 NVMe SSD。支持多个 IO 模组,实现丰富的硬盘配置,支持板载的灵活网卡,支持 GE/10GE/25GE,实现不同网络配置。采用全自研计算芯片,整机器件实现全国产化,保障可持续供应。

TaiShan 服务器提供机架均衡型、机架存储型和多节点高密型等多种规格形态,适合为大数据分析、软件定义存储、ARM 原生、HPC 和数据库等应用场景进行高效加速,如图 3.2 所示。Taishan 服务器搭载鲲鹏处理器,适合为大数据、分布式存储、原生应用、高性能计算和数据库等应用高效加速。Taishan 服务器配置了业界最高性能处理器,在传统 X86 计算服务器的基础上提供了另一种计算架构,满足算力多样性,目前在深圳市及各区政务云项目建设中均基于 Taishan 服务器来构筑计算资源池。

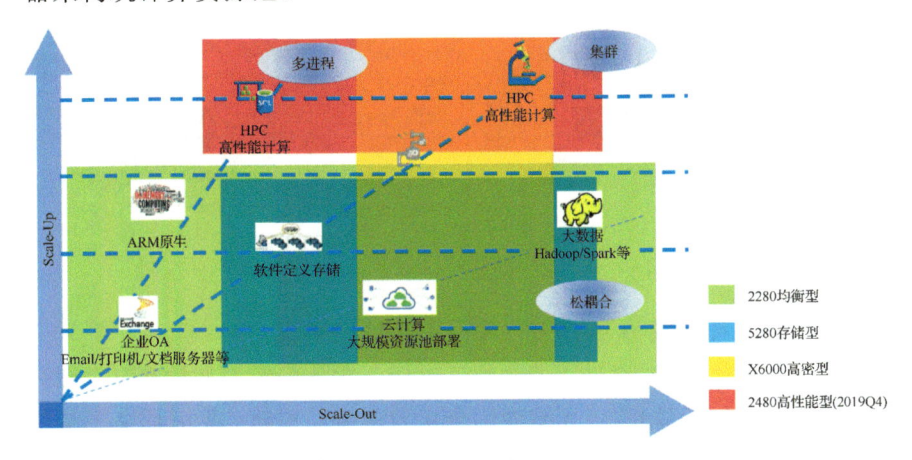

>>图 3.2 Taishan 服务器应用场景

3.1.2 专属云(行业云)+私有云的混合云关键技术

针对传统混合云平台通过 API 调用公有云服务带来的混合云提供公有云服务数量不足、不能直接交付高级服务等弊端，采用云联邦认证和用户映射方式，将私有云和公有云结成联邦体系，通过跨云联动能力(弹性扩展、跨云灾备、网络协同、分层部署)，实现全量服务接入，满足智慧城市业务混合部署要求，并有效保障用户安全快速获取物联网、边缘计算、区块链、软件开发等前沿技术的众多服务。同时采用统一架构提供一致的功能组件、服务能力、操作方式、界面风格，使用户使用体验与管理机制一致。为智慧城市"智脑"的建设提供了基础支撑。

混合云的出现是为了整合私有云、公有云的资源，给用户构建敏捷、弹性、统一的云计算平台，然而很多混合云平台只是借助"混合"的概念，仅仅提供不同云平台简单拼接，使客户的跨云操作非常复杂。云服务商通过"云联邦"提供全量服务接入、统一精细管控、多云统一运营、多云统一运维的混合云统一管理能力。专属云(行业云)+私有云的混合云架构如图 3.3 所示，其中专属云技术架构如图 3.4 所示。

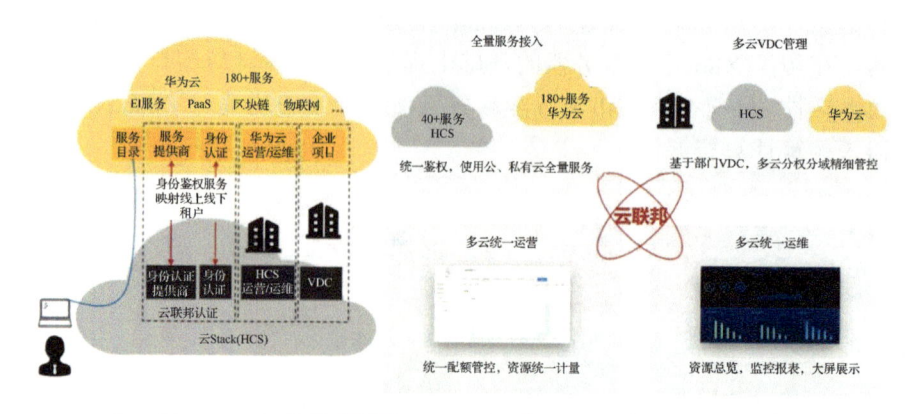

>>图 3.3 专属云(行业云)+私有云的混合云架构

专属云(行业云)+私有云有 4 个关键技术特点：

全量服务接入。通过"云联邦"对接云服务商统一架构私有云和公有云平台，混合云用户可无缝使用全量云服务，快速获取云服务商提供的在 AI、物联网、边缘计算、区块链、软件开发等前沿技术的众多服务，为智慧城市业务创新带来更多可能。

统一精细管控。"云联邦"通过将城市组织架构和私有云

第 3 章 智慧城市运行管理中心的关键技术

VDC(virtual data center)、公有云智慧城市项目对接，实现按照部门的分权分域控制。在私有云和公有云侧，用户只能访问授权的云服务实例，而且可指定智慧城市项目费用上限。帮助城市做混合云全局预算管控，精确资源权限控制。

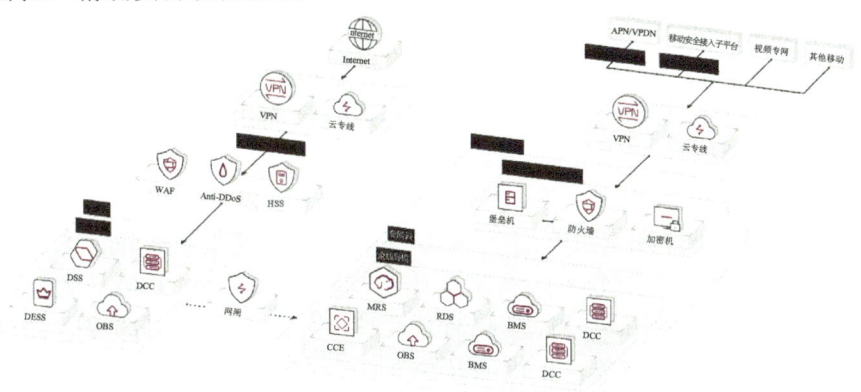

>> 图 3.4 专属云技术架构

多云统一运营。"云联邦"对接公有云运营信息，调用公有云运营平台接口，按智慧城市项目、按月获取租户各云服务的计量信息。在 VDC 计量视图中统一呈现，通过切换不同 Region 即可直接分别查看公有云和私有云的计量清单，简化管理员的操作。

多云统一运维。"云联邦"通过公有云对接账号，从公有云查询租户资源的运维数据，提供私有云和公有云统一的云资源视图。通过汇聚数据生成统一 TopN、资源统计、利用率分析、趋势等丰富报表，提供私有云和公有云统一的大屏展示，直观便捷地实现混合云统一运维。

混合云解决方案以客户及市场需求为导向，支撑各类应用上云，加速智慧城市应用云化进程，截至 2019 年 7 月，该解决方案已服务于全球 150 个国家和地区超过 7000 家客户，在全球已经累计部署超过 450 万台虚拟机，覆盖政府及公共事业、运营商、金融、能源、交通、制造、媒体、医疗、教育等多个行业。基于丰富的项目和实践经验，提供给用户的不仅仅是统一的混合云管理平台，还提供丰富的混合云场景实践支撑智慧城市业务落地。

应用实例 1：混合云 AI 智能。混合云 AI 智能解决方案帮助用户本地无缝享用公有云 AI 服务，支持线上算法线下推理、线上训练线下推理、线上推理线下调用等灵活 AI 应用模型，满足各类智能化转型需求。在智慧机场建设中，对机场基础设施进行智能化改造，通过混合云 AI 解决方案，基于机场视频，实时采集航班节点时间，实现工作模式由"人工"向"自动"识别转变，提高各状态采集的实时准确率与工作效率，规范航班运行保障，防止大面积延误。同时，基于保障时间点，机场人车物等资源实现自动化调度分配，大幅提升机场运控效率。

应用实例 2：混合云应用跨云。智慧城市应用众多复杂，并且不同应用对弹性和安全有不同诉求。混合云应用跨云解决方案，助力城市根据应用不同的安全、可靠、并发特征，将应用灵活选择部署在公有云或私有云，实现应用分类部署。在浙江义数云，电商用户在特殊节假日，线上大型购物节等时期做大型促销活动，大促当日整体电商平台的服务接待量对比日均值会有 5~15 倍的大幅度增加。混合云应用跨云针对电商行业特点，将前端应用部署在公有云上，促销时随业务量扩展底层资源；当非促销期间，缩减公有云资源，大幅降低营销活动成本。

应用实例 3：混合云 DevOps。智慧城市建设的不断发展，各类新业务应用不断涌现，用户多地开发、不同架构平台及开发语言难以管理。混合云 DevOps 解决方案提供全云端 DevOps 平台，利用云服务商云软件开发云统一平台进行快速开发、测试，利用公有云的环境及丰富的资源进行验证。验证后同步到私有云侧进行部署，保证业务应用开发高效规范，代码生产本地合规。在财政行业中，通过系统梳理上下级财政部门以及财政部门内部各项业务，采用微服务架构设计，面向业务能力，构建服务中台，由"功能开发"向"服务构建"转变。采用混合云 DevOps 解决方案进行快速开发迭代，利用公有云工具提前验证，缩短项目上线时间。

3.1.3　FusionInsight 大数据平台技术

针对智慧城市"智脑"建设中面临的大容量数据的存储问题、流式数据的存储和计算问题，应用了基于实际业务需求的 FusionInsight 大数据平台。它由 Hadoop 大数据平台、分布式数据仓库、数据分析洞察平台、大数据应用容器和实时决策引擎和大数据操作运维系统构成。采用自主研发的 100%兼容标准 SQL、交互式查询 CarbonData、实时决策引擎 RTD、图计算引擎 Eywa 等为智慧城市提供传统业务数据迁移、数据融合查询、业务实时决策、快速多层次分析、海量结构化数据分析等。

第 3 章 智慧城市运行管理中心的关键技术

FusionInsight 大数据平台具有超强的管理能力，提供集群安装部署工具，支持模板安装，可实现大规模快速安装部署。FusionInsight 大数据平台主要有 4 个特点：

提供大集群容错能力：所有维护操作支持可重入，安装部署支持按实例数容错，支持主机隔离（防止单点主机问题引起集群雪崩）。

大集群硬件异构环境能力：支持实例组管理，可按不同硬件规格主机设置不同的配置。

集群规模弹性伸缩：集群可大可小，不同集群规模应用不同系统配置，合理利用系统资源。

集群快速修复能力：支持主机重装、集群修复、IP 修改；具备大集群中海量监控数据的处理能力。

3.1.4 基于大数据分析技术的网络安全态势感知体系关键技术

针对智慧城市运行管理中心网络、数据等核心系统平台和关键信息基础设施防止被黑客加密攻击，且攻击特征被混淆、乱序、填充等，导致基于签名无法检测等问题，应用基于国产化自主可控大数据平台 FusionInsight 的网络安全智能系统 CIS（Cybersecurity Intelligence System），构建网络安全态势感知体系。一方面，利用大数据 AI 分析技术，分类统计和综合监测威胁攻击事件、威胁告警和攻击源头，呈现全局安全态势现状、还原攻击历史和预测安全风险，并为安全事件的处置提供决策性依据。另一方面，利用 AI 技术建模，基于安全模型多层级和多维度分析云上单个异常行为，发现和预测高隐蔽性风险，进而无死角查防安全威胁。

大数据分析技术的网络安全态势感知体系的分布式方案架构如图 3.5 所示，关键组件详情见表 3.1 所示，其中关键模块包括：

数据采集。通过流探针采集全网流量元数据、日志采集器采集网络安全设备的日志信息、沙箱上报文件信息等，CIS 网络安全智能系统进行格式化预处理、针对不同类型的数据进行分布式存储、对关键的格式化数据建立索引，以提供快速检索、威胁检测、威胁可视化等服务。

CIS 网络安全智能系统。基于多种数据源进行分析，流量元数据用于 C&C 检测、隐蔽通道检测、Mail 检测等；日志用于日志关联分析；Netflow 用于流量异常分析；在 Mail 异常、隐蔽通道异常检测中，结合文件信息，帮助判断是否异常。以时间、空间、IP 等信息为关联，

智慧城市运行管理中心：
顶层设计与工程实践

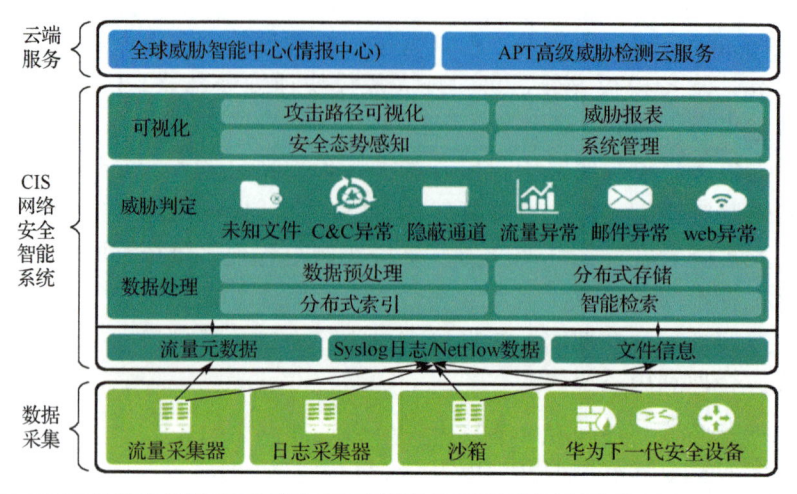

```
云端服务
├─ 全球威胁智能中心(情报中心)    APT高级威胁检测云服务

CIS网络安全智能系统
├─ 可视化：攻击路径可视化 / 威胁报表 / 安全态势感知 / 系统管理
├─ 威胁判定：未知文件、C&C异常、隐蔽通道、流量异常、邮件异常、web异常
├─ 数据处理：数据预处理 / 分布式存储 / 分布式索引 / 智能检索
└─ 流量元数据 / Syslog日志/Netflow数据 / 文件信息

数据采集
└─ 流量采集器 / 日志采集器 / 沙箱 / 华为下一代安全设备
```

>>图 3.5　分布式方案架构

CIS 系统将单点异常事件进行关联并综合评估，得出攻击链，并进行高级威胁判定。

CIS 系统可视化层。能够对攻击链进行可视化呈现、展示全网安全态势、提供威胁报表等，展示资源侦查、外部渗透、命令与控制、内部扩散、数据外发等 APT 攻击过程，感知全网威胁态势、攻击路径、高危资产等信息，帮助快速掌控全网威胁。

云端服务。CIS 系统检测出的高级威胁情报信息，还能上传到全球威胁智能中心，做到全网威胁实时、全面共享。APT 高级检测云服务，对本地没有 CIS 系统的用户，提供上传未知文件到云端检测的服务。此外，网络安全设备能够根据 CIS 系统检出的高级威胁情报信息，进行实时阻断。

表 3.1　网络安全态势感知体系关键组件

模块	组件	功能
数据采集	流探针	通过镜像或者分光链路流量，提取流量的元数据，并上传元数据信息给 CIS，其中文件还原后上传给沙箱检测
	日志采集器	采集网络中关键设备、第三方 SIEM 系统的 Syslog 日志/Netflow 数据进行采集和归一化处理
	安全沙箱	通过还原交换机或者传统安全设备镜像的网络流量，在虚拟的环境内对网络中传输的文件进行检测，实现对未知恶意文件的检测。检测结果以日志形式，连同原始文件上传到 CIS 平台，提供APT 攻击渗透阶段信息
可视化	可视化节点	负责数据呈现，包括威胁态势呈现、攻击链路可视化、高级威胁报表、配置管理、智能检索等

88

第 3 章 智慧城市运行管理中心的关键技术

续表

模块	组件	功能
数据处理	集群控制节点	负责对检测存储节点和数据分发节点的集群状态进行统一管理和资源调度
	数据分发节点	对流探针和采集器上报的数据进行预处理，并负责数据的转发
	存储/检测节点	负责数据统一存储和分布式数据索引，另外还通过分布式数据处理和分析提供威胁检测功能

分布式方案的关键特性：基于 APT 攻击链，采用大数据关联单点异常行为分析和机器学习模式，针对 APT 全攻击链中的每个步骤，渗透、驻点、提权、侦查、外发等各个阶段进行检测，建立文件异常、Mail 异常、C&C 异常检测、流量异常、日志关联、Web 异常检测、隐蔽通道等检测模型并关联检测出高级威胁检测单点事件。基于 APT 攻击链的检测流程和工作原理如图 3.6 所示。

>>图 3.6　基于 APT 攻击链的检测

　　CIS 网络智能系统采用最新大数据分析和机器学习技术，可用于抵御 APT 攻击。CIS 网络智能系统具有以下 3 个特点。

　　全面检测：基于 APT 攻击链，检测单点事件，关联组合威胁。

　　全网协防：威胁联动安全设备、终端设备处置闭环、云端信誉共享。

　　全网可视：安全态势实时感知，PB 级数据秒级检索溯源。

　　基于大数据分析技术的网络安全态势感知系统 CIS 目前已经在政府、金融、教育、电力等多个行业成功应用。其中，金融行业成效最为显著，通过利用网络和安全设备作为探针和执行器，实现采集、分析、处置端到端闭环，分钟级精确发现并遏制 0day、定向攻击、APT

89

等高级威胁，构筑起纵深防御体系。系统在某银行上线后，未知威胁发现能力从无到有，发现时间从业界 84 天到几分钟；威胁处置从 2.5 天缩短到 10 分钟，效率提升 360 倍。

3.1.5 基于城市数字平台的数据融合技术

针对智慧城市信息基础设施建设资源分散，各部门信息化独立建设重复投资严重，平台资源参差不齐等问题，以实现跨部门、跨系统的数据融合、业务融合、技术融合，提升政府治理能力为目标，整合 AI、大数据、IoT、视频、融合通信和 GIS 六类技术能力和资源，构建城市数字平台，通过统一的 API 北向接口面向不同的 ISV（独立软件开发商）开发服务。城市数字平台架构如图 3.7 所示。

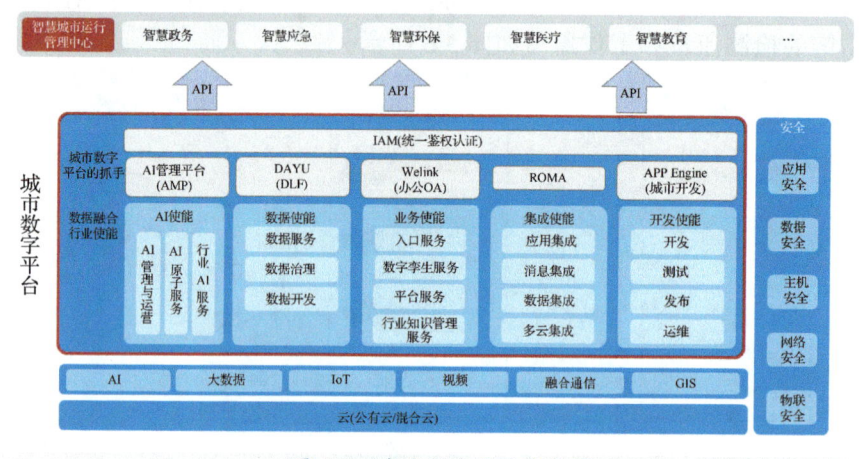

>>图 3.7　城市数字平台架构图

城市数字平台采用 Spark、Hadoop、Mppdb、Storm 等开源技术，可以处理 PB 级的海量数据，可以处理结构化数据和非结构化数据，可以处理文本、图形、图像、视频等多种类型的数据，可以采用内存计算处理实时消息和实时数据。该平台基于开源技术，在功能、性能和安全方面进行了增强，达到了规模化商用的要求。为了便于灵活扩展，可以运行在大规模并行计算的集群之上，用来满足智慧城市运行管理中心对于图形处理、模型计算的并行处理。

城市数字平台通过横向融合云、AI、IoT、大数据、融合通信，视频、GIS 等新一代信息技术，纵向打通端、边、网、云的平台，帮助构建政府全量数据、实现数据分享和价值挖掘、消除数字孤岛，为国内智慧城市建设提供了借鉴经验，已广泛应用于金融、运营商、政府、

第 3 章 智慧城市运行管理中心的关键技术

能源、医疗、制造、交通等多个领域。大数据服务平台的具体示例如图 3.8 所示,此图展示的是深圳市龙岗区大数据管理服务平台的功能界面。

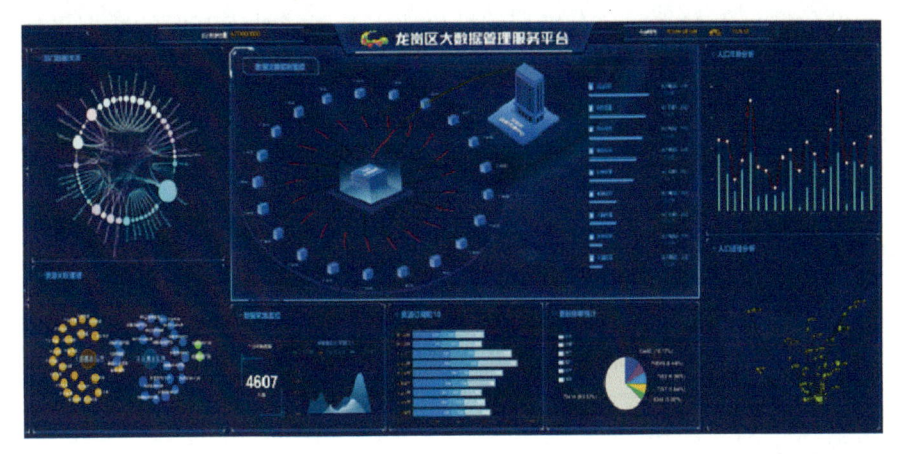

>>图 3.8 大数据服务平台

3.2 面向精细化管理的城市数据感知、多维采集和融合汇聚

3.2.1 城市高空影像数据常态化采集关键技术

传统的全景影像拼接融合技术不考虑融合后影像的投影畸变问题,其展示方法仅支持单幅影像展示,无法形成时空对比,不适用于城市高空影像数据的常态化采集。城市高空影像数据常态化采集关键技术针对城市高空卫星影像、航测影像等数据在实际应用中存在的采集周期长、成本高和数据格式标准不统一等问题,开创性采用基于无人机的城市高空影像数据采集技术,开发基于无人机的城市高空影像数据一键自动采集系统,实现数据采集流程自动化和标准化,极大提高了数据的准确度,降低了数据采集成本,提升了数据采集效率。

城市高空影像数据常态化采集关键技术采用将投影骨架作为基准点配准的方式对高空采集的影像和带有结构框架的全景图像进行拼接、融合处理,使其具有一定程度的模糊坐标对应关系,使处理后的影像具有更高的应用价值。同时,城市高空影像数据常态化采集关键技术还提出了可进行影像联动及时间选择的全景影像对比展示方法,在传统全景技术基础上加入时空平台,可同时对比浏览不同时期的两幅影像,方便使用者对城市现状进行直观的了解。

城市高空影像数据常态化采集关键技术开创了一种新的城市高空影像数据采集方式,具有极高的性价比,基于该技术开发的数据采集系统更新周期为2~3天,较卫星影像系统缩短15倍以上,同时,其价格较航测系统降低60%。

该技术于2016年在深圳市部分街道试点运行,并于同年底覆盖全市所有区,其中,龙岗区将该技术与龙岗"云管通"APP查违系统相结合,实现了"天上看、地上巡、网上查"的全新查违模式。2018年,又在龙岗区部分街道用于水务巡查,在大鹏新区用于林业监管。2017年,在广州黄埔区、南沙区等部分街道得到应用。2019年,在韶关市曲江区应用于国土园区管理,支撑住建和自然资源监管。该技术同时被广泛应用于智慧安防领域,探索安防领域的智慧化创新应用。

城市高空影像数据常态化采集关键技术实现了城市常态化的高空影像数据的采集。城市高空全景影像数据可以为城市现代化管理提供非常多的帮助。可以帮助城市管理者对辖区内目标区域进行时空对比浏览,便捷、高效、精确地了解近几天内的变化情况,极大拓宽了管理者的信息获取渠道,有效提高了土地管理部门的工作效率。此外,该技术还可以支撑综合管理、自然资源与规划,以及住建等部门对采集的数据进行进一步的分析和挖掘,以获取更多有价值的数据。例如,开展城市现状变化甄别与事件推送、自然灾害现状评估等。该技术可以作为现代城市管理中的一种常态化和标准化技术加以推广和应用,为城市的发展带来巨大的应用价值与经济效益。

3.2.2 基于边缘计算的海量数据秒级视频数据采集和智能分析处理技术

基于边缘计算的海量数据秒级视频数据采集和智能分析处理技术采用"云+端"技术架构,提出融合传统计算机视觉算法和神经网络算法的模型设计及优化技术、端到端的模型训练技术、定点化模型训练及优化技术、图像特征评估及度量计算技术和大规模特征向量搜索及分析算法,实现了平台和端设备之间的海量视频数据计算。该技术的基础网络环境架构如图3.9所示,系统平台架构如图3.10所示。

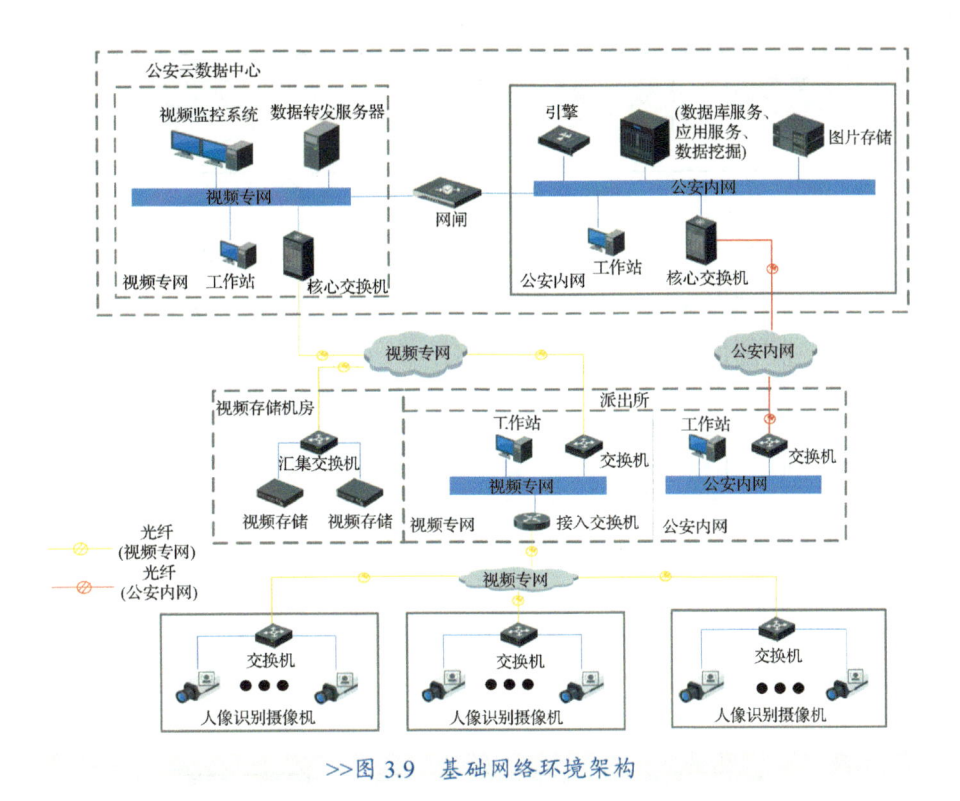

第3章 智慧城市运行管理中心的关键技术

>>图 3.9 基础网络环境架构

3.2.2.1 融合计算机视觉算法和神经网络算法的模型设计及优化技术

基于卷积神经网络(convolutional neural network,CNN)的人脸检测算法设计及优化技术融合了级联检测、Boosting 决策树和卷积神经网络等技术,实现快速精准的人脸检测。该技术兼顾了检测的计算速率及准确性,其中,第一级快速检测器采用灰度像素比较特征的软级联决策树构建快速的人脸检测模型,实现人脸的初步筛选。第二级采用了基于 CNN 的精准人脸检测模型构建具有自学习特征的精准检测器,实现人脸的细筛选。通过两级的甄别筛选,保证了人脸框的准确性。级联检测算法的流程如图 3.11 所示。

3.2.2.2 基于卷积神经网络的人脸特征提取和融合表达技术

解决了人脸检测问题后,准确提取出人脸的特征,从而准确解决人脸特征识别是另一个关键问题,这一个问题的解决需要涉及同性特征多区域、多特征融合和相异性特征的特征融合方法。

智慧城市运行管理中心：
顶层设计与工程实践

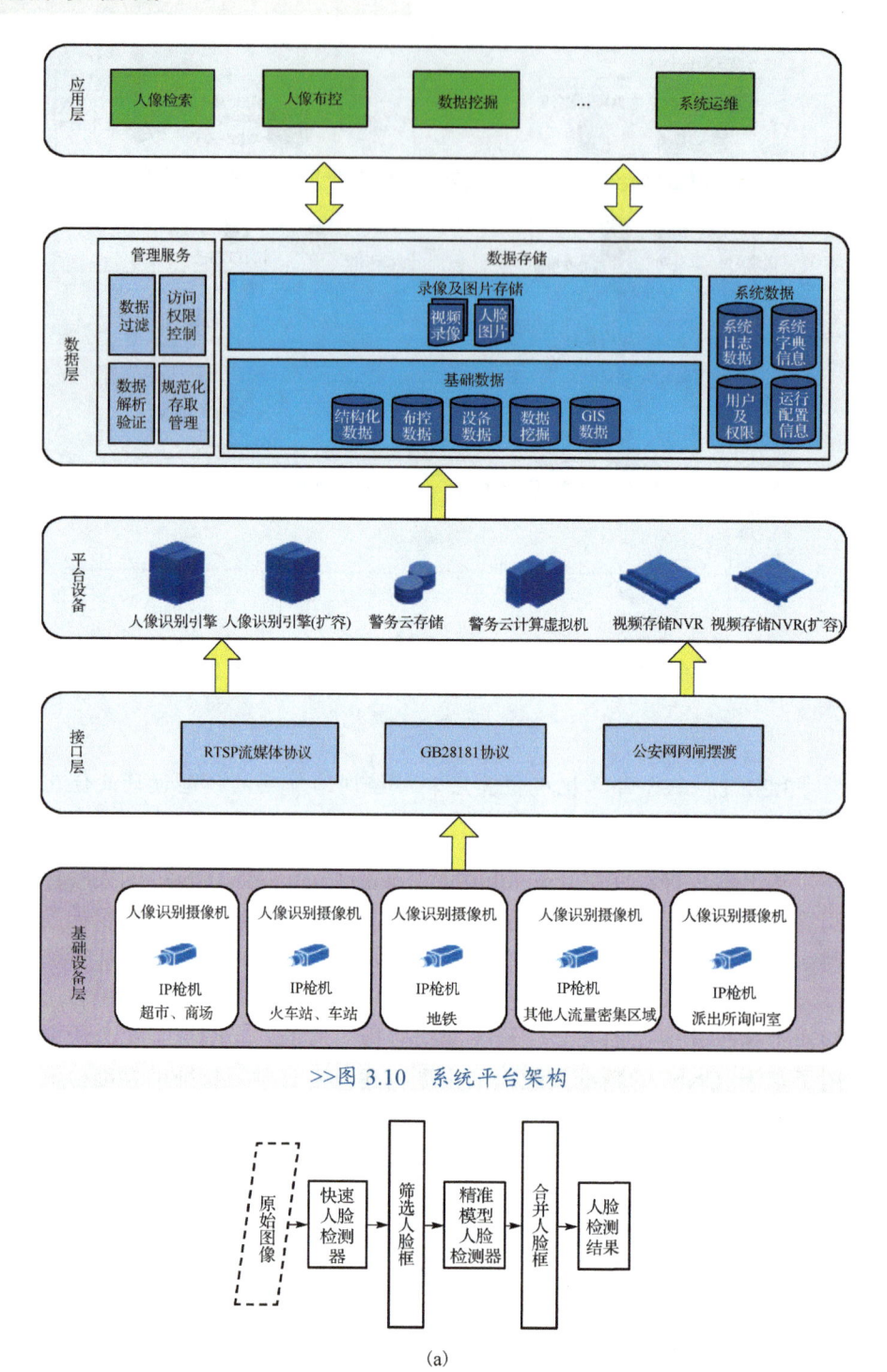

>> 图 3.10 系统平台架构

(a)

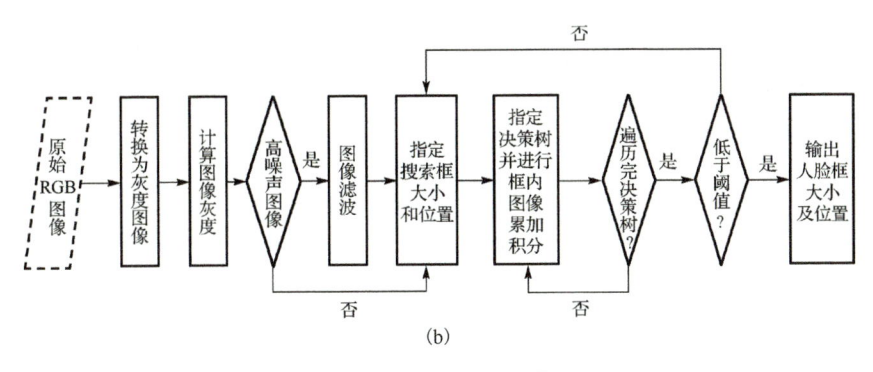

第 3 章 智慧城市运行管理中心的关键技术

>>图 3.11　级联检测算法的流程示意图

基于多区域多特征的向量融合算法如图 3.12 所示，该算法的主要步骤是：首先，多区域多特征组合向量通过将两幅图像划分为 M 个子区域，并对 M 个子区域分别提取 N 个特征向量得到；其次，确定 M 个子区域中的每个对应子区域之间的子区域多特征组合向量的 Hausdorff 距离；然后，根据两幅图像 M 个子区域中的每个对应子区域之间的子区域多特征组合向量的 Hausdorff 距离，以确定多区域多特征组合向量的 Hausdorff 距离。多区域多特征组合向量的 Hausdorff 距离值越大，则表明两幅图像越不同。该方法能够使图像中对应特征相互独立使用，无需使用核函数进行融合的多区域、多特征识别方法，同时降低运算量，提高识别效率。

>>图 3.12　基于多区域多特征的向量融合算法

基于相异性的特征融合识别方法如图 3.13 所示，详细步骤如下：
(1) 设置不同类型的聚类中心；
(2) 生成基于聚类中心相异性的特征向量；
(3) 对特征进行融合和判断。

基于相异性的特征融合识别方法避免了多特征融合容易出现的特征维度过高（近千维）、不同类型的特征维度不一致、计算量较大和需要配置的参数较多等问题,该方法具有较高的稳定性,同时,拓展了现有基于相异性特征识别方法的应用模型,使其不必须嵌套在区域匹配模型中,丰富了相异性特征的应用。

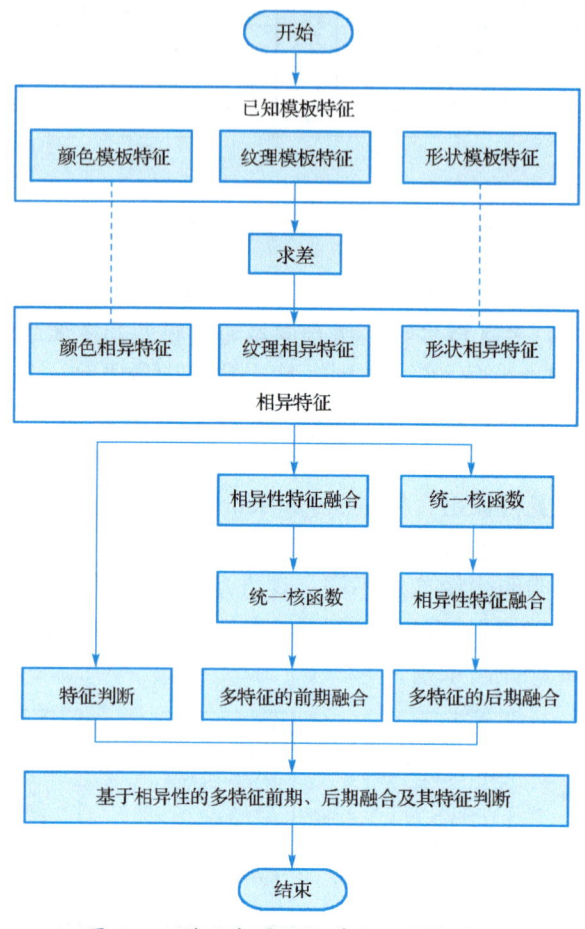

```
                            开始
                             │
                       ┌─────┴─────┐
                       │  已知模板特征  │
              ┌────────┼───────────┼────────┐
              │        │           │        │
         ┌────┴───┐ ┌──┴─────┐ ┌───┴────┐
         │颜色模板特征│ │纹理模板特征│ │形状模板特征│
         └────┬───┘ └──┬─────┘ └───┬────┘
              │        │           │
              └────────┼───────────┘
                       │
                      求差
                       │
              ┌────────┼───────────┐
         ┌────┴───┐ ┌──┴─────┐ ┌───┴────┐
         │颜色相异特征│ │纹理相异特征│ │形状相异特征│
         └────┬───┘ └──┬─────┘ └───┬────┘
              │      相异特征         │
              └────────┬───────────┘
                       │
              ┌────────┴───────────┐
         ┌────┴─────┐         ┌────┴────┐
         │相异性特征融合│         │ 统一核函数 │
         └────┬─────┘         └────┬────┘
              │                     │
         ┌────┴────┐          ┌────┴─────┐
         │ 统一核函数 │          │相异性特征融合│
         └────┬────┘          └────┬─────┘
              │                     │
    ┌─────────┤                     │
    │         │                     │
┌───┴──┐ ┌────┴──────┐       ┌─────┴──────┐
│特征判断│ │多特征的前期融合│       │多特征的后期融合│
└───┬──┘ └────┬──────┘       └─────┬──────┘
    │         │                     │
    └─────────┼─────────────────────┘
              │
    ┌─────────┴──────────────────┐
    │基于相异性的多特征前期、后期融合及其特征判断│
    └─────────┬──────────────────┘
              │
            结束
```

>>图 3.13 基于相异性的特征融合识别方法

图像特征的质量评估,主要解决问题是在实际产品中对特征质量进行评估,进而实现最佳图像选择及不符合质量要求的图像过滤等,可以提高系统在算法准确度及处理资源需求上的综合性能。主要涉及基于梯度和直方特征的质量估计、向量空间中两个向量之间的相似度估计等。

人脸图像模糊度的计算方法如图 3.14 所示。该方法通过对各像素点的局部梯度值进行归一化处理,避免了光线强时导致局部梯度值偏高;通过对人脸或背景的各像素点赋予不同的加权值,避免了背景中

第 3 章 智慧城市运行管理中心的关键技术

纹理较多会使局部梯度值增加；通过引入梯度密度的概念，避免了图像采集设备本身的噪声对模糊度评价的干扰。该模糊度评价方法可以克服光线变化、背景、采集设备噪声等的影响，对图像质量的评价客观准确。

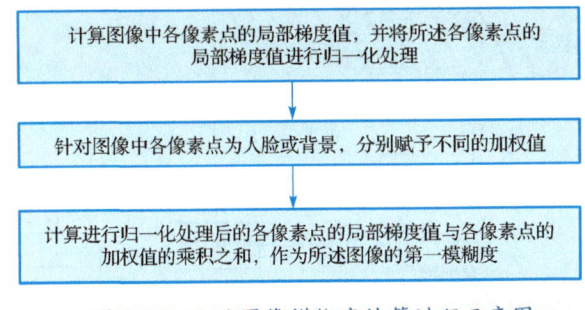

>>图 3.14 人脸图像模糊度计算过程示意图

3.2.2.3 海量图像特征数据的搜索、大数据分析与挖掘技术

海量图像特征数据的搜索、大数据分析与挖掘技术采用了基于位图 ID 的海量图像搜索的加速方法、基于分层计算及调度的海量向量特征聚类的预处理方法和基于异步并发调度的高速视频结构化处理的并发处理方案等系统优化技术。该技术还提出了基于算法分析的特征计算 UI 交互优化算法和基于海量数据的分析和挖掘应用场景构造方法。

其中，视频结构化流程示意图如图 3.15 所示，基于并发缓冲区调度的视频结构化示意图如图 3.16 所示。

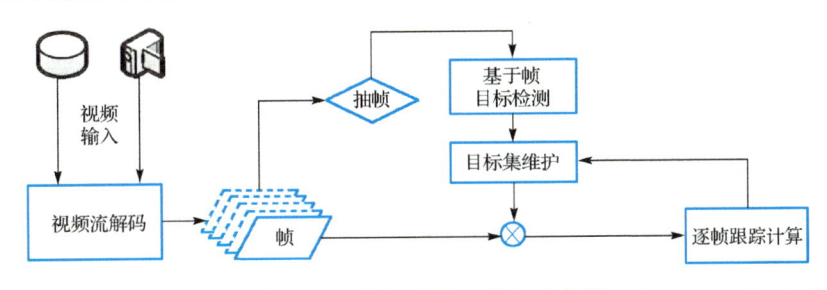

>>图 3.15 视频结构化流程示意图

基于海量数据的分析和挖掘之上的应用场景构造，分别实现了基于数据分析和挖掘基础上的同行人分析方法、基于时空轨迹查询的人员活动规律分析方法、基于时空信息分析的关联人员活动发现方法等。

该技术的主要特点是实现了"云+端"两个系统层次的双重算法。首先，在"端"一侧，为了实现边缘智能和边缘计算，需要有适合在端设备实现的算法及模型；其次，在"云"一侧，海量数据的高效分

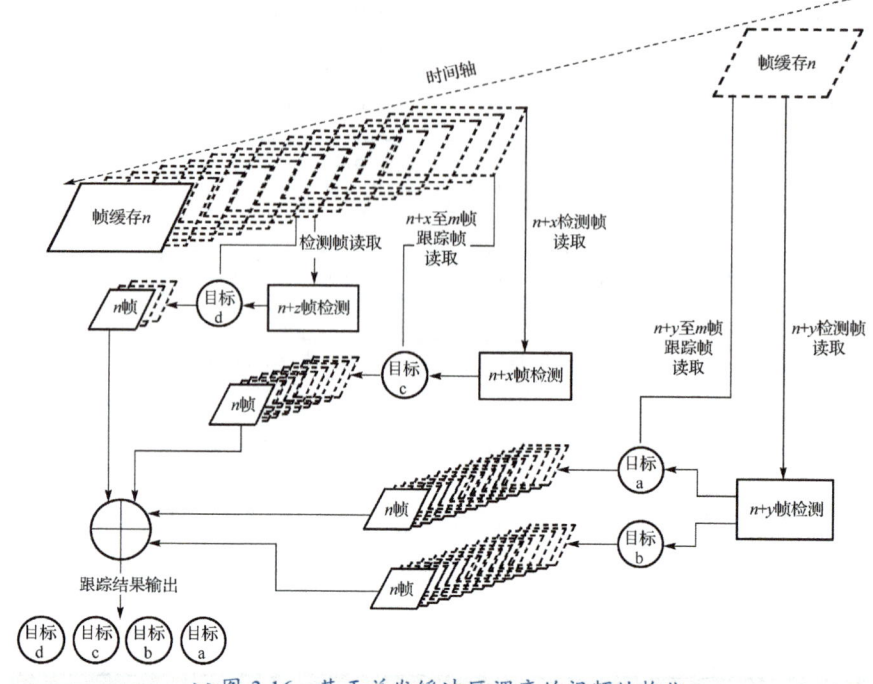

>>图 3.16　基于并发缓冲区调度的视频结构化

析也离不开算法的创新。该技术在算法的创新上主要涉及融合传统计算机视觉算法和神经网络算法的模型设计及优化、端到端的模型训练及优化技术、定点化的模型训练及优化技术、图像特征的评估及度量计算、大规模特征向量的搜索及分析算法等方面。

该技术在技术研发上涉及基础算法、集成电路、分布式集群计算等多个领域，在产品研发上涉及终端硬件设计与制造、服务器端的硬件设计及制造、板卡极的硬件设备与制造，在软件开发上涉及嵌入式软件开发、计算密集型及业务密集型并举的服务端后台软件开发、BS应用软件及APP应用开发。

该技术深度应用于公共安全应用场景，打造了"人工智能公共安全示范区"，实现了城市级的"亿万人脸，秒级定位"。自2015年上线应用以来，已建成在网前端设备30000路以上，生成动态人像数据200亿张以上，应用于70余省市及东南亚等国家的近百个项目，累计为多地公安破获案件10000余起，找回160余名失踪儿童和走失老人。

硬件IP技术在"云+端"架构中，针对神经网络的计算及IO的特点，进行计算调度及IO调度的综合优化，解决了"端"一侧的计算能力的实现问题。设计的IP在只有GPU的5%的功耗下，即可达到与主

第 3 章 智慧城市运行管理中心的关键技术

流的 GPU 的性能相当。自主研发的面向"端"一侧的视觉应用的深度学习神经网络推理芯片前端视频采集设备，在本地就能完成动态视频流行人、车辆和非人非车的检测、跟踪、识别以及特征属性提取，可以有效降低视频传输网络带宽的需求，减轻后台数据存储的压力以及提升数据智能分析的实时性。

3.2.3 支持多维数据融合汇聚的时空信息云平台关键技术

支持多维数据融合汇聚的时空信息云平台关键技术主要包括两部分。

3.2.3.1 基于时空索引的海量空间数据聚合分析与可视化技术

为了实现海量空间数据实时的空间查询与分析，首先需要对空间数据进行空间索引，构建时空格网，然后利用格网技术实现空间数据的实时聚合，最后进行可视化展示。

1）构建时空索引

系统利用 GeoHash 技术来进行空间格网的构建与编码。GeoHash 是一种通用的地理编码算法，它可以将地理经纬度坐标编码为由字母和数字所构成的短字符串。采用二分法不断缩小经度和纬度的区间来进行二进制编码，最后将经纬度分别产生的编码奇偶位交叉合并，再用字母数字表示。编码示例如图 3.17 所示。

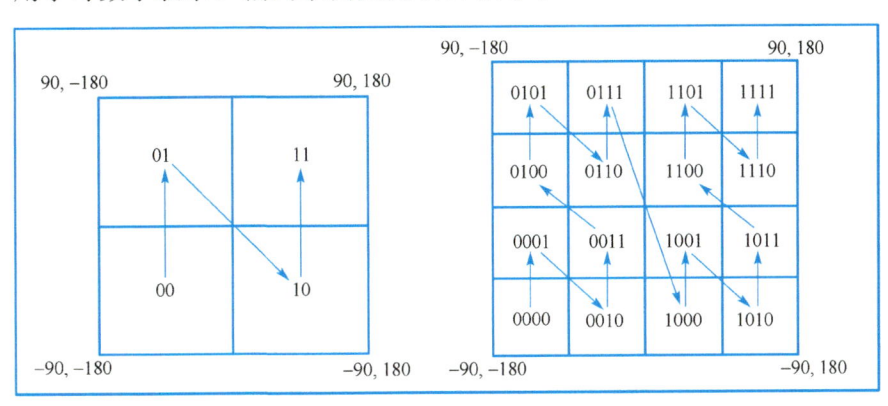

>>图 3.17 地理经纬度坐标编码

首先，通过 GeoHash 编码技术进行一级空间索引的建立，根据专题数据的空间位置进行格网的自动生成，并建立格网与空间专题数据的映射关系。其次，针对时间、数据、字符类型等非空间字段进行二级索引的建立，方便后续进行非空间类型的分类检索。

2) 分级聚合统计

根据地图当前的比例尺，动态计算格网聚合的范围，利用格网与空间数据的映射关系快速统计出格网内空间数据的数量。随着地图放大缩小，系统能分级获取格网内的统计信息。

3) 可视化

利用后台聚合的分析结果，采用热力图的方式进行可视化展示。热力图实现过程就是通过简单的数学变化，将离散的点信息映射到最终图像上的过程。利用颜色变化程度，直观反映出热点分布、区域聚集等数据信息。

3.2.3.2 基于分层分级思想的服务转发控制机制

服务分层分级的转发控制方法根据用户的权限，动态地对共享服务资源实现细粒度的权限控制，包括空间上（例如行政区域）和图层上的权限控制。服务分层分级转发控制包括空间拆分和图层拆分两种方式。前者是对地图服务按空间范围进行裁剪过滤，形成不同的服务；后者是针对一个服务存在多个图层且原始服务本身也存在图层控制的能力情况下（例如，OGC 的 WMS、ArcGIS 的 MapServer 服务），通过逻辑上的转换和映射，形成单个图层的服务。

1. 空间拆分

地图的范围控制是根据行政区域（如区县、街镇、社区等）的行政界线划分控制。请求的地图切片的范围权限信息可以在上一中间件获取到的资源信息的地图范围控制属性中获取或者由 URL 携带。如果设置了地图范围控制属性，则引擎在请求资源返回后对该资源进行处理，如果该切片完全包含在所配置的行政界线之内则返回完整切片；如果切片一部分包含在行政界线之内则对该切片进行分割，只显示包含在行政界线之内的内容；如果不在权限范围内则返回空白切片；如果没有做范围控制返回完整切片。具体流程如图 3.18 所示。

根据 URL 获取图层号、行号、列号；结合切片方法计算出该切片四个顶点的坐标；判断切片的四个顶点是否在设置的行政界线范围（多边形点集）内；根据判断结果对切片进行处理；返回处理后的切片。

其中判断顶点位置都是否在设置的行政界线范围（多边形点集）内利用的是引射线法判断点是否在多边形内，具体原理流程如下（如图 3.19 所示）：

引射线法：从目标点出发引一条射线，看这条射线和多边形所有

第 3 章　智慧城市运行管理中心的关键技术

边的交点数目。如果有奇数个交点,则说明在内部,如果有偶数个交点,则说明在外部。

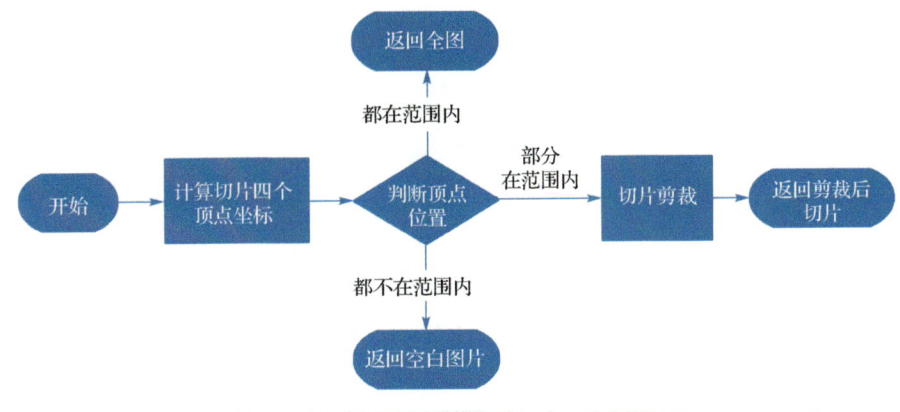

>>图 3.18　空间拆分流程

具体做法:将测试点的 Y 坐标与多边形的每一个点进行比较,会得到一个测试点所在的行与多边形边的交点的列表。在图 3.19 的例子中有 8 条边与测试点所在的行相交,而有 6 条边没有相交。如果测试点的两边点的个数都是奇数个则该测试点在多边形内,

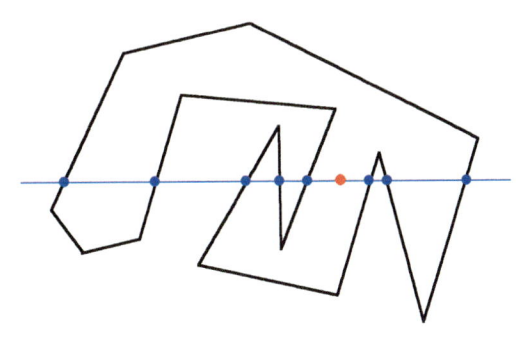

>>图 3.19　引射线判断法

否则在多边形外。在这个例子中测试点的左边有 5 个交点,右边有 3 个交点,它们都是奇数,所以点在多边形内。

2. 图层拆分

针对申请的服务进行解析,判断申请的图层,引擎通过其令牌获取到此客户端拥有的资源权限信息,然后根据数据库中存储的对应用户的权限范围判断申请的图层是否包含在用户的权限范围内。若包含在用户权限范围内,则返回申请的图层;若部分图层在用户的权限范围内,则对数据图层进行分割,将属于用户权限范围内的图层返回;若申请的图层不包含在用户的权限范围内,则不返回要素。图层拆分具体流程如图 3.20 所示。

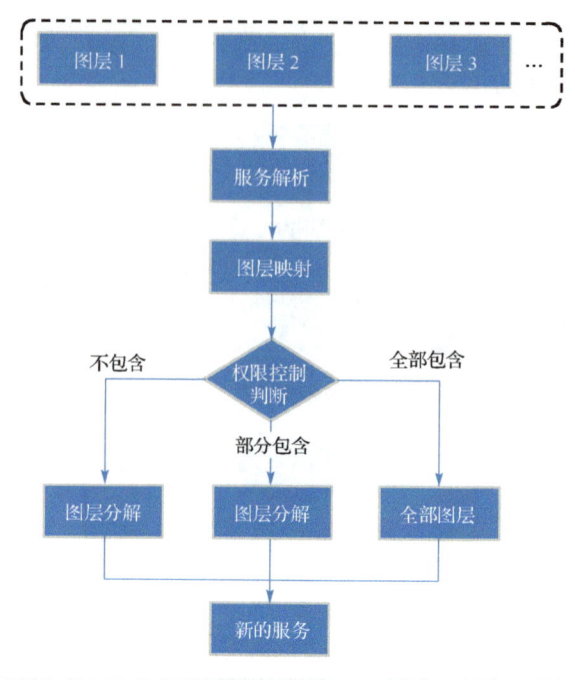

>>图 3.20　图层拆分流程

　　海量空间数据初始加载时以热力图形式呈现数据密度分布状态，当放大到数据具体详情时，则切换成以聚合图分布展示的方式，实现从宏观到微观逐级切换的可视化表达效果。

　　本技术目前在广州、佛山等城市的时空信息云平台上取得了良好的推广应用。以深圳龙岗区为例，建设时空信息共享平台，包括二维、三维、实景、影像等电子地图及叠加地图，涵盖了32类专题共303个数据图层，包括建筑物、人口、企业、视频监控点、安全隐患和重大危险源等，建设了全区388km^{2}倾斜摄影三维模型(精度5cm)和中心城2.5km^{2}精细三维模型(精度2cm)。

　　针对全区20多个图层的安全隐患数据，通过平台转发配置管理，实现对南湾街道授权配置开放其中的危险边坡、危化品、"三小"场所三个图层，同时控制只显示南湾街道范围，即可在不从物理上处置地理信息图层的基础上对数据进行分层分级控制，为用户提供精准的服务推送。

　　支持多维数据融合汇聚的时空信息云平台关键技术针对百万级别的地理空间数据的高效直观展示的需求，通过空间聚合提升海量空间数据加载效率，改善高度密集数据可视化效果，应用前景十分广泛。

　　与传统的空间数据加载技术相比，基于时空索引的海量空间数据

第 3 章 智慧城市运行管理中心的关键技术

聚类分析与可视化技术在加载速度上有直观的高效率呈现，有助于解决目前各地的智慧城市运行存在海量数据加载速率慢的问题，有效改善各地智慧城市运行指挥中心的运行效果，辅助数据的多维展示和分析处理，同时点密度融合的可视化热力图展示也一定程度上为分析数据分布现象提供参考，为数据的治理以及根据数据特性来辅助政府决策提供了数据参考。

基于分层分级思想的服务转发控制机制，时空信息管理服务平台面向全区各部门用户提供平台的服务支持。不同的用户往往对同类数据存在不同的精细化使用需求，传统的数据管理手段往往造成数据多方面的物理分层分级，造成同质数据的冗余，也给后台的运维管理以及数据更新带来了不便。通过基于分层分级的思想将服务在平台层面进行转发控制，实现对数据在不改动物理结构的基础上进行分层分级控制，精准地为各部门用户定制在线调用时空地图服务，方便了用户精确调用，也方便了平台资源的高效运维。

基于分层分级思想的服务转发控制技术可以有效解决国内各城市智慧城市运行过程中存在的数据汇聚不够和数据展示效果差的问题。通过服务精细化的转发，在原始专题数据不在物理上分层分区的情况下实现对不同用户的精准授权控制，满足用户对数据的精细化需求。同时降低后台运维压力，也在数据的快速更新、集约化管理等发挥了重要的作用。通过相关技术的应用，可以有效满足城市管理者对空间资源的精细化订阅以及对平台数据高效便捷更新等需求，在各地的智慧城市建设中有广阔的应用前景。

3.3 城市数据智能分析与服务技术

3.3.1 面向智慧城市业务应用的主题数据建模与分析技术

面向智慧城市业务应用的主题数据建模与分析技术运用多种经济学理论，建立面向经济监测预警、人口管理和产业布局管理的智能决策建模分析方法和工具，对数据格式和应用进行耦合前置处理，多场景下快速实现数据分析及可视化，同时，采用一种用户自定义的数据脱敏脱密方法和工具。面向领域的主题数据建模与分析技术具有很高的适用性和普适性，大幅提高部门数据分析应用的效率和易用性，并使部门数据共享从宏观数据拓展到明细数据，突破了数据共享的众多障碍。对于提高我国经济预警体系的成熟度起到了很好的试验作用，为政府有关部门宏观经济管理经验和实用性提供支撑。有助于我国的经济升级结构转型，有助于对经济发展模式、产业结构变化、增长来源转变、增长边际递减等特殊的原因进行深入的分析。

3.3.1.1 政务部门数据共享和治理技术及机制

为了解决数据归集"最后一公里"的问题，基于信息技术和体制机制创新协同的"智心-智脑-智用"智慧城市顶层设计模型，创新了基于政府各部门业务应用数据共享框架，设计了数据汇集共享机制（图3.21），研发了部门数据敏捷归集共享IT平台系统，提出了"以服务换数据"的政务部门数据共享归集模式，实现了政府各业务部门数据的快速准确归集。

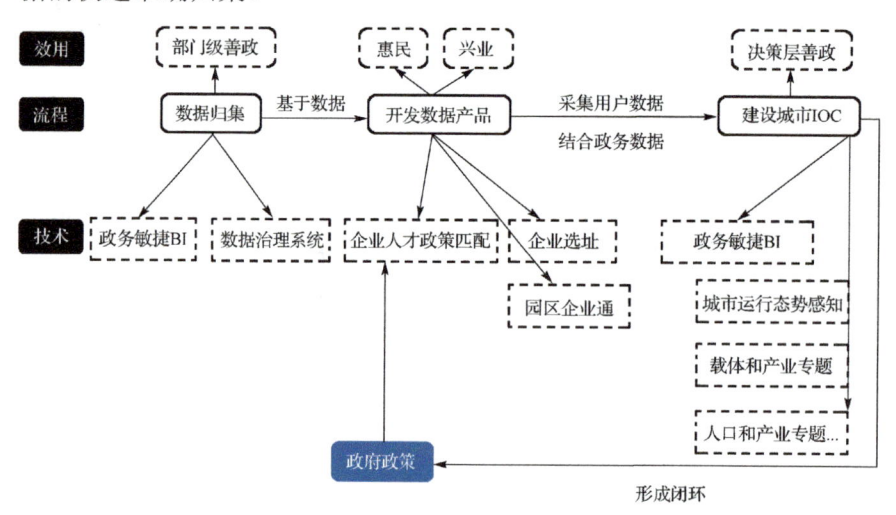

>>图 3.21　基于应用导向的部门数据共享技术及机制

本模型与系统的技术创新点主要包括以下三方面内容。

1. 基于局办业务应用的部门数据共享框架

基于政府各部门业务应用的数据共享框架，设计了数据汇集共享机制，实现了政府各部门数据服务子系统业务数据经过业务部门授权后，快速准确地向城市大数据平台归集。数据归集IT平台系统运作架构图如图3.22所示。

建立了资源共享的授权审批机制、资源快速生成数据接口机制以及数据脱敏机制。资源共享的授权审批机制通过开放部门数据资源目录，审核数据需求，对数据进行脱敏脱密生成数据接口，完成数据共享（图3.23）。

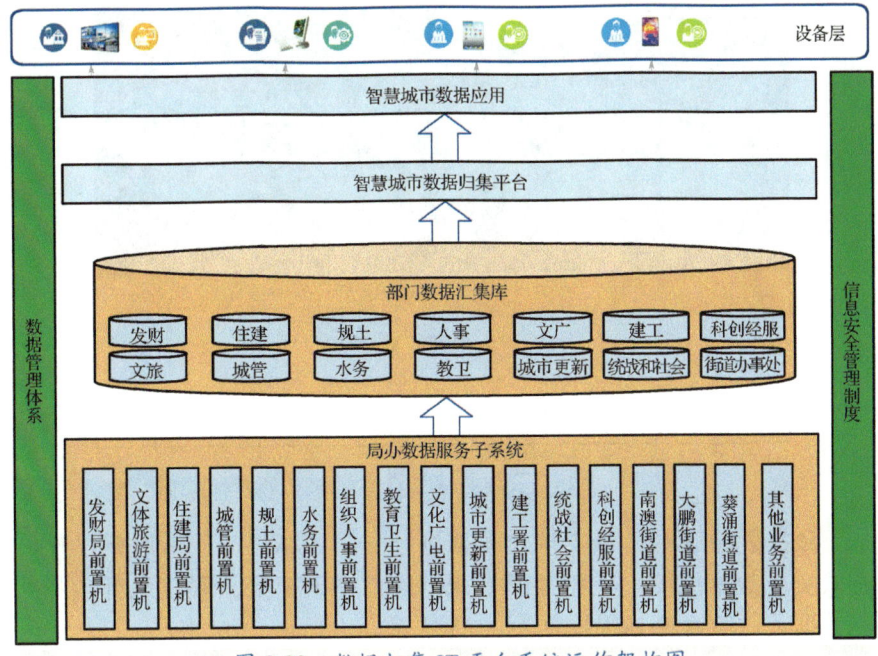

第 3 章 智慧城市运行管理中心的关键技术

>>图 3.22 数据归集 IT 平台系统运作架构图

>>图 3.23 基于局办业务应用的部门数据共享框架流程图

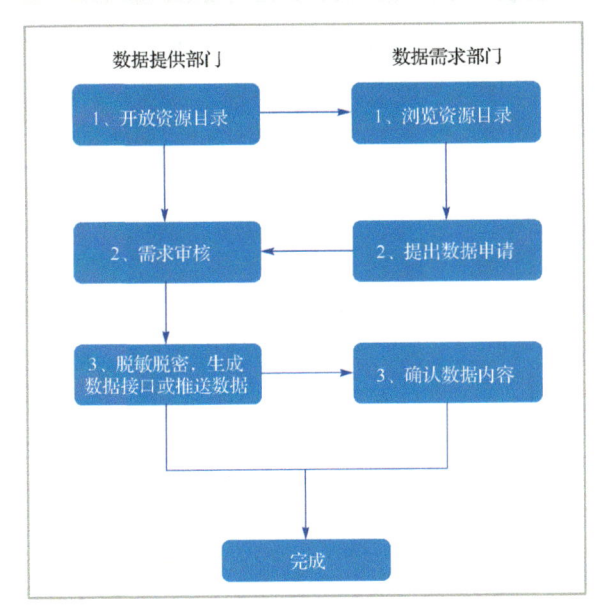

资源快速生成数据接口机制(图 3.24)通过平台"数据-接口"的反射机制,将数据表的元数据和接口数据模型直接映射成接口,生成全过程无需开发人员支持,数据运营人员即可自行完成。

105

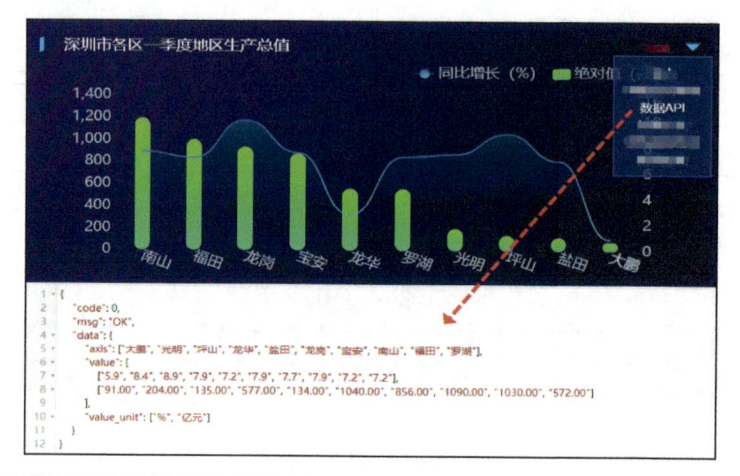

>> 图 3.24 资源快速生成数据接口机制

数据脱敏脱密机制支持对数据进行分层、打码等脱敏脱密操作，有效实现数据保护，在相关保密规则的前提下，最大限度地开放和共享数据。脱敏脱密效果图如图 3.25 所示。

2. 部门数据敏捷归集共享 IT 平台系统

研发了以城市大数据平台为载体的敏捷归集共享 IT 平台系统（图 3.26），平台总体架构由下到上分为如下九层。

数据接口适配层：主要包括数据抽取、数据库同步、数据共享、互联网数据采集等相关内容。

(a)

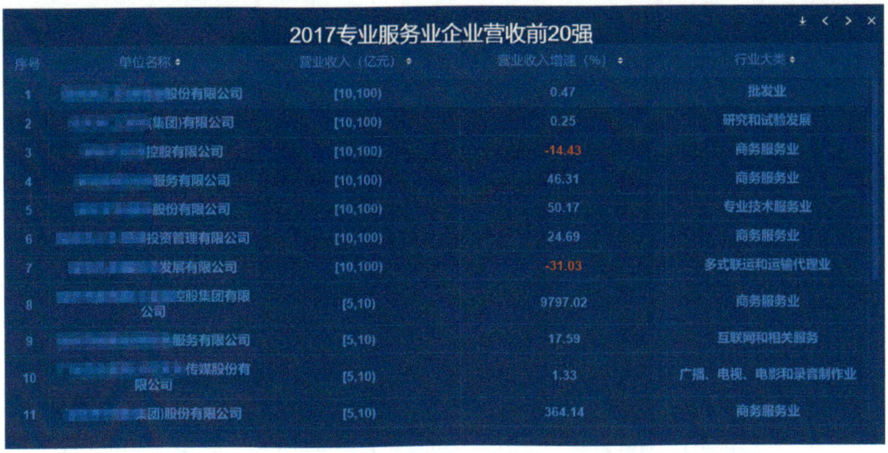

2017专业服务业企业营收前20强

序号	单位名称	营业收入（亿元）	营业收入增速（%）	行业大类
1	股份有限公司	[10,100)	0.47	批发业
2	(集团)有限公司	[10,100)	0.25	研究和试验发展
3	控股有限公司	[10,100)	-14.43	商务服务业
4	服务有限公司	[10,100)	46.31	商务服务业
5	股份有限公司	[10,100)	50.17	专业技术服务业
6	投资管理有限公司	[10,100)	24.69	商务服务业
7	发展有限公司	[10,100)	-31.03	多式联运和运输代理业
8	空股集团有限公司	[5,10)	9797.02	商务服务业
9	服务有限公司	[5,10)	17.59	互联网和相关服务
10	传媒股份有限公司	[5,10)	1.33	广播、电视、电影和录音制作业
11	团)股份有限公司	[5,10)	364.14	商务服务业

(b)

>>图 3.25 脱敏脱密效果图

数据存储层：提供数据存储仓库相关，如原始库、模型库、指标体系库、主题数据仓库等。

数据处理层：主要包括数据抽取、数据转化、数据加载、指标计算、数据汇总、数据统计、专题数据生成、模型计算、数据脱敏脱密等。

数据分析层：主要对数据实现快速的分析，如指标查询、钻取分析、关联分析、对比分析、切片分析、预测分析、切块分析、聚类分析、挖掘分析、专题报告生成等。

数据可视化层：主要实现对数据的可视化，如图形控件、模型引擎、图形渲染、报表生成、GIS 引擎、数据过滤等。

应用支撑层：主要包括对上层应用的相关支撑，主要有服务总线、用户角色授权、内容编排、数据管理、专题管理等相关内容。

业务应用层：基于平台配置的相关业务，主要有总体态势、专项决策分析相关内容，具体以实际的业务为依据。

表示层：将应用内容通过统一门户接入，由不同的端口表现出来。

接入层：接入的相关设备，如大屏、PC、Pad、手机等。

通过多层次的数据处理和应用架构可以实现政府各部门从数据统一归集管理，到数据的真实应用，为上层数据应用提供支撑。

3. 以“服务换数据”的数据归集共享模式

本书提出了“以服务换数据”的数据归集共享模式。基于政务部门数据敏捷归集共享 IT 平台系统，从部门业务需求出发，针对解决部门实际的痛点、难点，对各政府部门审核通过的所有事项信息数据，

智慧城市运行管理中心：
顶层设计与工程实践

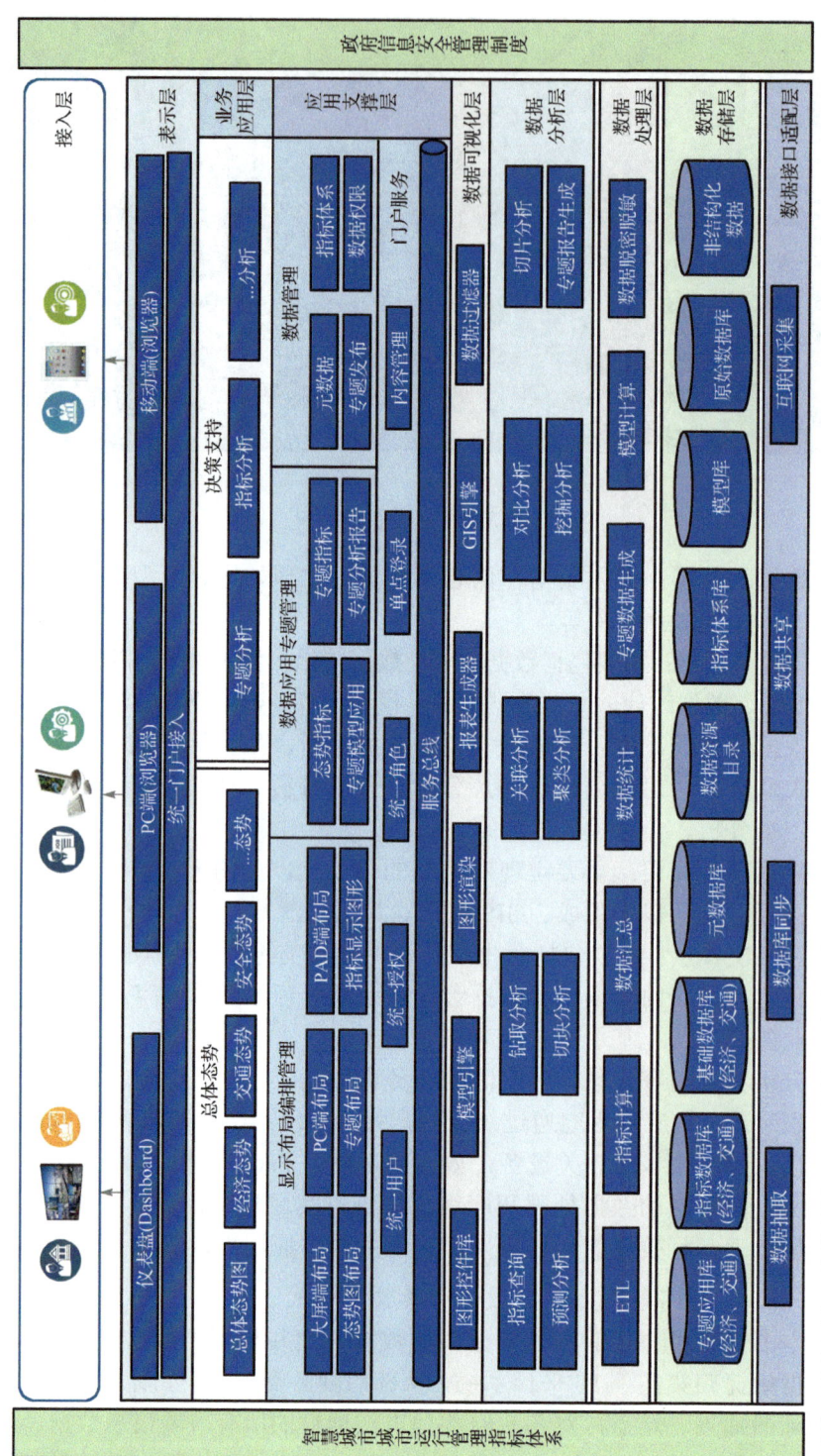

>> 图 3.26　敏捷归集共享 IT 平台系统架构图

第 3 章 智慧城市运行管理中心的关键技术

提供包括部门碎片化数据的整理和垂直系统数据的采集与归集，对敏感数据实现脱敏脱密，经业务部门授权后，将数据归集到城市大数据平台，打通数据归集最后一公里（图 3.27）。

```
                              ┌── 部门碎片数据归集
             各业务部门内部数据归集 ──┤
            ╱                 └── 垂直系统数据采集与归集
部门数据管理和应用服务 ─── 部门数据应用服务
            ╲
             部门数据脱敏脱密共享管理
```

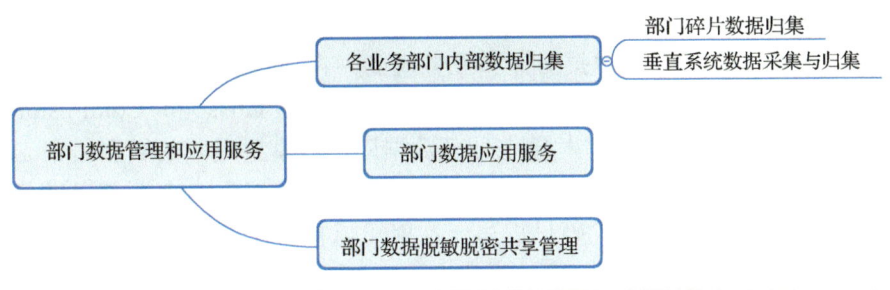

>> 图 3.27 政务部门数据管理和服务事项示意图

在技术路线上，以系统化设计、分层级构架为导向，首先从实现系统业务功能出发，进行整体性设计，系统架构遵循 N 层架构设计模式，从数据接口适配层、数据存储层、数据处理层、数据分析层、数据可视化层、应用支撑层、业务应用层、表示层，到接入层，充分实现"高内聚低耦合"分层级架构。此架构的支撑更具完备性，逻辑性也更加清晰。

数据平台的各组成系统遵循 MVC 架构设计模（图 3.28），该模式主要应用于图形化用户界面（GUI）应用程序。MVC 由 Model（模型）、View（视图）及 Controller（控制器）三部分组成。MVC 是一种软件设计典范，用于组织代码用一种业务逻辑和数据显示分离的方法，这个方法的假设前提是如果业务逻辑被聚集到一个部件里面，而且界面和用户围绕数据的交互能力被改进和个性化定制，而不需要重新编写业务逻辑。MVC 用于映射传统的输入、处理和输出功能在一个逻辑的图形化用户界面的结构中。

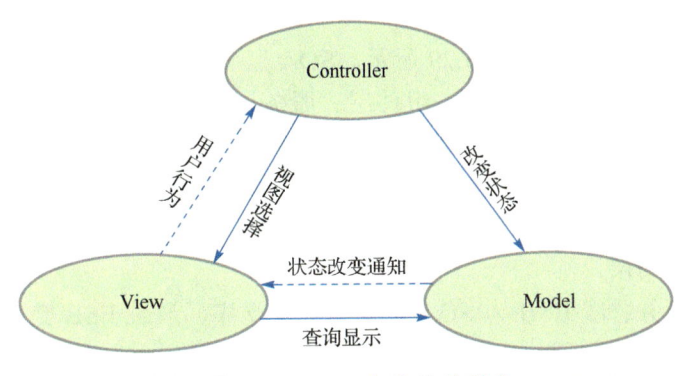

>> 图 3.28 MVC 架构设计模式

视图：视图是用户看到并与之交互的界面。MVC 的好处是它能为应用程序处理很多不同的视图。在视图中其实没有真正的处理发生，不管这些数据是联机存储的还是一个数据列表，作为视图来讲，它只是作为一种输出数据并允许用户操纵的方式。

模型：模型表示数据对象和业务规则。在 MVC 的三个部件中，模型拥有最多的处理任务。例如它可能用像 EJBs 和 ColdFusion Components 这样的构件对象来处理数据库，被模型返回的数据是中立的，就是说模型与数据格式无关，这样一个模型能为多个视图提供数据，由于应用模型的代码只需写一次就可以被多个视图重用，所以减少了代码的重复性。

控制器：控制器接受用户的输入并调用模型和视图去完成用户的需求，所以当单击 Web 页面中的超链接和发送 HTML 表单时，控制器本身不输出任何东西和做任何处理。它只是接收请求并决定调用哪个模型构件去处理请求，然后再确定用哪个视图来显示返回的数据。

基于 SOA 架构：SOA (Service Oriented Architecture) 是一种分布式系统的架构设计方法和模型，基本思想是将软件系统的功能或资源以服务形式开放、将软件资产服务化、系统间交互通过服务调用的方式来完成。

服务接口采用中立的方式定义，不依赖具体的硬件、操作系统和编程语言，服务调用可以采用统一和通用的方式。目前常见的服务类型有 SOAP 类型 Web Service 和 Rest 服务。Web Service 接口用 WSDL (Web Services Definition Language) 来定义，具有服务自描述性、定义严格、互通性好。Web Service 技术已经很成熟，被各平台和编程语言所广泛支持。Rest 服务并不是什么规范或协议，只是一种基于 HTTP 协议实现资源操作的思想，可以直接传递 JSON 或 XML 格式数据，具有灵活和轻量的特性。

SOA 服务架构如图 3.29 所示。SOA 服务架构遵循以下原则：

整体平台分为资源层、组件层、服务层、应用层。资源层包括现有的程序、代码、数据、文件等；对现有资源按照组件规范进行封装形成组件层；将服务组件在企业服务总线 (enterprise service bus，ESB) 上注册和开放形成服务层；对 ESB 上的服务按照业务逻辑进行组合编排形成应用层。

以服务总线 ESB 为 SOA 架构的基础支撑，通过 ESB 完成对服务的注册、协议适配、服务路由、格式转换等功能。

第 3 章 智慧城市运行管理中心的关键技术

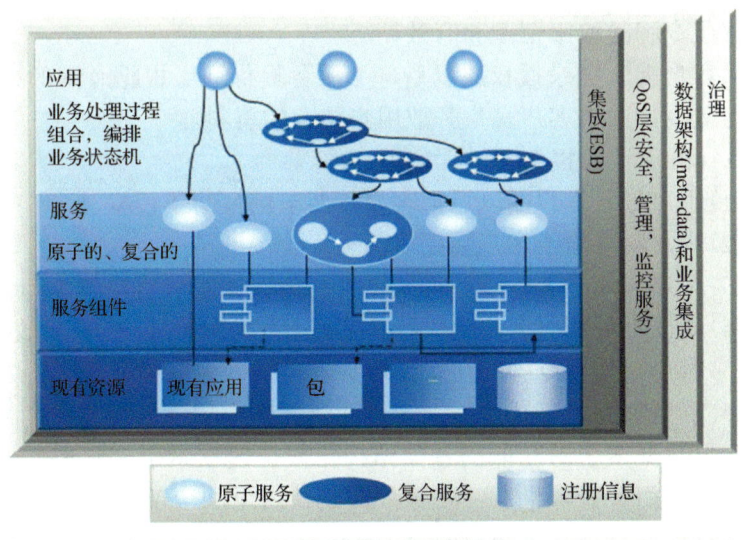

>>图 3.29 SOA 服务架构

服务等级、服务权限、安全控制、服务治理等是 SOA 架构的重要保证性功能。

满足 OAuth 2.0 认证规范。各个部门之间数据共享平台系统众多，系统间互相访问需要兼顾便利性与安全性，因此平台引入 OAuth 2.0 开放访问协议。OAuth（Open Authorization，开放授权）为用户资源的授权定义了一个安全、开放及简单的标准，第三方无需知道用户的账号及密码，就可获取到用户的授权信息，并且是安全的。认证方式如图 3.30 所示。

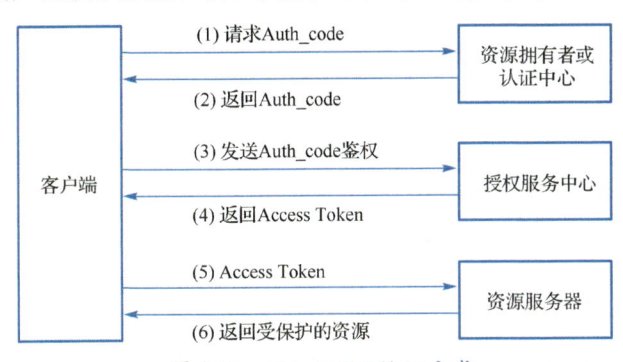

>>图 3.30 OAuth 2.0 认证方式

OAuth 在"客户端"与"服务提供商"之间，设置了一个授权层（authorization layer）。"客户端"不能直接登录"服务提供商"，只能登录授权层，以此将用户与客户端区分开来。"客户端"登录授权层所用的令牌（token），与用户的密码不同。用户可以在登录的时候，指定授权层令牌的权限范围和有效期。

"客户端"登录授权层以后,"服务提供商"根据令牌的权限范围和有效期,向"客户端"开放用户储存的资料。

OAuth 认证和授权的过程如下:

(1) 用户打开客户端以后,客户端要求用户给予授权。
(2) 用户同意给予客户端授权。
(3) 客户端使用上一步获得的授权,向认证服务器申请令牌。
(4) 认证服务器对客户端进行认证以后,确认无误,同意发放令牌。
(5) 客户端使用令牌,向资源服务器申请获取资源。
(6) 资源服务器确认令牌无误,同意向客户端开放资源。

海量数据索引对获取的各类结构化数据建立索引,实现搜索引擎级的数据索引、查询机制,海量数据 5 秒内返回全部查询结果,并对结果进行即时排序;入库数据 10 秒内索引完毕,基本达到入库数据的实时索引;采用行为挖掘、虚拟身份多层关联、集合分析等智能分析技术实现数据的高速检索、深层挖掘,实现线索的多层关联。

为了高效地支持结构化和半结构化数据的查询与检索,在数据的逻辑结构与存储结构中,通过各类 Hash 索引及结构化索引两类索引方式,建立数据的逻辑视图到存储结构的高效映射。其中,结构索引既包括了结构化数据中的 B-树系列、R-树系列等,也包括支持有序字段的区间查询的区间索引。Hash 索引既包括传统的面向关系元组及属性的索引,也包括了面向非结构化数据的倒排索引或其他基于 Hash 变换的索引,如文本的隐式语义索引(latent semantic indexing,LSI)。

3.3.1.2 面向领域的主题数据建模与分析技术

与传统核算类经济指标如人口数据、网络数据等相结合,构建多维度、多角度的指标体系,通过遍历的方法评价指标与经济运行的相关度,指标之间互相补充、交叉验证,从而使得指标体系对经济的描述更为全面和客观。从宏观、结构、个体三个方面构建分析模型和框架,层层下钻找到各种问题指标,利用算法进行向上归集合成风险描述,并将风险描述与相应政策进行匹配。这种方法的优势在于减少单一指标异常而导致分析结论错误的风险,并且风险描述背后依赖完备的经济理论和分析框架以及算法集合,但输出的描述语句可读性较强,不依赖于用户的知识背景,简单易懂,使得用户可以做到风险和相应政策建议一目了然。技术原理图如图 3.31 所示。

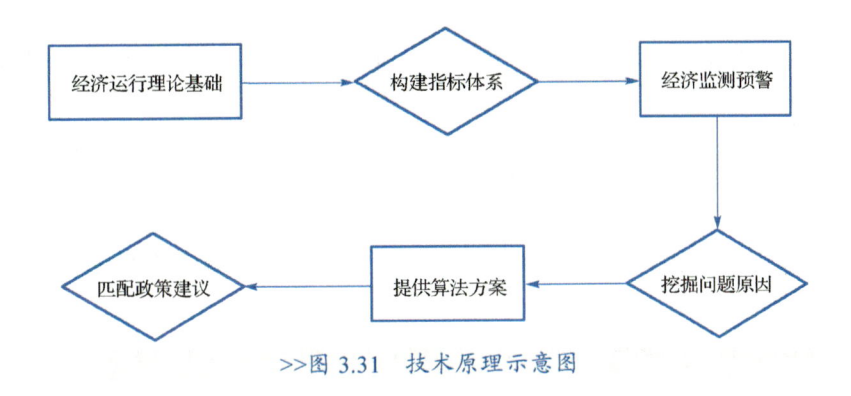

第3章 智慧城市运行管理中心的关键技术

>>图 3.31 技术原理示意图

1. 经济监测预警

根据用户需求灵活配置，采取理论与工具相结合的方式，为多维度经济分析提供基础，融入业务分析逻辑，直接呈现结果，提供业务人员与专家对经济形势的分析与建议，无需了解业务细节。

构建指标体系。根据投入产出模型作为理论基础，根据我国国情，在国民经济运行众多指标中划分出最具代表性的并且可以用于衡量我国在国民经济运行的整体态势的模型，并将其合成一个完整的指标体系。

经济监测预警。自定义多种针对经济发展问题的预警模型，包括指标环比增速下降、指标负增长等等。当经济指标出现了以上问题时，发出预警警报并推送客户。

挖掘问题原因。将八个经济运行重点指标通过不同方式分类，从而多维度对经济问题做出解读，并层层下钻，挖掘不同维度之下导致经济运行出现问题的深层原因。

提供算法方案。通过使用机器学习算法、语义识别算法等，解读与经济运行问题最为相关的因素，了解经济问题的根本症结所在，认清痛点，对症下药。

匹配政策建议。从各省市的政府文件中收集政策建议，形成建议库，并对建议的有效性、热度智能评价，再通过决策树算法将建议库中所有建议对目标地区的适用性做出多次评价筛选，挑选出最适用的几条，作为对经济问题的解决方案。

2. 基于政务数据的职居平衡测算

为了准确衡量职居分布差异程度，首先需要采集可靠的数据源，并通过多维数据融合的大数据挖掘技术打通不同来源部门的数据，然后通过地理经纬度算法测算出通勤距离等核心关键指标，最终构建基于政务数据的职居平衡分析可视化模型。

不同政务部门的多维数据融合。首先，将人力资源和社会保障局的企业人员参保数据通过核心关键字段与网格办实有人口数据进行关联，得到职居平衡所分析的产业人口总量及多维度数据；其次，将一次融合的人口数据表再与来源于市场监督管理部门的企业注册数据进行二次融合，获取企业基本信息和地理信息，并将地理信息预处理成可运算、可进行可视化展示的数据；然后在二次数据融合的基础上，再取统计局等多部门的企业经营数据、企业性质信息等标签项进行三次融合，最终形成可支撑运算、分析、可视化展示的多维数据。

3. 面向产业布局管理

为了实现为地区规划产业，以及为产业选择地区的目的，首先需要对原理进行指标化，然后利用算法对指标进行二次加工，最后进行可视化展示(图 3.32)。

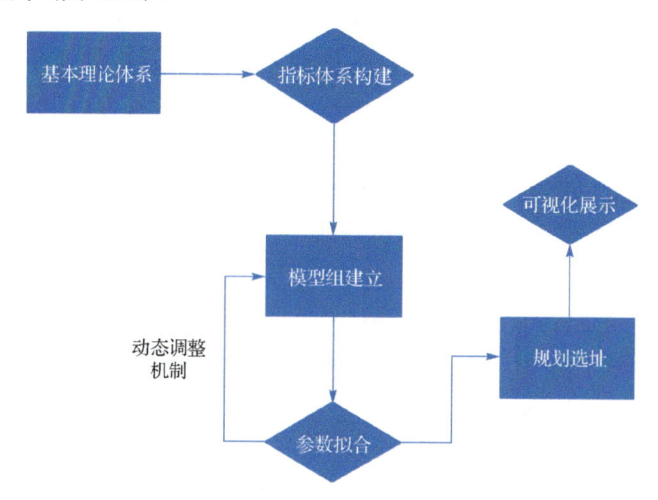

>>图 3.32　基于产业布局算法原理图

指标体系构建。依据韦伯工业区位论，成本、劳动力和聚集效应对工业区位有最佳影响作用，因此指标选择主要从成本、劳动力和集聚效应三方面进行构建，并且需要与国家产业结构调整基本要求相符，因此在产业选择上需要做一定的匹配筛选。

评分模型建立。首先计算出目标地区或行业的劳动力、企业的聚集效应，即集聚度。集聚度使用区位熵的方法进行计算，得到一组集聚度；其次，计算出劳动力、企业产出、企业数量的增长情况，最终也得到一组增长率。将两组变量进行统一量纲的处理后，并将训练数据带入模型中进行参数的拟合，得到模型参数。

第 3 章 智慧城市运行管理中心的关键技术

规划选址。将地区的经处理过的各项参数带入模型，即可得到地区的优势系数，即该地区对该行业的适宜程度。

动态调整机制。由于产业发展的动态特征，因此模型选择的参数大小需要随着产业变量变化动态调整，因此在后台构建了模型集，通过机器学习的算法自动筛选"有用"的模型，然后对模型参数进行动态调整，从而保证模型和参数时效性和适应性。

可视化。将核心指标和算法逻辑利用可视化的方式进行展示。采用简单的饼图、柱形图、线形图将产业布局的核心变量进行展示。利用热力图展示地区产业的优势系数，可以很好地反映地区之间的产业特征。

面向领域的主题数据建模与分析技术具备以下技术特点：

(1) 可配置性高。可以轻易满足不同类型用户的多层次需求。

(2) 更新频率快。当新数据可以公开时，将即时更新在系统的页面中，最新信息实时摘取。

(3) 数据储量大。有庞大的数据仓库作为基础支持，数据颗粒度可以充分细化，支持决策。

(4) 热点契合强。跟踪国内外时政热点，输出对应专题，研究在热点之下相关指标的变化趋势。

(5) 系统可维护性更强。"高内聚低耦合"的分层级架构，使系统可维护性更强，可分别对元数据模型、比对规则库、比对任务和交互应用进行独立维护、更新和配置，使系统维护更加灵活、高效，能够更有针对性地解决智能选址执行过程中出现的问题。

(6) 选址过程高效可靠。无人工干预智能选址以简化审批流程、提高选址效率为目标，并对选址结果进行事后监管，降低了风险，提高了结果的可靠性。

3.3.2 基于语义的企业服务信息自动匹配方法

为提升企业服务主动性、精准化，通过语义分析，对已经发布的各类政策、产业空间、贷款产品等以自然语言记录的信息进行解构和分类管理，并基于服务企业过程中采集的需求信息等进行主题分类，针对以自然语言编写的产业政策在机器翻译应用中的难题，提出了基于语义的政府政策解构和分类管理方法，提炼产业政策知识结构，构建专属的"基础信息""条件""结果""政策分类"等不同类别的语料库；深度挖掘语义关系，提炼非结构化数据的价值信息，建立"政策-条件""条件-结果"关系，将产业政策进行解构并进行分类管理，为自动匹配提供基础。

针对产业政策和企业经营无法准确匹配的难题，提出了基于语义的智能化政策匹配方法（图3.33），提炼建立"条件-企业经营信息"的语义关系，并通过对大量数据进行机器学习训练，明显提高了匹配率和匹配速度。在匹配速度上，通过分布式架构基于MapReduce模型和协程技术，通过KMP算法实现了在百万级数据量上对企业数据和企业政策进行快速匹配的过程。在数据的实时性和准确性上，基于Galera协议实现了服务的高可用和实时同步需求，部分解决了在分布式架构下数据同步延迟导致的数据准确性下降问题。基于分类进行有效的需求匹配，为企业提供针对性较高的政策、用地、贷款等服务。

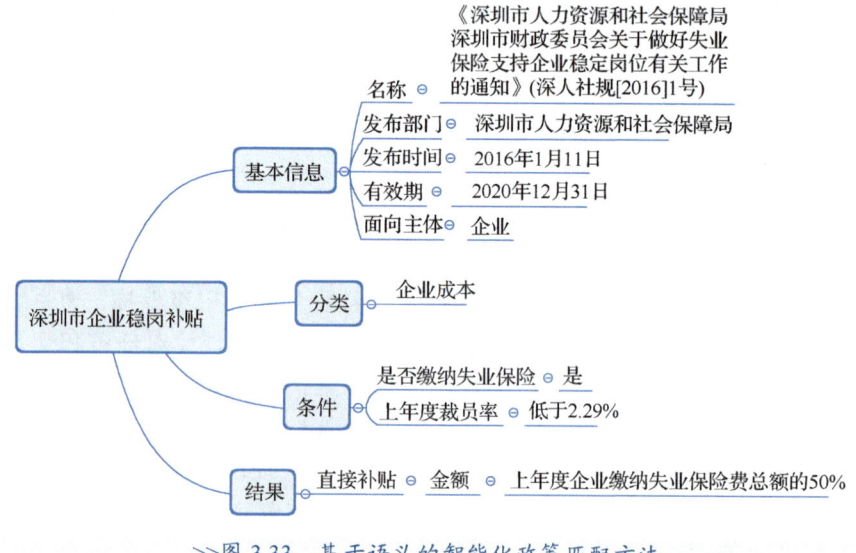

深圳市企业稳岗补贴
- 基本信息
  - 名称：《深圳市人力资源和社会保障局深圳市财政委员会关于做好失业保险支持企业稳定岗位有关工作的通知》（深人社规[2016]1号）
  - 发布部门：深圳市人力资源和社会保障局
  - 发布时间：2016年1月11日
  - 有效期：2020年12月31日
  - 面向主体：企业
- 分类：企业成本
- 条件：
  - 是否缴纳失业保险：是
  - 上年度裁员率：低于2.29%
- 结果：直接补贴 金额 上年度企业缴纳失业保险费总额的50%

>> 图3.33 基于语义的智能化政策匹配方法

3.3.2.1 基于语义的智能化政策匹配方法关键技术

政府服务机构人员通过企业服务平台可以获取到相应的企业信息，从而实现与企业的对接。企业服务平台采用网络爬虫技术爬取互联网中的企业信息，运用大数据集成手段整合爬取的企业信息，存入企业信息库。网络爬虫技术通过不间断地重复爬取进而持续获得数据来源，同时通过线下收集到的数据信息，运用大数据集成整合手段，将各个信息孤岛的数据进行整合，配合数据转换技术进行数据一致性修正，在此基础上应用大数据质量提升系列算法实现数据质量的自动化提升，使得企业信息更加全面完整，提高匹配的适用性。

第 3 章 智慧城市运行管理中心的关键技术

服务机构可以包括政府、金融机构、产业园区等，从而解决这些单位目前无法通过企业服务平台迅速寻找合适企业并实现合作的技术问题，提高了企业服务信息匹配的效率。

3.3.2.2 基于语义的政府政策解构和分类管理方法关键技术

根据产业政策的应用场景需求，建立产业政策基本信息库、条件库、结果库和证明材料库。将产业政策的文本进行转换并存储；将产业政策文本的内容转换为对应的分类词库；所述分类词库包括政策基本信息词库、条件词库、结果词库和证明材料词库；挖掘产业政策文本中条件与结果之间的映射关系、条件与证明材料之间的映射关系、条件与问题之间的映射关系，并建立条件-结果映射关系库、条件-证明材料映射关系库、条件-问题映射关系库，政策解构图如图 3.34 所示。

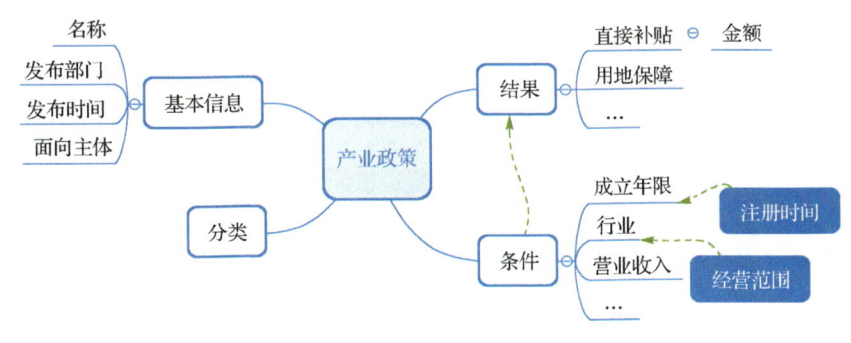

>>图 3.34 基于语义的政府政策解构图

获取用户终端的查看请求，根据用户的自身情况，匹配相应的政策结果，将匹配后的政策结果发送至终端并显示。

3.3.3 基于多层可追溯比对架构的无人工干预智能审批技术

"秒批"的实现既需要规范化、流程化、完备化的比对架构，来完成比对过程的执行和比对任务的管理；也需要在比对任务结束后，适时进行抽查复核和过程追溯，通过事后监管有效防范比对过程中可能出现的问题和风险。技术创新点主要包括两大方面内容：一是多层架构支撑的智能比对技术，二是面向事后监管的抽查追溯预警算法，下面将分别进行详细说明。

3.3.3.1 多层架构支撑的智能比对技术

多层架构支撑的智能比对技术融合了元数据管理、规则模型、任务驱动、报表驱动等思想，通过元模型层、规则模型层、任务管理层、比对应用层等多层架构，实现数据的自动化比对。具体架构如图 3.35 所示。

图中各层内容如下：

比对应用层：业务受理、补正告知、受理回执、审批结果生成、审批结果查询、审批归档管理、比对数据分析

任务管理层：比对任务配置、比对任务执行、比对任务调度、比对报告生成、比对结果同步、比对日志生成、比对任务清理

规则模型层：比对映射规则、比对业务规则、比对信用规则、比对追溯规则、比对抽查规则

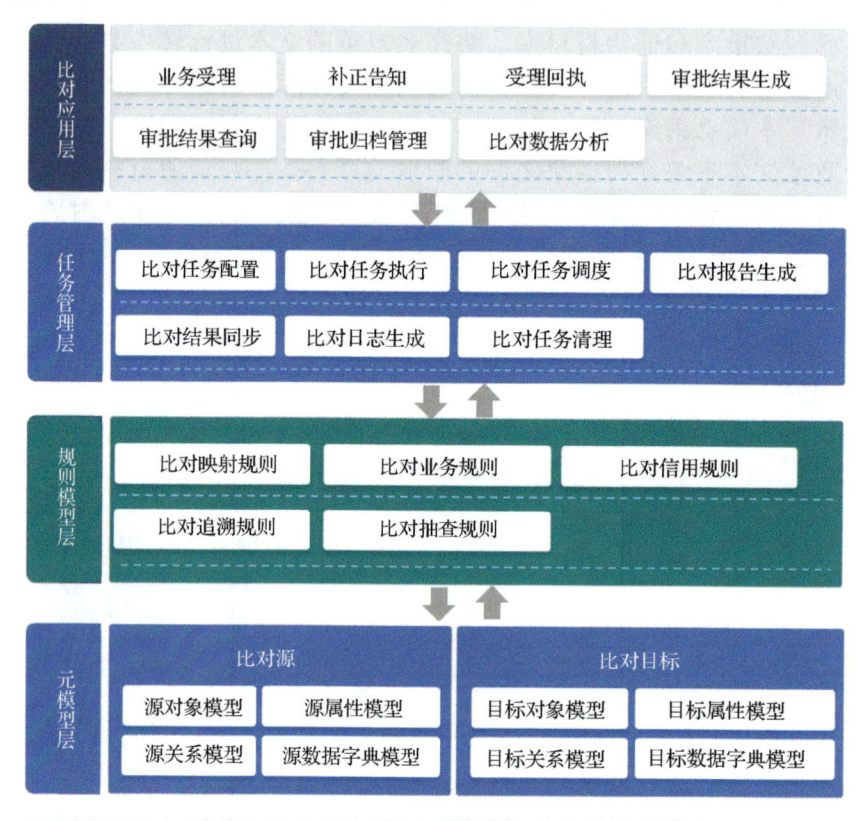

元模型层：
- 比对源：源对象模型、源属性模型、源关系模型、源数据字典模型
- 比对目标：目标对象模型、目标属性模型、目标关系模型、目标数据字典模型

>>图 3.35 无人工干预智能审批系统技术架构

元模型层。元模型层针对比对目标和比对源业务数据进行元数据模型构建，以对两套数据形成统一的描述。比对目标来自于"秒批"业务申请表单，比对源来自于市政务信息资源共享平台、市电子证照库，以及市公安局、市监局、市网格办、市殡仪馆等部门，属于多源异构数据，因此有必要以元数据进行统一管理。元数据模型的构建包括对象、属性和对象间的关联关系等几个维度。对象级别建模对业务事项进行核心大类划分，属性模型的粒度细化到属性名称、字段名称、字段精度、字段业务类型等。

第 3 章 智慧城市运行管理中心的关键技术

规则模型层。规则模型层在比对目标和比对源之间建立起多角度的比对规则，如比对映射规则、比对业务规则、比对信用规则、比对追溯规则、比对抽查规则等，比对任务遵循规则模型生成比对结果。比对映射规则将比对源和比对目标的对象和属性进行关联映射。比对业务规则针对不同的审批事项界定需要比对的对象属性和审核业务逻辑。比对信用规则将事项申请主体的信用情况作为"秒批"的前置条件。比对追溯规则构建起比对任务结束后的过程倒查追溯机制。比对抽查规则界定了不同触发条件下的比对任务事后抽查模式。比对规则之间相互关联完成整体比对过程，见图 3.36。

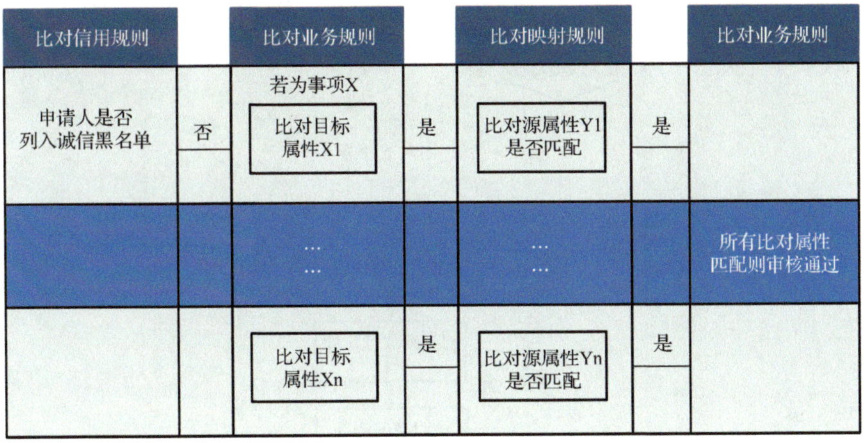

比对信用规则	比对业务规则	比对映射规则	比对业务规则
申请人是否列入诚信黑名单　否	若为事项X 比对目标属性X1　是	比对源属性Y1是否匹配　是	
…	…	…	所有比对属性匹配则审核通过
	比对目标属性Xn　是	比对源属性Yn是否匹配　是	

>>图 3.36　比对规则运行逻辑示意

任务管理层。任务管理层实现从比对任务生成、配置、执行、调度，到比对报告生成、比对结果同步、比对任务清理的全过程比对任务动态管理功能。比对任务管理简要流程，见图 3.37。比对任务生成并配置分解为子任务后，将获取每一子任务的比对属性，通过规则层驱动出比对结果后，生成比对结果报告和比对差异明细表。对于比对不成功的任务将通过任务调度转办为人工受理，审批和受理结果将同步到市统一受理平台。

比对应用层。比对应用层基于比对任务的执行过程，为用户提供前台可操作的业务受理、补正告知、审批结果生成、查询、审批归档、比对数据分析等功能。

面向智能审批的多层自动比对架构进行比对目标及比对源的多源异构数据统一管理，开展基于信用的多条件联合比对，实现全过程比对任务动态规范化管理。提出了更加规范化、流程化、完备化的智能

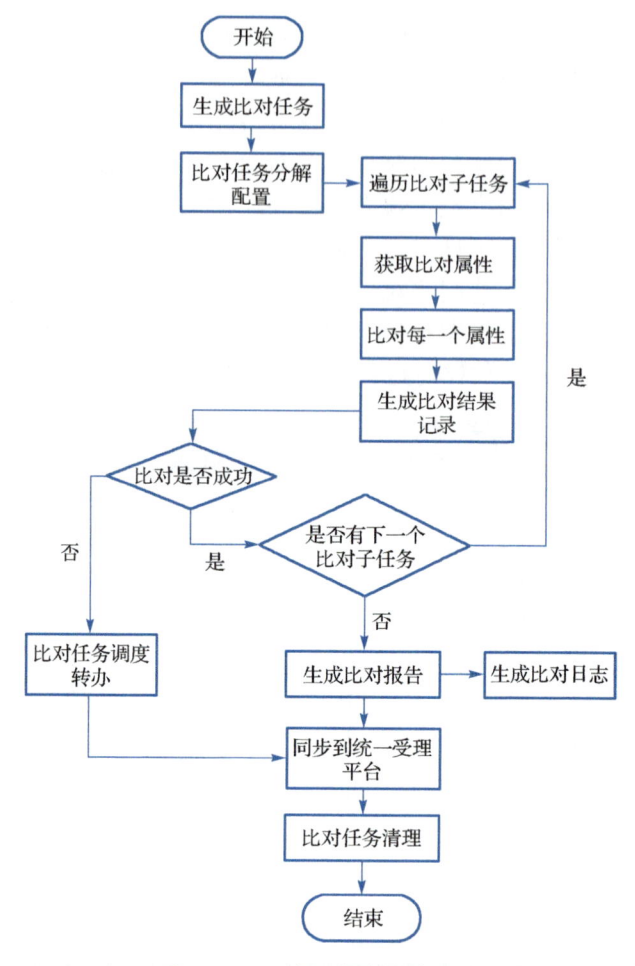

>>图 3.37　比对任务管理简要流程

比对模型，通过多层次的智能比对构架可以实现从底层数据统一管理到比对自动化执行，任务规范化管理，再到用户交互化应用的智能审批全过程支撑。

3.3.3.2　面向事后监管的抽查追溯预警算法

对于"秒批"审核通过的所有事项，将借助事先建立的抽查追溯预警算法模型，自动抽出所要进行人工复核的事项。其中，抽查追溯预警算法模型由抽查规则、预警阈值及抽查算法这三部分构成。

抽查规则。抽查规则决定了系统中的抽查追溯预警算法被使用的情形。一旦事先建立的抽查规则被触发，抽查追溯预警算法将会自动运行并对"秒批"审核通过的事项进行抽查。常见的抽查规则有数量

第3章 智慧城市运行管理中心的关键技术

规则、时间规则。另外，还有一些特定的抽查规则，例如，特定事项规则(针对某个特定事项的"秒批"都要进行追溯预警)，又例如，特定人员规则(比如，对于有过"秒批"结果撤销记录的人员，对其新的"秒批"都要进行追溯预警)。数量规则指的是，当"秒批"审核通过的事项总数达到预设的数量时，该规则生效；时间规则从时间维度来确定抽查规则，可以是对当天"秒批"审核通过的事项进行抽查，也可以是对当月、当季、当年等时间内"秒批"审核通过的事项进行抽查。

预警阈值。预警阈值根据抽查规则而设定。由于常见的抽查规则有数量规则、时间规则，故而对应的常见预警阈值有数量阈值、时间阈值。另外，针对特定的抽查规则，需要设定对应的预警阈值。当"秒批"审核通过事项触发设定的阈值后，系统将自动进行预警，并将预警信息发送给监管人员。例如系统中"秒批"处理事项达到一定数量后预警提醒监管人员进行抽查复核；某些"秒批"事项在制证前进行监管预警提醒；对于一些有"秒批"结果撤销记录人员的申报通过的事项进行监管预警提醒，监管人员可以根据提醒自行判断是否对其"秒批"过程进行复核。

抽查算法。抽查算法以随机抽样法作为基础。随机抽样法是一种完全依照机会均等的原则进行的抽样调查，对象总体中每个对象都有同等被抽中的可能，它保证被抽中对象的代表性。随机抽样法的实现，其核心在于随机数的生成。这里仅就抽查追溯预警算法涉及的服从$(0, 1)$均匀分布的随机数的生成进行说明。

在抽查追溯预警算法中采用混合同余法来生成服从$(0, 1)$均匀分布的随机数：

$$\begin{cases} y_n = ay_{n-1} + b \\ x_n = (y_n \bmod M)/M \end{cases}$$

其中，a，b，M以及y_n的初值都是正整数，可以容易看出x_n满足$0 \leq x_n < 1$。另外，mod运算定义为：任一整数y可唯一表示为公式$y = nM + z$，则$y \bmod M = z$。

随机数的生成中涉及序列的周期问题，也就是序列到一定长度后，又开始重复之前的序列。通常我们只能选用一个周期内的序列作为我们的随机数。有关随机数序列的周期有如下的一些结论：

前述的混合同余法产生的序列达到最大周期M的充要条件为：

(1) b与M互素；

(2) 对于M的任意素因子p，有$a \equiv 1 \pmod{p}$；

(3) 如果 4 是 M 的因子，则 $a \equiv 1(\bmod 4)$。

当 $M = 2^k$（k 为任意正整数）时，可知 M 只有一个素因子 2，且 4 是 M 的因子，从而可得前述混合同余发生器达到最大周期 M 的算法为：

$$\begin{cases} y_n = (4c+1)y_{n-1} + ((2d+1) \bmod M) \\ x_n = (y_n \bmod M)/M \end{cases}$$

其中，c、d 为任意整数。混合同余发生器是否达到最大周期 M 与初始值无关。

以上即为抽查追溯预警算法中涉及的随机数生成器。通过上述随机数生成器就可以生成服从 $(0,1)$ 均匀分布的随机数 r，由于该随机数 r 位于 0 和 1 之间，而要得到的是 1 到要抽查的"秒批"审核通过事项总数（假设为 T）范围内的整数，为此，通过如下公式进行转换：

$$\operatorname{int}(r \times T + 1)$$

其中，int 函数表示取整。

当抽查规则和预警阈值确定后，一旦新的"秒批"审核通过事项触发抽查规则和预警阈值，就会自动进行预警，并将预警信息发送给监管人员，同时，抽查算法会自动运行并对"秒批"审核通过的事项进行抽查。如图 3.38 所示，抽查算法包括如下步骤：①确定要抽查的"秒批"审核通过事项，并给每个事项从号码 1 开始编号；②确定抽查比例或者抽查数量；③使用随机数生成器生成 1 到要抽查的"秒批"审核通过事项总数范围内的整数，重复的号码不再选，

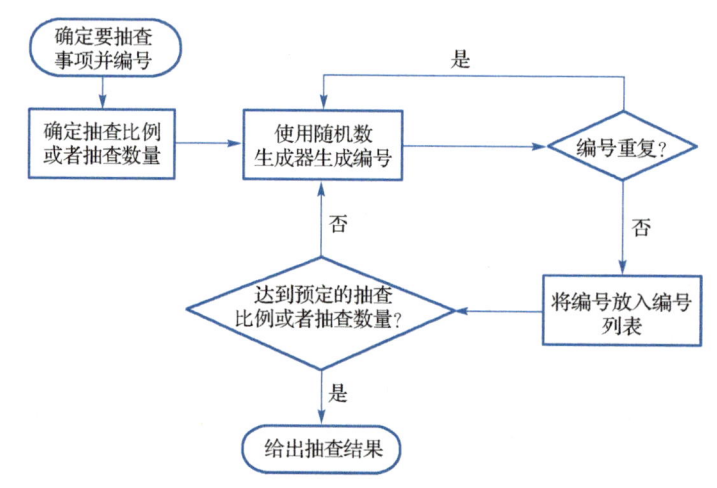

>>图 3.38 抽查算法的流程示意图

第 3 章 智慧城市运行管理中心的关键技术

直至达到预定的抽查比例或者抽查数量为止；④列出中选的号码，并列出相对应的"秒批"审核通过事项。

面向事后监管的抽查追溯预警算法能够防范比对过程中可能出现的问题和风险，当抽查规则被触发，系统中的抽查追溯预警算法将会自动运行并对"秒批"审核通过的事项进行抽样，通过事后监管有效防范比对过程中可能出现的问题和风险。

基于多层可追溯比对架构的无人工干预智能审批技术的技术特点：

(1) 架构完备、逻辑清晰。在技术路线上，以系统化设计、分层级构架为导向，首先从实现业务功能出发，进行整体性设计，明确智能审批所涉及的业务流程、系统边界、系统要素及要素间的相互关系；进而按照要素间的支撑关系进行分层级解构，构建从底层数据统一管理，到比对自动化执行、任务规范化管理，再到用户交互化应用的"高内聚低耦合"分层级架构。此架构对于智能审批的支撑更具完备性，逻辑性也更加清晰。

(2) 可维护性更强。"高内聚低耦合"的分层级架构，使可维护性更强，可分别对元数据模型、比对规则库、比对任务和交互应用进行独立维护、更新和配置，使系统维护更加灵活、高效，能够更有针对性地解决智能审批执行过程中出现的问题。

(3) 审批过程高效可靠。无人工干预智能审批以简化审批流程、提高审批效率为目标，审批事项提交后，最快在十秒之内即可自动办结，大大缩短了审批过程等待时间；同时，通过引入基于信用的多条件关联自动审批规则模型和审批抽查追溯预警算法模型，仅对信用记录良好的申请人启用智能审批模式，并对审批通过事项进行事后监管，降低了智能审批的风险，提高了审批结果的可靠性。

(4) 全程动态闭环管理。一方面，在总体上，通过智能审批和事后监管模型的结合，形成审批和监管的闭环管理，对于智能审批可能出现的问题及时追溯反馈；另一方面，对具体的审批比对任务而言，实现从比对任务生成、配置、执行、调度，到比对报告生成、比对结果同步、比对任务清理的全过程任务动态管理功能。

3.3.4 基于多源应用融合式集成的一体化移动政务协同技术

基于多源应用融合式集成的一体化移动政务协同技术利用互联网、云计算、大数据、移动互联网等技术手段，以数据融合和跨层级、跨部门、跨系统的业务协同为重点，通过桌面应用与移动应用的无缝结合，开发工作流转、资料共享、会议管理、便捷沟通等应用系统，为各级党政机关公文处理、政务管理、督查督办及内部管理等工作提供统一的移动政务协同平台，支撑构建按照"智慧大脑、掌上政府、指尖服务"体系，推进社会治理协同化、智能化。

技术创新点主要包括两大方面内容：一是基于数据融合的"掌上治理"技术，二是基于业务融合的一体化协同管理技术。

3.3.4.1 基于数据融合的"掌上治理"技术

基于数据融合的"掌上治理"技术基于掌上异构数据治理技术。掌上异构数据治理技术包括数据源管理、数据编目管理、数据整理、数据模板和数据可视化技术，各技术模块之间相互联系、相互渗透，实现异构数据治理。异构数据治理是按照业务要求，将数据依据专题进行统计分析，不同专题设置不同的参数与维度，调用系统的算法计算参数与维度的值，通过可视化的接口，在模型编辑页面，调用表格或图形，构建数据统计分析模型。具体流程见图3.39。

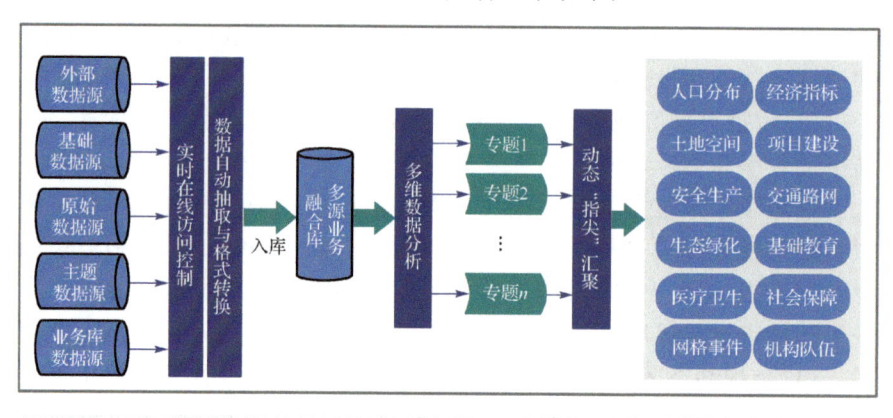

>>图 3.39　掌上异构数据治理与宏观决策分析流程示意图

多源业务掌上数据分析动态呈现管理技术。移动办公系统集成大数据模块，打破空间限制，将政务和社会数据向"指尖"汇聚，实现辖区概况及各单位主要数据指标移动端自动生成分析结果并动态更新，目前包括人口分布、经济指标、土地空间、项目建设、安全生产、交通路网、生态绿化、基础教育、医疗卫生、社会保障、网格事件、机构队伍等板块，各板块内容依据实际需求可以灵活定制，内容可增可减、分析可深可浅。手机和PAD端以"文字+图表+表格"的形式对

第 3 章 智慧城市运行管理中心的关键技术

各类数据进行直观展示，图表样式包括柱状图、饼状图、折线图等，用户可根据需要自行调整图表中想要查看的数据类，领导可随时随地调阅其关心的数据，见图 3.40。

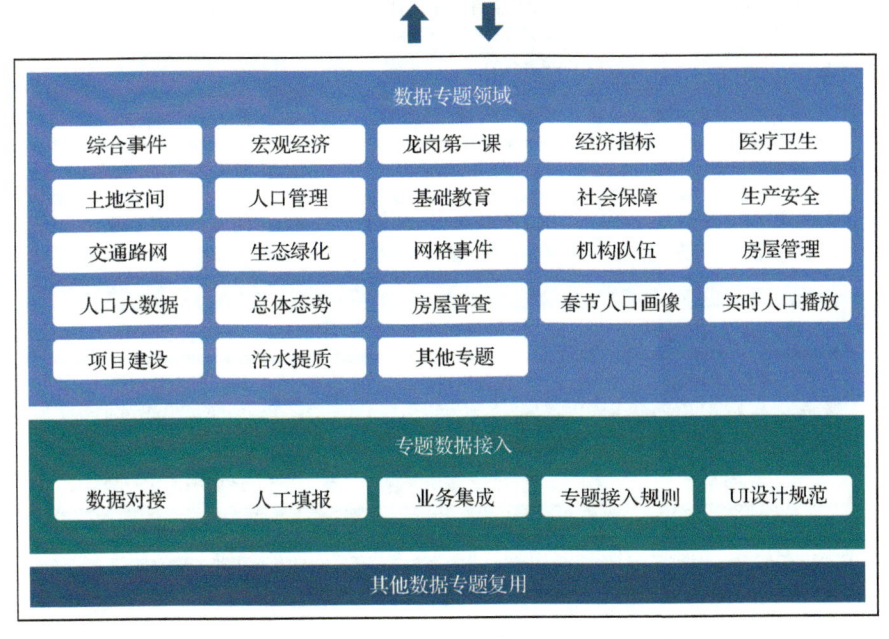

>>图 3.40 多源业务掌上数据分析动态呈现示意图

在线掌上"天眼"动态分类调取技术。在移动办公系统中实现视频监控实时在线、视频数据实时共享、视频点位实时观看，将视频信息通过视频专网下沉到移动端，在手机端通过实名认证和身份校验，进入视频监控中心，实现随时随地对重点场所的感知，进一步为社会治安防控和基础管理提供科技保障。按车站、学校、医院、河道等重点场所分类调取掌上视频资源，支持在地图中查看视频监控点位，清晰掌握每个视频监控点位所在位置，支持地图放大及缩小观看，支持按地区、属性、专题及视频监控点位镜头名称所包含的关键字组合，查询出对应的视频监控点位，如图 3.41 所示。

基于数据融合的"掌上治理"技术的特点如下：

提供多渠道数据归集能力。支持异构数据源，打破了信息孤岛，从根本上解决了数据割裂导致的问题，实现数据整合和共享，促进数据深化应用。

```
                          掌上"天眼"
┌─────────────────────────────────────────────────────────┐
│                      "天眼"应用                          │
│  摄像头分类搜索      专题摄像头查看     摄像头故障报障工单  │
│  保障摄像头分类显示   摄像头在线率统计   视频查看人脸认证    │
├─────────────────────────────────────────────────────────┤
│                      配置管理                            │
│  公安摄像头数据维护   摄像头分级分类管理  高空全景图管理    │
│  环水局摄像头管理    二/三类视频点位过滤  摄像头国际编码处理 │
│  摄像头标签管理     高空全景查看区域控制  视频专题默认加载  │
├─────────────────────────────────────────────────────────┤
│                     视频安全管理                         │
│  视频查看权限管理    人脸识别管理       用户协议管理      │
│  视频水印保护       防截屏设计         用户行为管理      │
├─────────────────────────────────────────────────────────┤
│                     "天眼"专题                          │
│  雨季专题          重点监控场所专题    行政服务大厅专题   │
│  春运视频专题       明厨亮灶专题       高空全景专题      │
├─────────────────────────────────────────────────────────┤
│                    "天眼"专题复用                       │
└─────────────────────────────────────────────────────────┘
```

>>图 3.41　多源业务掌上数据分析动态呈现示意图

提供跨区域、跨层级、跨部门数据融合共享。以部门业务信息为基础，确定部门间信息交换指标及信息交换流程，实现不同部门应用系统间异构信息交换与共享，为加强基于信息共享的业务流程再造和优化，创新社会治理模式提供支撑。

支持掌上治理业务应用及挖掘分析。数据分析灵活、实时、多维，支持多种数据源的连接和数据的合并，方便从各个角度全面地分析业务；支持数据多层级上卷或下钻，一张图表释放更多分析结果，简单干练，确保数据信息不遗漏，抓住每个数据细节，为领导工作决策、政府公共资源配合提供数据支持。

掌上视频资源分类调取灵活扩展。支撑按车站、学校、医院、河道等重点场所分类调取掌上视频资源，对公共安全、城区治理、人居环境、民生服务等领域智慧应用提供基础支撑，辅助领导精准、快速决策。

第 3 章 智慧城市运行管理中心的关键技术

3.3.4.2 基于业务融合的一体化协同管理技术

多业务集成管理技术基于用户行为仿真和数据接口仿真技术，实现跨系统的业务过程重组和跨系统间的数据传递，集成各业务系统业务链，灵活重组、优化各项业务工作流程，实现不同业务系统之间的信息共享和交互，实现系统集成、数据集成和身份认证。该技术基于仿真技术的应用集成能力，实现了用户自主访问仿真，使得最终用户无需登录被集成系统，消除用户在使用多套业务系统上的差异性和不便利，减轻了工作量和学习成本，其工作原理见图 3.42。

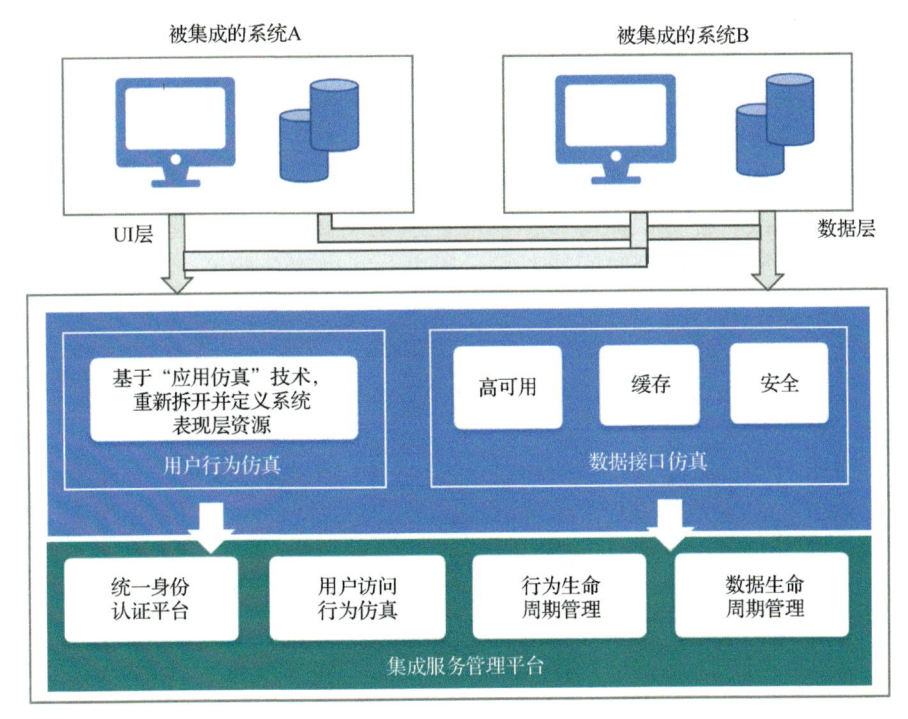

>> 图 3.42　多业务集成管理技术示意图

业务集成技术屏蔽被集成系统的复杂业务逻辑和技术细节，通过将业务流程和业务资源进行抽象化定义，实现业务重组。通过自动登录技术和用户仿真行为链路技术实现直接访问目标模块、模拟用户业务操作、在异构系统间传递和抓取数据等功能。

用户自主行为仿真技术通过定义和记录访问目标模块过程中的操作行为进行行为模拟。用户自主新行为仿真技术是实现用户自动化登录、屏蔽复杂业务逻辑、异构数据直达目标业务模块的关键。

捕获目标在模块 DOM（Document Object Model）树中 element 的 xpath（一种用来确定 XML 文档中某部分位置的语言），并抽象化为元数据资源进行管理。每个 element（element 对象表示 HTML 元素）在平台中元数据资源定义是构成行为仿真链路的一部分，在运行时根据链路节点定义的元数据中的 element 描述，可准确定位到目标系统中的 element 元素，进行相关操作来实现仿真。

基于业务流的联合审批模型架构技术通过基于业务流的联合审批模型架构技术，迅速搭建起面向具体业务的业务流程，以及方便地修改现有的业务内容和业务流程，并在线发布，采用可视化、图形化的流程设计工具，提供"所见即所得"流程设计模式。

基于业务流的联合审批模型（图 3.43）架构技术支持中文自然语言的流程路由语法，让流程中的业务规则配置更便捷，并支持流程多版本管理，使多版本流程在同一平台上运行。快速构建发布业务流程的回滚、修改、任务改派等维护功能，事项设置业务代理模式功能，并联审批功能，按办理时间摘要显示历史办理过程功能等。

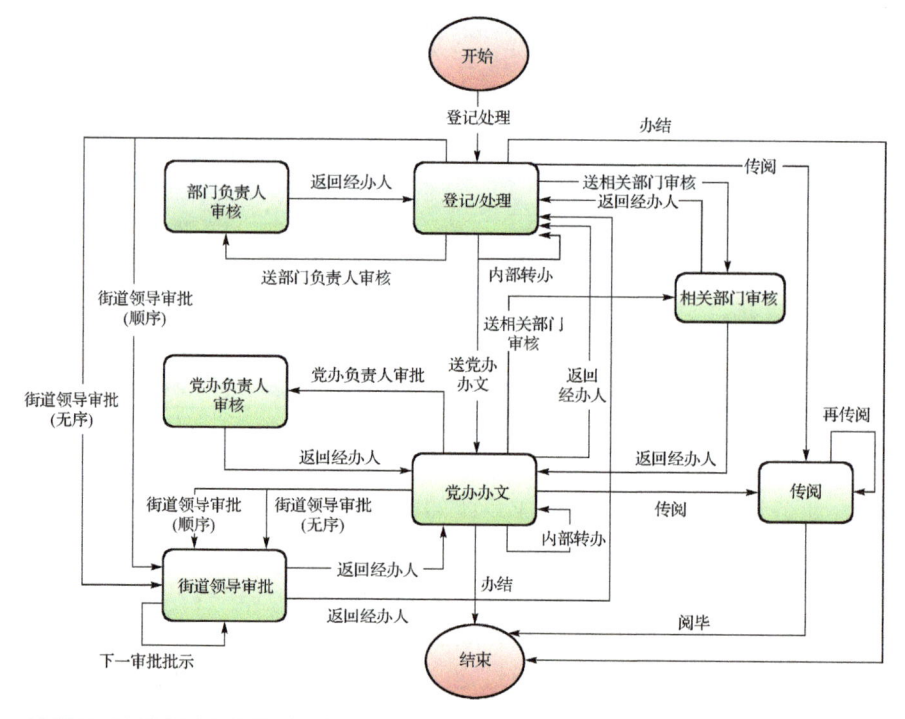

>>图 3.43　基于业务流的联合审批模型示意图

第 3 章 智慧城市运行管理中心的关键技术

基于业务流的联合审批模型架构技术遵循 WFMC（工作流管理联盟）规范，将业务过程描述为工作流模型，它包含一组任务以及这些任务之间的相互顺序关系，还包括流程及任务的启动和终止条件，以及对每个任务的详细描述，实现将应用逻辑或流程逻辑相分离，使得流程可以互相连接、交叉或循环进行，也可以打破部门界限而发生于各相关部门之间。

政府信息化中无论是政务协同还是业务审批流程中，均面临复杂的业务流程处理逻辑，提供强大的流程在线编辑环境，实现复杂流程的在线发布功能。

在不同业务应用场景下，对业务表单的支持提出了各种复杂需求，如单表单流程和多表单流程的支持等。提供不同场景下的个性化表单配置及权限设置，大大提升复杂流程的支撑效率。

处理政务信息化中的复杂逻辑控制和业务路由，并不需通过编码方式实现，提供多工位、多分支工作流自动控制特性，可跨越任意数量的分支；可将一个或多个电子表单连接到工作流程图中的各步骤，具有将外部应用软件加入到工作流自动控制的能力。

基于业务融合的一体化协同管理技术的技术特点：

(1) **无依赖**。无需对被集成系统做任何改变，避免对原系统开发商的依赖。同时，也无需协调原系统开发部门的对接支持，只需简单了解业务使用流程即可。利用业务集成、用户自主行为仿真等多业务集成管理技术，实现异构平台之间无障碍的数据和信息流动，满足跨系统的业务过程重组和用户自主访问仿真。

(2) **高效率**。无需改变原有系统或重新开发接口，拥有完备的工具支撑，能大幅提升系统和数据集成的效率。

(3) **高适用**。通过集成平台，用户使用一个账户完成认证，并自动完成对应业务系统的身份匹配认证，即"一个平台，一个账号，自动用户认证"，其适用于大多数系统和数据集成的应用场景。

(4) **一体化**。通过重组和优化业务流程，能将比较好的用户体验，带入到被集成的应用系统中，并将多套系统深度集成，获得一体化的用户体验，避免用户在多套系统中重复登录、频繁切换、重复录入，真正提升办事效率。通过基于多维协同业务融合的应用场景构造，构建办文、办事、办会与督查督办、项目管理等业务的深度关联，打造集成多种应用、多种业务的一体化政务协同管理模式。

第4章

智慧城市运行管理中心的工程实践

4.1 深圳市龙岗区智慧城市运行管理中心工程实践

4.1.1 智慧龙岗概况

龙岗区在《深圳市龙岗区智慧城区总体规划》（以下简称《总体规划》）的持续指导下，按照"需求导向、民生导向，基础先行、急用先行"的原则，深入开展了一个智慧城市运行管理中心，公共服务、政务协同、基础资源三大共性平台，政务、警务、综治维稳、教育、城管、消防、安监、应急等多项智慧应用建设，通过高起点规划、高标准建设、高质量统筹，龙岗区新型智慧城市建设实现了"十个率先"：一是率先成立由书记、区长任"双组长"的智慧城市建设工作领导小组；二是率先在全市成立区级大数据管理机构；三是率先采用"总包+总体"的建设模式；四是率先实现管道网络由区属国企建设；五是率先建成区级智慧城市运行管理中心，信息基础设施支撑能力领先；六是率先实现自建政务网三级（区、街道、社区）政务办事机构全覆盖；七是率先建成视频专网，出台视频共享管理办法；八是率先启用人脸识别技术；九是率先发展时空信息大数据；十是率先实现网络信息安全的全天候、全态势实时感知防护。

以龙岗区智慧城市运行管理中心（IOC）（以下简称"智慧中心"）

第 4 章 智慧城市运行管理中心的工程实践

为核心的各项应用已于 2017 年陆续投入使用。以智慧城市运行管理中心为总汇聚点,以共享交换平台为枢纽的"一中心""三平台"为整体建设框架,建成大数据管理服务平台、时空信息平台、网络态势安全感知平台 3 大支撑平台,目前已整合智慧政务、警务、消防、安监、教育、医疗等各类行业应用系统 104 个。

龙岗区已经在全国率先建成了集运行指挥、体验展示、数据存储于一体的智慧城市运行管理中心(图 4.1)并投入实战使用。该中心以大数据管理平台汇聚的数据为基础,通过时空信息平台对全区态势的一图展示,各级管理部门可以实时掌控全区整体各领域态势,实现对全区各领域动态指标的实时可视化监控,为龙岗区全面实现精细化管理、一体化运行联动提供了关键支持。目前,已接入公安、消防、应急、安监等 15 个系统的数据,智慧城市运行管理中心已经成为龙岗区实现"一体运行联动"的中枢和龙岗区"数字政府大脑",其统一身份认证系统如图 4.2 所示。

>>图 4.1 龙岗区智慧城市运行管理中心

体制机制方面,龙岗区不断通过制度创新加强统筹管理,成立了由区委书记、区长担任双组长的智慧城市工作领导小组,设立深圳市首个正处级的数据统筹办公室,建立了首席信息官(CIO)和数据专员(DA)团队,出台了一系列统筹信息化建设项目、软硬件资源、数据资源、政府网站、网络信息安全等各个方面的管理办法,创新实现了按照规划、标准、建设、管理、运维、保障"六个统一"的理念统筹推进智慧城市建设各项工作,有效保障了智慧城市建设"一盘棋"推进的工作格局。

智慧城市运行管理中心：
顶层设计与工程实践

>>图 4.2 统一身份认证系统

建设模式方面，通过创新模式、统一标准、加强一体化建设，确立了以智慧城市运行管理中心为总汇聚点，以共享交换平台为枢纽的"一中心""三平台"整体建设框架，明确要求所有的系统应用在这个架构上延伸建设，数据接口标准统一，存储、传输集中在政务外网和视频专网上处理。按照总体框架设计，对全区 286 个独立信息系统（其中上级系统 182 个，区、街道自建 104 个）进行了全面梳理，制定了全区系统间互联互通方案，建设统一身份登录平台，解决了权限管理、多头登录、冒名审批问题。结合上级标准体系，完善了 69 项大数据、61 项时空信息等标准体系，供全区各部门使用。出台了网络与信息安全基线等文件，初步建立了区级信息安全体系。创新信息化项目建设"总包+总体"模式，引入华为作为智慧城市建设的"总承包商"，有效保障了技术力量的投入，加强了对建设成效的把关管理。创新全区各种管道等基础资源建设管理模式，实现部门提应用需求，区信息管道公司统一规划、统一建设、统一运营、按需覆盖、快速通达、全区共享，既加快项目建设进度，又避免重复建设，降低运维成本。

以智慧城市运行管理中心（IOC）为核心的龙岗区智慧城市建设目前已经取得良好的应用成效和经济社会效益。《人民日报》《经济日报》《光明日报》，以及德国电视一台、《明镜》周刊等媒体先后报道了龙岗区智慧城市建设情况，龙岗区获得了由国家信息中心和国际数据集团联合颁发的"2018 中国领军智慧城区奖"，"数字政府"改革建设工作获得了由中国信息协会颁发的"2019 中国政府信息化管理创新奖"，社区警务 APP 被公安部评为"全国公安基层技术革新奖"一等

第 4 章 智慧城市运行管理中心的工程实践

奖。2019 年 6 月，龙岗区被推荐为广东省大数据综合试验区，成为深圳唯一入选区域(全省 6 个)，为珠江三角洲国家大数据综合试验区建设探索路径、积累经验。截止到 2019 年 7 月底，已有来自国内外共 653 批，约 9759 人次调研考察智慧龙岗建设成果。

4.1.2 智慧龙岗信息基础设施

龙岗区在全球率先应用具备我国自主知识产权的智慧城市信息基础设施与解决方案，建成了全国领先、深圳市第一套具备自主知识产权的高性能、高弹性、高可用、高可信、低成本政务云平台，为龙岗区智慧城市运行管理中心稳定高效运行提供了强力支撑。

针对智慧城市运行管理中心建设中网络部署周期长、网络带宽利用低、系统集成难度大、故障运维定位难、网络安全威胁高等问题，龙岗区在基于"智心-智脑-智用"的智慧城市顶层设计模型指导下，集成应用了基于搭载鲲鹏架构芯片的 TaiShan 服务器、面向智慧城市海量数据的 GaussDB 分布式数据库、专属云+私有云的混合云关键技术、基于大数据分析技术的网络安全态势感知体系关键技术，针对智慧城市建设不同用户的需求，构建了基于自主知识产权的新一代智慧城市混合云平台。应用了 FusionInsight 全自研融合大数据平台、基于城市数字平台的智慧城市技术与应用，为智慧城市各业务关键技术应用提供相关技术组件，为城市的应用、数据、主机、网络构建起了一体化的安全体系，为智慧城市的 ICT 基础设施(图 4.3)和平台的集约化建设、统一平台和架构、打通数据和业务流程、降低开发成本和开发周期提供了坚实的基础。

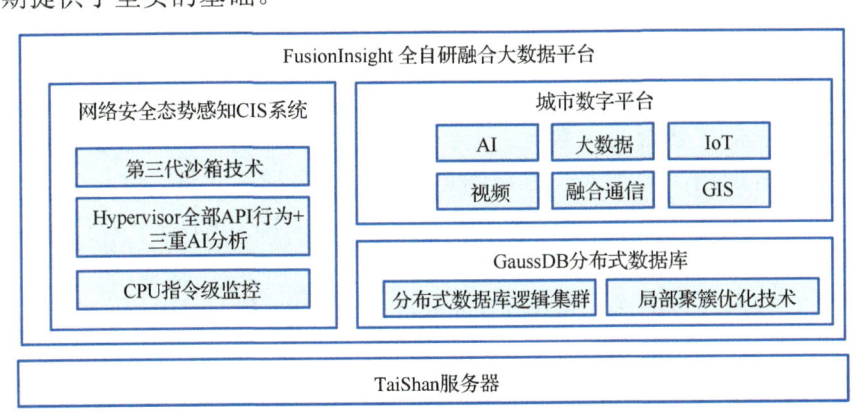

>>图 4.3 基于自主知识产权的新一代智慧城市 ICT 基础设施系统

目前，应用搭载鲲鹏架构芯片的TaiShan服务器龙岗区已经建成3个数据中心机房，形成互为备份效果，总面积达3000m^2，政务云平台CPU总核数达到6083核、内存总容量达到12.96T、存储总容量达到191T，虚拟机总数370台。应用基于大数据分析技术的网络安全态势感知体系关键技术建设了可集中管控和安全运行的自动化网络安全态势感知平台（图4.4），为龙岗区形成事前防范、事中监控、事后追溯的闭环安全运行管理体系提供了有效的支撑。

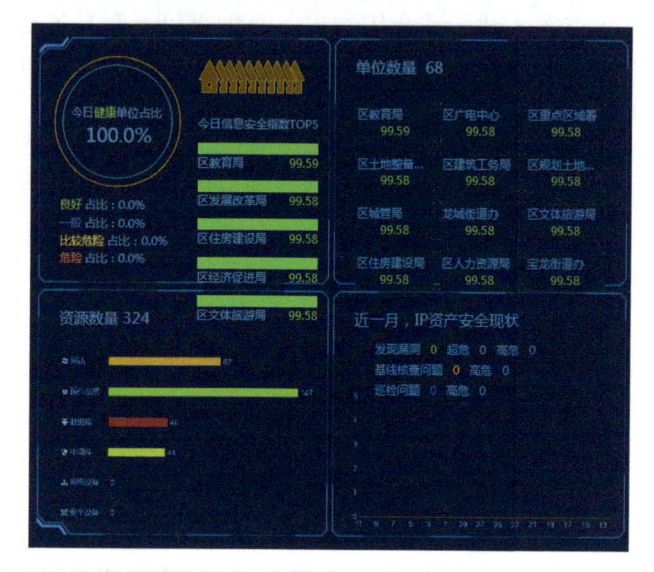

>> 图 4.4　安全态势感知平台

4.1.2.1　云计算体系

龙岗政务云中率先采用了TaiShan服务器用于大数据场景应用。TaiShan服务器是具有自主知识产权的新一代数据中心服务器，其基于鲲鹏处理器，适合为大数据、分布式存储、原生应用、高性能计算和数据库等应用高效加速，旨在满足数据中心多样性计算、绿色计算的需求，已通过欧盟ROHS、WEEE、REACH、ERP、CE、中国CCC及日本VCCI认证。

在数据库方面率先采用了GaussDB数据库。GaussDB是一个企业级AI-Native分布式数据库。采用MPP（Massive Parallel Processing）架构，支持行存储与列存储，提供PB级别数据量的处理能力。可以为超大规模数据管理提供高性价比的通用计算平台，也可用于支撑各类数据仓库系统、BI系统和决策支持系统，为上层应用的决策分析提供服

第 4 章 智慧城市运行管理中心的工程实践

务。GaussDB 将 AI 能力植入到数据库内核的架构和算法中，为用户提供更高性能、更高可用、更多算力支持的分布式数据库。

混合云解决方案充分利用云计算和大数据技术，提供资源池化、全栈云服务能力，适配智慧城市不同应用需求，帮助实现业务全面云化，推进数字化转型。2009 年，纯虚拟化方案在龙岗探索应用，采用 Xen 作为起步的 FusionSphere 虚拟化核心技术，使用 VRM 实现虚拟化资源管理。2014 年，引入 SDN（软件定义网络）能力，通过 ManageOne 管理软件实现初级云运营、云管理功能。2016 年 10 月，虚拟化 FusionSpere6.x 全面切换 KVM（基于内核的虚拟机）技术，云平台开始引入 OpenStack，构建完整的 SDN 网络能力，具备全栈 IaaS 成熟能力并开始进行混合云原型机设计孵化。2017 年 10 月，构建全栈云服务能力，优化管理面混合云架构设计，通过 ManageOne 对多云进行统一管控。2018 年，开始启动云联邦原型机分析开发，规划多云管理、多级 VDC、协同审批、精细化管理等功能。2018 年 10 月，在多个项目中实践使用，根据项目的使用反馈补齐能力。2019 年 5 月，"云联邦"正式商用发布，具备全量服务接入、统一精细管控、多云统一运营、多云统一运维能力。

4.1.2.2 网络安全态势感知系统

龙岗智慧城市运行管理中心率先应用了安全中心技术，采用最新大数据分析和机器学习技术，可抵御 APT 攻击。系统从海量数据中提取关键信息，通过多维度风险评估，采用大数据分析方法关联单点异常行为，从而还原出 APT 攻击链，准确识别和防御 APT 攻击，避免核心信息资产损失。

龙岗区建设网络与信息安全态势感知中心（图 4.5），不间断对全区 100 多个系统进行漏洞扫描，及时排查和解决网络存在的安全隐患和故障，在 C&C 检测、DGA 域名检测、暴力破解检测、异常用户行为检测、隐蔽通道检测等一系列的高级威胁进一步提高了检出率。仅 2017 年，已解决全区各单位政务网络故障共 1300 余次。

4.1.2.3 大数据平台

龙岗率先应用 FusionInsight 大数据平台。FusionInsight 是大数据集成、存储、查询、分析以及人工智能统一基础平台，能够快速构建海量数据信息处理系统。通过实时和非实时的分析和挖掘，帮助用户从海量数据信息中获取到真正的价值。

>>图 4.5　龙岗态势感知中心

面向跨部门、跨系统的数据融合和技术融合需求，龙岗区以云为基础，统筹 IoT、大数据、视频、融合通信、GIS 等多种共性 ICT 基础能力，率先应用城市数字平台，向上通过行业使能平台统一实现服务调用，支持应用快速开发、灵活部署，促进智慧城市业务应用敏捷创新，向下通过无处不在的连接实现云管端协同优化，实现物理世界与数字世界的联通。

2016 年，数字平台原型及核心组件 ROMA 开发在龙岗区启动，并于 2017 年完成自研数字平台能力建设。ROMA 一站式融合集成平台，支持数据、应用和消息集成，解决 ETL 无法覆盖多种类型数据汇聚方式的问题。并可通过灵活的部署方案，支持跨云、跨网的数据汇聚。2018 年，城市数字平台实现大规模商用，支持跨云跨网多级互联、统一融合集成平台、支撑应用极简架构等关键技术，提供行业套件、开放生态赋能本地企业等核心能力。截至 2019 年，数字平台规模商用 27 个，实现重新定义城市信息基础设施，助力城市数字化转型。

4.1.3　智慧龙岗数据感知和融合汇聚

深圳龙岗区积极发展数字经济，以数据资源开发利用孵化相关高科技企业，成功利用智慧城市运行管理中心孵化了创驰蓝天、云天励飞两家区内企业。创驰蓝天采用国家信息中心研发的基于数据驱动与优化的智慧城市顶层设计方法和运行管理模式，对标顶层设计方法的各级内容和架构，重点研发了城市高空影像数据常态化采集系统关键

第 4 章 智慧城市运行管理中心的工程实践

技术，重点应用于城市数据的感知和采集。云天励飞按照国家信息中心提出的智慧城市顶层设计方法和运行管理模式，对接创驰蓝天的相关数据感知、采集、汇聚工作成果，在基于边缘计算的海量数据秒级视频数据采集和智能分析处理领域开展了大量工作，运用边缘计算技术实现了龙岗智慧城市运行过程中海量数据的处理。同时，龙岗区大数据中心借助国家信息中心提出的"六个一"智慧城市运行管理模式，在充分吸收创驰蓝天和云天励飞对于数据资源的感知、采集、汇聚、分析、应用等方面工作成果的基础上，研发出了龙岗区时空信息云平台，有效推进了智慧龙岗建设。

应用城市高空影像数据常态化采集系统关键技术，在全国范围内首次通过无人机实现对全景高空影像数据的常态化一键自动采集，首次应用基于真实投影骨架的图片拼接融合技术实现了对高空影像数据的无缝拼接，并通过创新应用城市高空影像数据时空间对比展示方法，首次基于全景影像数据实现了对城市现状变化甄别应用。该系统可支持对任意时期的两幅影像进行对比性浏览，有效解决了传统手段无法快速、高效、准确感知城市现状变化的问题，有助于提前发现违建苗头，有效减少人力投入，节省大量后续拆除成本。2016 年"无人机智慧违查"项目建成投入使用，初期在龙岗区部分街道试点应用，同年底推广至全区运行，目前已实现对龙岗全辖区 388.21 平方千米高空影像数据每周覆盖更新，特殊任务可实现 1 小时更新，基于全景影像数据的城市现状变化甄别已为龙岗区规划土地监察局等部门开展违规建筑查处等管理应用提供了精准的数据支持，有效提高了精准违查管理等方面的精细化管理水平，同时节约了大量人力成本，取得较好的效果。

应用基于边缘计算的海量数据秒级视频数据采集和智能分析处理技术，通过"'云+端'动态视觉系统在智慧城市规模化应用"项目，建成云天"深目"动态人像识别系统，84 路人脸识别功能全面实现"亿万人脸、秒级定位"。目前，深圳市龙岗区已经成为全国最大的动态人像分析平台示范区，龙岗区自"深目"系统上线以来，2016 年与 2017 年"两盗两抢"警情同比分别下降 51%和 49%，协助深圳市公安局破获各类案件 5000 余起，找回多名失踪儿童和走失老人，为打造全球第一个"基于人工智能的安全示范区"样板点提供了有效支撑。

采用支持多维数据融合汇聚的时空信息云平台关键技术，龙岗区在国家信息中心指导下，建设了大数据管理平台和时空信息平台，将传统的"川"字形"数据烟囱"变为"井"字形"数据神经网络"。

智慧城市运行管理中心：
顶层设计与工程实践

其中，大数据管理平台（图4.6）已实现"一库汇亿数"，建设区级共享交换平台和三级等保镜像库，实现与60多个市直部门和所有区直单位实时对接，建成人口、法人、宏观经济、地理信息四大核心库和各类主题库、业务库，汇集来自市级部门和区内部门业务系统的数据超过470亿条。截至2019年8月，已发布数据资源目录2317项，归集政务数据记录25亿条；为50个部门提供140个服务接口，数据记录18亿条次，有效实现部门之间信息共享。时空信息平台已建成覆盖全区388平方千米范围、涵盖34类366个数据图层，集成二维地图、三维模型、空中实景、航空影像等基础空间数据，整合全区建筑物、人口、企业法人、视频监控点、安全隐患和国土规划等专题数据，实现"人、物、地、事、情"全要素可视化关联，真正实现"一图视全城"，可为全区智慧应用提供全覆盖、高精度的电子地图服务。平台提供的倾斜摄影三维模型精度达到5cm，重点片区达到2cm，精细程度全国领先。依托时空信息云平台，已在综治维稳、水务、城市管理、应急指挥等15个领域开展应用，为23家单位、11个街道提供实时在线服务240多项，服务调用量超过5350多万次，日均达5万余次。基于时空信息云平台，龙岗区在全国率先推广"一张图"城市管理应用，先后推出了重大项目、危险边坡、视频监控、"三小"场所、建筑工务和高空查违等业务"一张图"，真正实现"一图全面感知"，有效提升了公安、消防、应急、水务、查违（图4.7）等城区治理的协同联动、可视化管理、精准化治理水平。

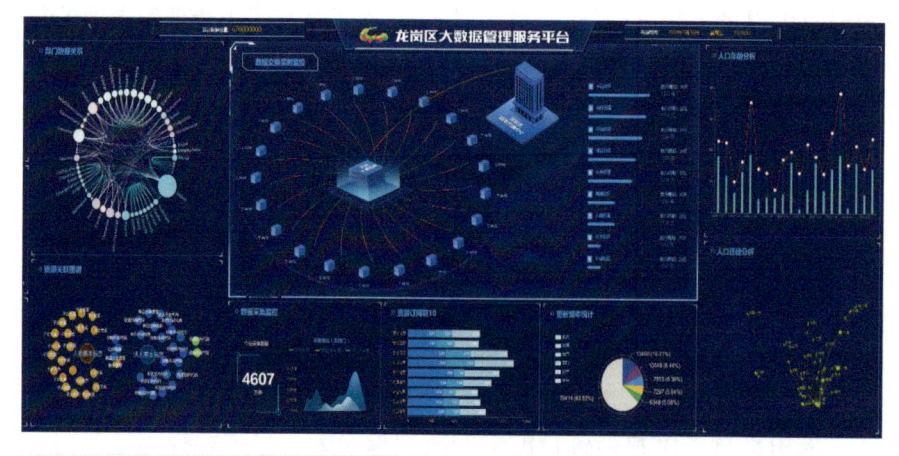

>> 图4.6 大数据管理平台

138

第 4 章 智慧城市运行管理中心的工程实践

>>图 4.7 智慧违查应用

4.1.3.1 城市高空影像数据常态化采集系统

城市高空影像数据是城市管理应用中非常重要的一类数据,目前该类数据传统的采集方法有卫星遥感影像、无人机航测等。前者时效性差,平均 2~3 月才可形成一期影像,且影像像素较低;后者成本高昂,不适合进行常态化高频率采集。通过对全景影像、无人机、图像对比分析等关键技术点进行创新突破与整合,研发出的无人机全景城市高空影像数据具有采集成本低、时间周期短、清晰度高的特点。作为一种新的类型的城市高空影像数据,十分契合现代化的城市管理应用,为管理者及各相关部门提供有力的数据支持。

1. 无人机控制 APP

无人机控制 APP 于 2016 年 1 月开始研发,利用大疆开发者 SDK 逐一实现了无人机任务规划、流程规划、自动采集等关键技术。2016 年 3 月完成研制,4 月正式投入使用。APP 对无人机进行远程遥控,自动加载云端计划任务,无人机接收到任务指令后,自动执行任务内容,对任务目标的地域、建筑等信息进行自动采集,并将采集的数据回传至云端。

2. 基于真实投影骨架的图片拼接融合技术

传统全景影像拼接融合技术基于特征点的自动识别与融合,不考虑融合后影像的过多投影畸变,无法满足城市高空影像数据常态化采集应用。2016 年 5 月,基于真实投影骨架的图片拼接融合技术开始研发,该技术在拼接融合中加入投影骨架作为基准点配准,使拼接融合后影像的畸变控制在一个小的范围内，使其具有一定程度的模糊坐标对应关系。2016年7月完成样品研制，经1个月试用，正式投入使用。界面如图4.8所示。

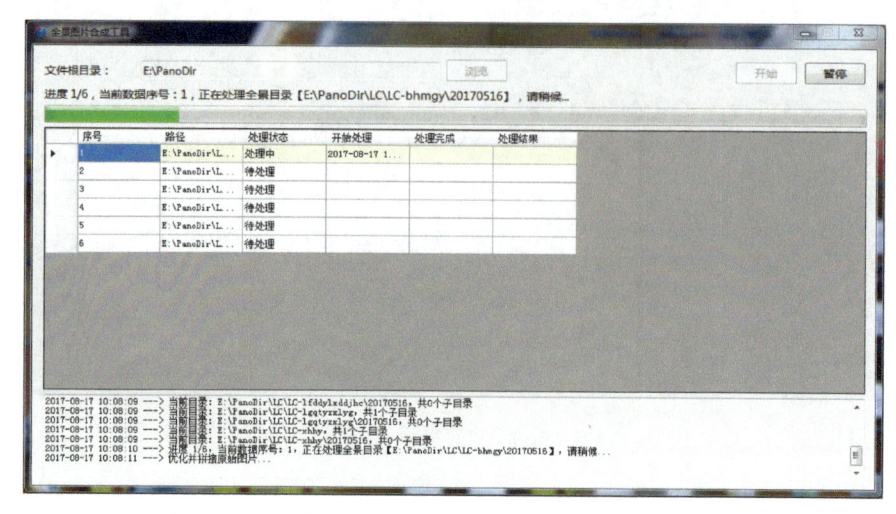

>>图 4.8　图片合成工具

3. 基于全景影像数据模式的城市现状变化甄别

　　基于全景影像数据模式的城市现状变化甄别技术对无人机全景城市高空影像数据进行对比分析，寻找变化图斑，辅助土地检查部门开展工作（图4.9）。该系统于2016年9月开始研发，于2017年3月完成开发，4月投入使用，至今仍处于算法不断迭代优化的阶段。

>>图 4.9　查违对比图片

第 4 章 智慧城市运行管理中心的工程实践

4. 智慧查违平台

智慧查违平台可以在地图上实时查看和处理权限区域内查违工作中的所有信息。

5. 移动平台

智慧城市管理移动平台(图 4.10)是以微信为基础、以公众号为载体的终端查违系统。主要功能包括：实时推送、信息浏览、任务处理和数据统计。

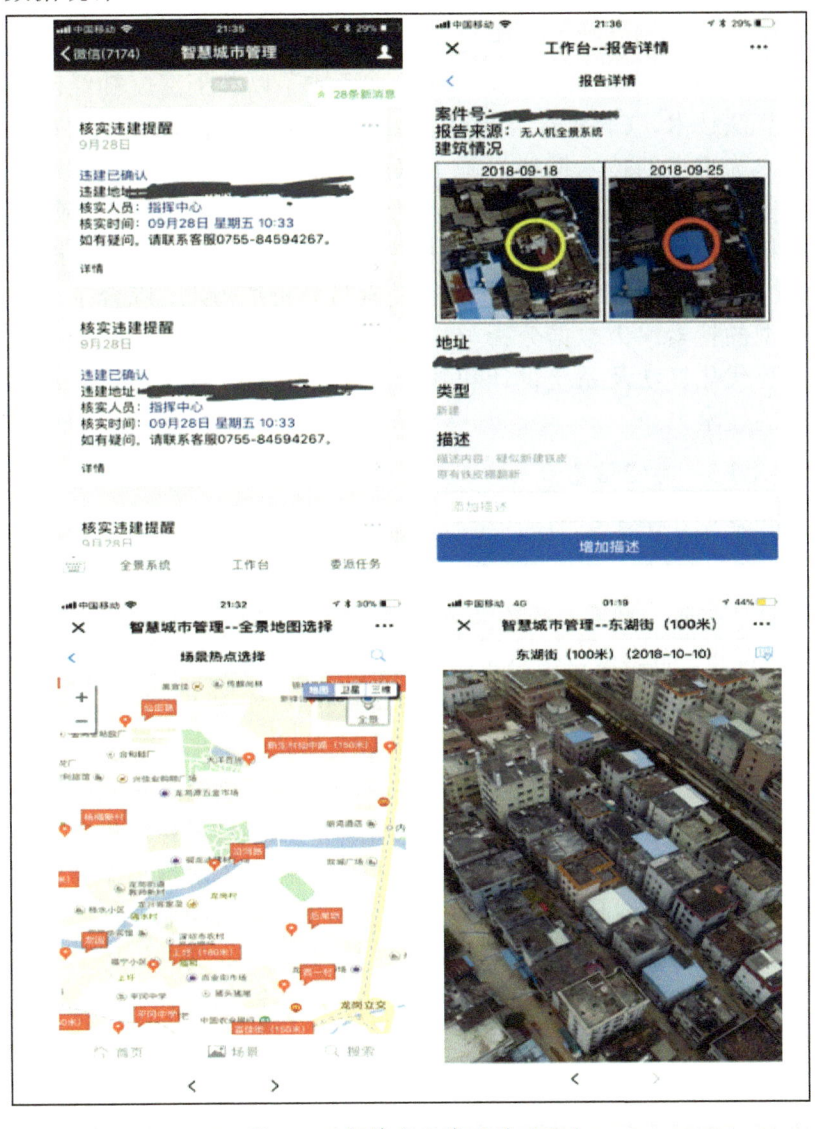

>>图 4.10 智慧城市管理移动平台

4.1.3.2 视频数据采集和智能处理系统

依托国家信息中心提出的基于数据驱动与优化的智慧城市顶层设计方法和运行管理模式，云天励飞从 2015 年至今一直在推进基于边缘计算的海量数据秒级视频数据采集和智能分析处理等相关技术的研发和改进完善，在概念提出、设计方案、产品开发、测试应用等多个环节投入了大量资源，相关成果成为龙岗智慧城市建设的重要一环。

采用"云+端"架构，围绕海量数据、动态人像、实时搜索分析与计算，坚持端到端体系化技术创新，形成了以基于深度神经网络的核心算法技术、CNN 计算硬件 IP 技术、海量图像搜索和大数据分析技术为重点的技术框架。基于深度神经网络的核心算法解决的是算法的准确性和在端设备上可计算性的问题。CNN 计算的硬件 IP 技术核心是解决在"云+端"架构中，端设备上的计算能力的赋能问题。在"云+端"架构中的云端的搜索与分析能力上，综合了海量图像数据的搜索、大数据分析与挖掘技术，提出了处理海量特征的搜索计算优化算法及系统设计和基于海量数据的应用场景的构建两个方面的技术。

4.1.3.3 时空信息云平台

以现有卫星遥感、航拍等空间地理信息为基础，基于大数据管理服务平台，有效整合来自多个异构系统、不同空间标系、不同格式数据，整合交通、水系、行政区域界线、地名、地貌、植被、气象、人口、风险点、危险源等信息。建成覆盖全区、涵盖 34 类 328 个数据图层的时空信息平台，为智慧城市运行管理中心实现"一图全面感知、一键可知全局、一体运行联动"提供坚实基础。

其核心的技术创新点包括：一是基于时空索引的海量空间数据聚类分析与可视化。二是基于分层分级思想的服务转发控制机制。对基本服务转发控制的深化拓展，根据用户的权限动态对地图服务资源实现细粒度的权限控制，包括图层上和空间上的权限控制，从而实现对地图服务资源从图层到空间的服务分层分级转发和动态管控，避免发布多个地图服务，减轻服务器压力，提高服务转发效率。

目前时空信息平台可提供二维、三维、影像等电子地图服务，集成视频、高空全景、行政区划、法定图则等数据服务，整合融入全区建筑物、人口、企业法人、视频监控点、安全隐患和重大危险

第 4 章 智慧城市运行管理中心的工程实践

源等专题数据，已为全区各部门提供 200 多项服务，在公安、规划、城管、应急、网格、环水、安监、消防、查违、卫计、经促、统计、建筑工务等领域取得了良好应用成效。基于时空信息平台，在全国率先探索"一张图"社会治理应用，推出了重大项目、房屋质量安全、危险边坡监测、视频监控、城管事件、"三小"场所、建筑工务、高空查违等"一张图"管理的品牌应用，真正实现"一图全面感知"。

1. 时空信息云平台数据聚类分析与可视化

2017 年 9 月，时空信息云平台初步建立，面临许多大批量地理空间专题数据的加载需求，传统的加载效率和可视化样式都满足不了实际的需求。经过技术验证测试，基于对海量数据的快速加载的需求，通过结合人口、法人等数量级别比较大的专题数据展示需求，引入空间聚合技术，在地图可视区域有大量空间点需要可视化表达时，实现对这些空间点进行技术综合，使用对局部空间点分布规律以及密集性进行提取和抽象的方法，达到利用有限区域较客观全面地展示空间点目标分布形态的目的。展示效果如人口热力图一方面满足了数据快速加载的需求，另一方面也通过对局部空间点分布规律以及密集性进行提取和抽象的方法，以热力图形式展示人口密度分布的情况，以此可呈现人口分布密度比对情况。

2. 时空信息云平台服务转发控制机制

时空信息云平台作为基础性支撑平台，需要面向全区各部门、各镇街用户提供地图服务，不同用户往往对同一份数据存在不同的精细化使用需求。如果将数据资源根据用户需求拆分发布成多个地图服务，不仅造成后台运维管理的压力，也不利于数据本身的更新维护；如果为不同的用户提供全量数据服务，也会为用户使用造成困扰。2018 年 1 月，面向用户对同类数据存在不同的精细化使用需求，设计了在平台服务转发层进行分层分级控制授权业务逻辑，在 3 月份完成了测试验证，实现将全区空间数据资源在转发层可按需求精准分层分级控制。例如安全隐患专题数据，存在 20 个图层、全区范围的数据面向全区提供全量的共享服务。

若需要针对特定的用户进行分层分级定制授权，可以通过后台管理配置，实现对数据的分层分级控制。如图 4.11 所示，实现对南湾街道授权配置开放其中的危险边坡、危化品、"三小"场所三个图层。

>>图 4.11 分层控制设置

同时控制只显示南湾街道范围，如图 4.12 所示。

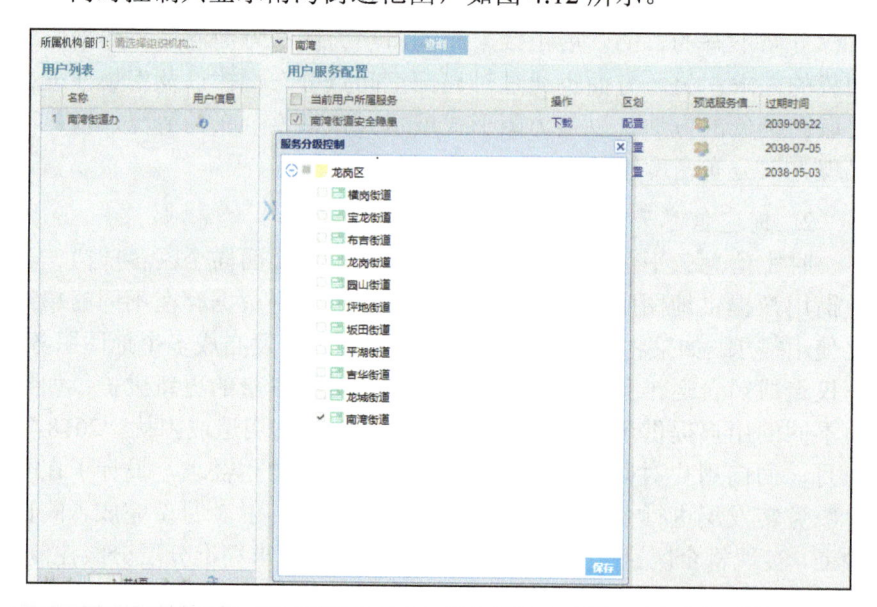

>>图 4.12 分区控制设置

在前端实现对同源数据针对用户需求分层分级控制，为全区 20 多个图层的安全隐患数据，通过平台转发配置管理，可在不从物理上处置地理信息图层的基础上对数据进行分层分级控制，为用户提供精准的服务推送。

第 4 章 智慧城市运行管理中心的工程实践

4.1.4 智慧龙岗智能分析服务

在国家信息中心提出的基于数据驱动与优化的智慧城市顶层设计方法和运行管理模式指导下，前海数据和永兴元依托智慧城市信息基础设施，在城市数据感知、多维采集和融合汇聚能力之上，面向政务服务、企业服务、政府决策等业务应用需求，探索城市数据智能分析与服务技术及其工程实现。在智慧城市顶层设计和面向业务需求的数据与应用大数据提升政府治理能力的技术和理念指导下，前海数据不仅针对部门需求及数据共享应用痛点，开展了面向智慧城市业务应用的数据智能决策建模与分析；而且针对企业服务主动化、精准化的需求，开展了基于语义的政府政策解构和分类管理方法，以及基于语义的智能化政策匹配方法研究，完成了基于语义的企业服务信息自动匹配方法及系统实现。在基于数据驱动与优化的智慧城市顶层设计与"一窗惠民生"的智慧城市的运行管理模式指导下，永兴元基于应用大数据提升政府治理能力的技术和理念，面向实际业务需求，着眼于智慧政务，考虑技术架构及路线，研发支撑"网上申请、自动审批、及时送达、事后监管"的"秒批"技术；着眼于智慧政务的移动化需求及其实现，研发基于数据融合的"掌上治理"技术及基于技术融合的移动智能政务应用，极大地提升了政务协同效率。

应用基于多源应用融合式集成的一体化移动政务协同技术，建设了服务于各级党政机关公文处理、政务管理、督查督办及内部管理等工作的统一移动政务协同平台，支撑构建了"智慧大脑、掌上政府、指尖服务"应用体系，通过开发可与业务系统、数据资源系统进行同步共享的数据融通功能，结合移动端实名认证和身份校验，将政务数据和社会数据向"指尖"汇聚，以"掌上大数据"（图 4.13）"掌上天眼"（图 4.14）2 个基础平台为支撑，在警务、城管、消防、查违、环水等 N 个领域探索移动端掌上应用，在全国率先探索实践"2+N 掌上治理"新模式。目前"掌上大数据"已经集成人口分布、经济指标、土地空间等 17 类主要专题数据，并不断扩充；"掌上天眼"已集成 2.5 万个高清视频监控、583 个高空全景点，对接"明厨亮灶"、行政服务大厅、重点监控场所等视频资源，实现"一键可知全局"。在 2018 年抗击台风"山竹"过程中，为各级领导提供实时视频数据。此外，龙岗区还以"掌上+行业应用"作为延伸的"抓手"，开发了社区警务 APP、掌上城管、掌上水务、掌上消防、明厨亮灶等专项应用，取得

智慧城市运行管理中心：
顶层设计与工程实践

>> 图 4.13 "掌上大数据"界面

146

第 4 章 智慧城市运行管理中心的工程实践

>>图 4.14 "掌上天眼"示意图

了良好的应用效果。基于统一移动政务协同平台,截至 2019 年 8 月,政务办公系统使用单位已达 99 家,活跃用户总数达 1.3 万人,全区累积办文量近 160 万件,区级公文一天内办结率达 63.6%。电子会议系统"区-街-社区"三级视频会议系已接入全部街道和 22 个社区,并依托党群中心延伸到 111 个社区和重点园区,全区布点达到 180 个点,使用单位达到 20 余家单位,应用电子会议、视频会议系统召开的会议分别达到 1370 次和 426 次,大幅提升了办会效率,降低了会议成本。

4.1.4.1 数据智能决策建模与分析

龙岗区智慧城市运行管理中心通过创新应用面向智慧城市业务应用的数据智能决策建模与分析方法和相关工具,研发了一套面向特定业务领域智能分析决策需要和海量数据的数据快速脱敏脱密和指标、主题数据构建方法,目前已经建成一套超过 1500 个指标的全区态势感知指标体系,基于指标实现从大数据管理平台、时空信息平台快速抽取数据，通过分析计算，实现在龙岗区智慧城市运行管理中心对全区态势的全面实时感知；面向经济监测预警决策支持应用需要，研发了一套全区经济发展宏观指标库，有效实现了对经济发展状况的智能监测和预警，大幅提升了决策的效率和科学性；面向人口管理，创新应用诺贝尔经济学奖得主西蒙·史密斯·库兹涅茨的库兹涅茨曲线理论建立了一套产业人口动态监测方法，研发了一套基于政务数据的职居平衡测算方法，实现了对全区人口职居情况的常态化监测，并延伸监测了人口流动带来的公共服务配套等问题，为人口管理、公共服务配套、经济发展等多个方面提供决策支持；面向产业布局管理需要，研发了一套模型算法，通过对地区的优势产业、企业最佳落户区域等的数据分析，支持了政府相关管理的有效开展。

4.1.4.2 企业服务信息自动匹配实例

为提升企业服务主动性、精准化，通过语义分析，对已经发布的各类政策、服务企业过程中采集的需求信息等进行主题分类，基于分类进行有效的需求匹配，为企业提供针对性较高的政策、用地、贷款等服务。应用基于语义的企业服务信息自动匹配方法及系统，针对企业发展找政策难、落地找空间难等痛点问题，创新构建了一种基于语义的"政策-条件""条件-结果"语料解构管理和智能化匹配算法，通过坪地街道试点建成可服务全区企业的智慧政策服务平台，目前正在全区推广应用服务。该智慧政策服务平台目前已收录市、区两级全部 428 条涉企政策，覆盖率达 100%，已收录坪地街道全部 23 个重点园区信息，包含可租面积 26.5 万平方米。2017 年建成应用以来，累计共向 56 家重点企业主动推送 61 类产业政策补贴，共涉及扶持资金 6.10 亿元，比应用前提高 315.8%；累计为企业提供产业政策、空间查询、资讯等服务 4971 企次，比应用前提高 2773.4%，其中通过微信公众号为小微企业提供政策服务达 915 企次，比应用前提高 346.34%。基于该智慧政策服务平台龙岗区在全国首创政企共建产业园区公共平台，通过网络将实体办事大厅拓展到全区 132 个地方，将实体政务大厅延伸至产业园区，打通服务企业"最后一米"，使企业可 24 小时自动获取全面、精准的产业政策指导服务，有效提升了对企业服务的针对性和主动性，成功入选第二届全国行政服务大厅典型案例展示活动"百优"案例。

龙岗在 2017 年 7 月完成基于语义的企业服务信息自动匹配方法及

第 4 章 智慧城市运行管理中心的工程实践

系统设计，2017 年 10 月完成样品研制，2017 年 11 月完成测试；2017 年 12 月启动试用，2018 年 3 月完成主要版本迭代并推广商用。

典型操作过程（图 4.15）：选择企业注册地→输入前海数据→搜索企业→选择深圳市前海数据服务有限公司→进入匹配结果页→有 6 条政策补贴匹配程度高。选择匹配结果，可查看政策详情及已达成的条件。

>>图 4.15 基于语义智能匹配政策应用实例

4.1.4.3 无人工干预智能审批实例

应用基于多层可追溯比对架构的无人工干预智能审批模型与系统，创新实现政府行政审批和公共服务方式"网上申请、自动审批、及时送达"的"无人工干预智能审批"（简称"秒批"）办理模式，使企业和群众足不出户即可畅享优质政务服务。个体工商户业务办理实行"秒批"模式后，业务审批时间由 2 个工作日内压缩至 5 分钟内，由传统的 8 小时人工审批转变为系统 24 小时自动审批。

2019 年 3 月 20 日，深圳市首张由系统"秒批"的个体工商户营业执照在龙岗区行政服务大厅顺利发出，标志着深圳市个体工商户"秒批"系统（图 4.16）在龙岗区正式上线。审批时间"大提速"，个体工商户申请业务从以往的 2 个工作日缩短至 5 分钟内甚至数秒钟即可完成，并可自动审批获知结果。

149

智慧城市运行管理中心：
顶层设计与工程实践

>>图 4.16 企业投资项目"秒批"

所谓"秒批"，即"无人工干预自动办理"，是利用大数据、人工智能等先进技术，实现网上申请、无人工干预自动审批服务、审批结果主动及时送达的政务服务新模式。"秒批"系统的上线在业务规范上实现了"大统一"，从源头上解决了注册地址表述不统一的问题，在最大限度减轻群众需要提交材料的同时确保审批质量不打折；确保了阳光审批"零违规"，业务流程和申办材料高度规范，审批由系统自动完成，从根本上避免违法违规审批的可能性；实现审批监管"无缝隙"。借助网格巡查与市场监管协同联动机制，强化数据共享和信息报送等多种方式，实现"两无"主体"发现-处理-反馈"全闭环，大幅提高了监管效率。

以龙岗区《民办非企业单位登记证换发》事项为例进行说明如下：

步骤一："秒批"事项配置服务。

"秒批"服务管理人员可以通过"秒批"服务后台管理进行"秒批"事项配置、端后台配置、"秒批"表单配置、"秒批"流程配置、消息自定义、诚信名单配置以及"秒批"比对模型管理等操作，通过后台配置服务从而保障"秒批"服务业务在线申报、自动审批、出具结果等流程的有效进行(图 4.17)。

步骤二："秒批"事项网上申报。

"秒批"事项申报采用网上申报模式，以广东政务服务网或者i深圳 APP 作为"秒批"事项申报入口，申请人在线进行条件自检、表单提交以及附件上传，申报提交后至系统进行审批。

第 4 章 智慧城市运行管理中心的工程实践

>>图 4.17 "秒批"后台管理事项配置

操作 1：申报条件自检。

申请人登录广东政务服务网或者深圳 APP 后选择深圳市龙岗区民政局的《民办非企业单位登记证换发》事项，点击立即办理，即可进入《民办非企业单位登记证换发》事项"秒批"申报页面，选择办理区域、办理情形，系统通过信息复用技术自动带出申请人基本信息，选择结果领取方式并提交（图 4.18）。

>>图 4.18 无人工干预智能审批事项申办条件自检页面

操作 2：申报表单提交。

申请人填写表单信息，系统对表单中填写的字段的格式、位数等进行自检，自检不合格将进行弹窗提醒，填报完毕进入附件上传页面（图 4.19）。

操作 3：申报附件上传。

申请人完成表单提交后，需要进行附件上传，附件上传并提交后，即完成《民办非企业单位登记证换发》事项"申报"（图 4.20）。

151

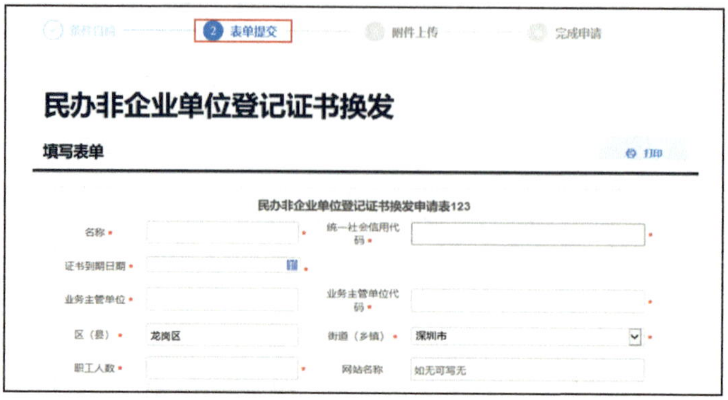

>>图 4.19　无人工干预智能审批事项申办表单提交页面

>>图 4.20　无人工干预智能审批事项申办附件上传页面

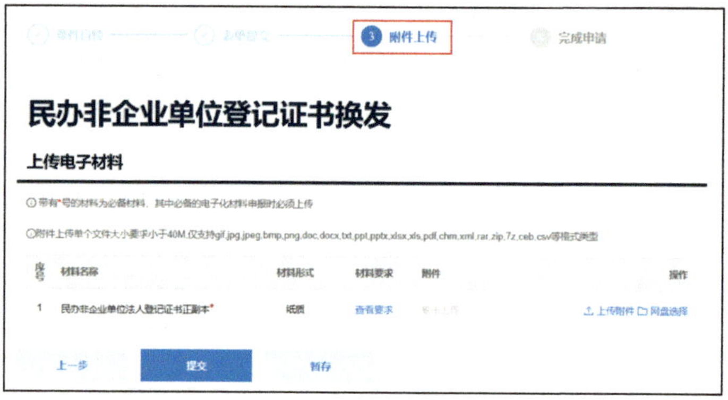

操作 4：完成申报申请。

申报申请完成后，事项转入"秒批"事项智能比对管理模块进行自动审批。

步骤三："秒批"事项智能比对。

"秒批"事项智能比对以利企便民为导向，以信息技术为支撑，依托市政务信息资源共享平台和市电子证照库，通过多层架构支撑的智能比对技术，结合互联网、大数据、人工智能等先进技术手段，系统自动将申请人填报的表单中需要比对的字段与市电子证照库中的字段信息进行比对，比对通过即出具结果，比对不通过转人工审核。

申请人完成《民办非企业单位登记证换发》事项"表单提交"以及"附件上传"后，事项转入"秒批"事项比对模型进行自动审批，系统自动对表单中的字段信息进行比对，比对通过即出具事项"秒批"结果（图 4.21）。

第4章 智慧城市运行管理中心的工程实践

>>图 4.21　无人工干预智能审批比对模型页面

管理人员可以通过"秒批"服务后台管理查看比对记录、查看模型比对参数以及查看用户黑名单等操作。

步骤四："秒批"事项抽查追溯。

根据"秒批"事后追查机制，及时发现并修正系统漏洞、完善规则，同时采取有效措施防范网上虚假、异常申报问题。主要通过"秒批"通过事项库以及"秒批"事项流转站，利用追查支撑组件，实现"秒批"事后追查预警、复核状态管理、事项流程追溯、比对过程呈现、"秒批"结果抽查、"秒批"定期核验、结果撤销管理等功能。

监管人员可以通过平台对"秒批"通过的事项进行人工复核，对申请人填写的表单信息、上传的附件材料进行核验，对材料弄虚作假的申请人及法人纳入诚信黑名单，并对"秒批"通过的结果予以撤销处理。

4.1.4.4　一体化移动政务系统实例

基于数据融合的"掌上治理"技术在 2018 年 2 月完成了系统设计，2018 年 7 月完成样品研制，2018 年 8 月完成系统测试并推广上线运行。依托一体化移动政务协同系统，打造了"掌上大数据"特色应用，随时随地为领导决策提供数据参考，同时创新提出并推动移动端视频监控应用，通过接入公安摄像头、环水局水库视频等相关监控摄像头数据，实时掌握辖区动态（见图 4.22）。

(a)

(b)

>>图 4.22　龙岗区智慧政务办公系统业务融合一体化界面

4.2　北京市智慧城市运行管理中心工程实践

4.2.1　北京市概况

北京市信息化发展起步较早，从发展阶段来看，北京市智慧城市建设先后经历了"数字北京"阶段(1999—2010 年)、"智慧北京"阶段(2010—2015 年)、"新型智慧北京"阶段(2015—2018 年)，正在向"数字生态城市"阶段跨越式前进。为了更好地发挥大数据在提升城市精细化管理、推动治理能力现代化等方面的重要支撑作用，利用云计算、大数据和人工智能等技术，打造在复杂、动态变化环境下实现城

第 4 章　智慧城市运行管理中心的工程实践

市战略发展目标的分析工具，帮助城市管理者及时掌握城市运行情况与发展趋势，实现城市问题识别、评估、预警、处置、反馈与评价的闭环管理。

在组织保障方面，北京市大数据管理组织架构分为三层：一是决策领导层，全市层面上成立以全市大数据工作领导小组为核心的组织体系，负责全市中长期规划和重点问题的协调解决；二是统筹协调层，主要负责市级规划、研究、全市性大数据基础设施建设等，落实推进小组交办任务；三是管理实施层，即各委办局大数据相关处室和信息中心，负责部门大数据工作规划、资金分配、大数据项目建设、基础设施建设等。

在推进路径方面，2018 年 5 月北京市全面启动大数据行动计划，从构建集大数据汇聚、管理、应用和评估"四位一体"的"汇管用评"工作闭环机制出发，按照"边共享、边整合；边应用、边完善"的实施策略，通过若干个三年计划的滚动实施，逐步建立大数据管理体制和数据安全防护体系，逐步实现政务数据汇聚共享和社会数据融合共用，逐步落实大数据绩效评估相关工作，逐步推进城市大数据共享应用，逐步建成完备的大数据产业生态体系，力争北京市大数据整体发展水平达到国际领先。

在数据质量方面，基于全面的数据治理体系改善数据质量问题，从数据管理策略、数据治理架构、数据标准、主数据、元数据、数据质量以及数据安全等方面进行全方位体系化建设，按照数据治理的标准与流程，对大数据资源进行清洗、加工，然后根据业务需求与数据质量进行数据关联与融合，实现数据资源的"一数一源，多源校核"，最后将清洁的数据资源存储到资源池中，按需生成主题、专题、应用数据资源池，支持大数据分析应用与共享交换，使汇聚的数据实现有"法"可依、有章可循、按图索骥、依"标"治理。

在数据应用方面，基于城市指标管理工具、城市数据标签管理工具、数据算法引擎和数据卡片超市等数据价值萃取工具，对治理后的"清洁"数据，按照应用建设的要求再加工，形成各类数据产品。城市指标管理工具是指标"加工厂"，通过城市指标的设计、发布和维护，帮助用户更好地使用指标和管理指标。城市数据标签管理工具是数据"标记员"，通过对领导驾驶舱海量内容进行关键词标记和管理，为用户提供更高效的索引和浏览体验。数据算法引擎是"超级计算器"，针对城市重要的管理目标、城市事件或重要评价指标(指数)，通过数据建模，探索其未来趋势、影响因素、关联作用和范围。数据卡片超市基于城市管理"主题场景"应用需求，实现对指标或指标组合的灵活、多维度的"可视化"管理，用户可以选择首页呈现哪些指标卡片，还可以自定义生成指标卡片，真正满足"千人千面"的使用体验。

4.2.2 需求分析

北京智慧城市运行管理中心用户结构分为三层：决策层、管理层和执行层。

1. 决策层用户需求

获取知情权：通过城市仪表盘、城市信息字典、城市图层、专题分析以及部门报告等工具，决策层用户掌握城市运行的全面态势；了解城市已经发生、正在发生的或即将发生的运行风险和问题；敏捷应对城市重大的突发事件；了解城市的"资源家底"；及时掌握城市市民的民意民情与企业诉求；掌握城市发展规划与实际运行情况的偏离差距；明确城市发展过程中面临的主要痛点、难点以及堵点。

获取决策权：通过统计分析、沙盘推演等工具，决策者在掌握城市运行信息基础上，还需要有一套科学的决策分析工具，将汇聚的城市信息进行分类分级，通过数据挖掘和人工智能技术对信息进行统计分析，为决策者在决策过程中提供辅助依据。

获得操控权：通过大数据分析以及沙盘推演等工具形成城市问题的决议，需要通过一系列诸如批示、审核、反馈报告、视话连线、通讯录、绩效评价以及指挥下沉工具辅助决策达成。

2. 管理层用户需求

获取知情权：通过城市仪表盘、城市信息字典、城市图层、专题分析以及部门报告等工具，分管领导掌握城市运行分管业务领域的态势；掌握分管区域、行业、部门中发生的城市问题、特征趋势，在分管领域与上级或有业务关联的同级、下级之间保持信息同步，保障在城市治理中同一领域同一语境进行对话。

获取提案权：牵头分管领导、委办局领导以及区领导，需要对其所属驾驶舱的识别的异常监测对象进行科学分析，一方面可将有害的问题或事件及时上报，通过提案获得更多的资源、政策或领导关注，将问题及时控制或缓释；另外一方面是将分管业务领域、区

第 4 章 智慧城市运行管理中心的工程实践

域中收获的有益经验或创新模式通过提案向城市其他区域进行推广复制。

获得管理权：管理层是政府行政组织架构中"上传下达"的枢纽，是城市治理与决策的推进落地的关键节点，通过管理层智慧城市运行管理中心将其分管的任务（实质上全市目标任务的分解）完成，即行使分管职责政府管理权，推动下级机构或部门完成履职。在管理层智慧城市运行管理中心主要体现内容为：对上级的指示或批示进行推进、落实以及反馈；对分管总体任务的达成情况、偏离情况以及绩效进行监督和分析，并对下辖分管责任单位的任务完成情况进行监督、审批以及管理；对分管行业领域、区域或部门的运行情况进行全景监测、跟踪、预警、分析以及反馈报告。

3. 执行层用户需求

获取信息采集权：主要针对政府部门基层信息采集人员、城市网格员，通过移动 APP、拍照、摄像、信息录入等方式，实时监控管理对象的运营情况，完成基础信息的采集，汇总各相关部门信息，协调各相关部门资源，及时向领导汇报。

获取解说权：主要针对智慧城市运行管理中心大屏演示厅接待服务人员，根据不同的参观需求，选择相应的大屏主题，由讲解人员按照事先编排的预案进行讲解。

获取执行权：主要是针对城市各级委办局、区街乡镇的基层办事人员、社区以及区域网格员，通过仪表盘、报表、移动单兵、移动 APP 等工具，接收上级分配的各项任务，对监控预警信息和应急事故的发生根据预警和事件等级进行发布和处理。

获得运维权：主要是针对智慧城市运行管理中心系统的系统管理员、运维人员，需要完成系统信息的更新、维护、保障等任务。

4. 专题研究人员需求

依托北京智慧城市运行管理中心系统和大数据平台，进行分析研究，对于各种城市运行数据、信息及相关分析结果信息进行多种提取、查询、组合以及综合汇总分析研究；及时增加和调整各类城市运行分析模型，适应城市快速发展的需求；把最新城市运行决策结果提供给领导以支撑辅助决策的需要；同时对于风险制定相关预案；业务处置过程中，更快、更全面掌握业务动态，特别是处理突发事件时能够获取实时信息支持，比如地理定位信息和实时视频信息。

4.2.3 目标定位

4.2.3.1 总体定位

城市是一个异常复杂的巨系统,它包括生态子系统、社会子系统和经济子系统三大体系。近年来,随着我国工业化、城镇化的快速发展,相应地对生态环境安全产生严重威胁,生态环境保护、经济增长、社会发展三者之间的矛盾日益加剧,生态–经济–社会系统的不协调性尤为显著。市政管理的实质是不断抓住这些子系统内部的根本变化以及子系统之间的相互作用,通过资源的科学配置,市场主体之间的有效协作使城市系统的所有要素适应新的市场环境。这些子系统的任务是协调一致地保证达成城市整个系统的统一战略目标。

当前,我国已经将智慧城市建设上升到国家战略层面。智慧城市将成为推动城市要素资源的合理利用、城市精细化治理、产业转型升级、民生改善、营商环境打造等一系列城市运行管理的重要抓手。智慧城市就像一个有机的生命体一样,分为五个层级(图 4.23):

>>图 4.23 智慧城市总体架构图

感知终端层:是城市的神经末梢,承担城市生态、社会和经济三大体系运行的信息采集和感知任务。

网络连接层:互联网是城市血液循环系统,承担城市信息在区域之间、行业之间、部门之间、业务单元之间、企业之间、人与人之间等等的信息传输;通信网承担智慧城市应用中用户之间信息传递的任

第 4 章 智慧城市运行管理中心的工程实践

务；物联网是城市神经网络系统，将城市毛发、城市感知体系(神经末梢)接收的信息进行连接的平台，打通了城市中"物与物"以及"人与物"的连接。

数据平台层：城市大数据应用服务中心是智慧城市的运动系统，承担数据全生命周期管理的能力支撑体系；数据生态开放中心是城市呼吸系统，承担智慧城市大数据平台数据内部、外部的融合与共享开放任务；赋能开放平台是城市内分泌系统，承担城市基础 IT 能力的赋能任务。

垂直应用层：是城市的肢体，承担城市具体事务活动或事务处理，保障城市的基础设施、政务管理、企业服务、惠民服务等城市事务性活动有序运行。

综合决策层：是城市大脑(智慧城市运行管理中心)。它是承担对城市跨区域、跨部门、跨行业、跨业务的融合性应用。

综上所述，智慧城市运行管理中心是整个智慧城市体系架构上的"皇冠"。智慧城市运行管理中心作为城市综合决策系统，它的基础数据主要来源于城市感知体系、各委办局的基本政务办理的"生产系统"以及行业垂直条线的各类"智慧应用"管理系统。与此同时，智慧城市运行管理中心发布的决策、批示以及任务等需要通过连接政府其他应用系统进行信息传达和推进落实。

4.2.3.2 建设目标

北京智慧城市运行管理中心总体目标主要是以城市精准化的管理理念为指导，利用云计算、大数据和人工智能等技术，建设一个为城市管理者提供在复杂、动态变化环境下实现城市战略发展目标的决策分析工具。利用驾驶舱，城市管理者可以及时掌握城市运行情况与发展趋势，并实现对城市问题从识别、评估、预警、处置、反馈与评价的闭环管理，精准定位城市问题发生的"部位"、关联因子、影响程度与范围，为决策者从城市全局出发，精准施政，实现城市各个子系统的协作运转。以城市综合决策为抓手汇聚全城数据，通过精细化的数据治理，建设合法有序的开放共享机制，反哺城市兴业与惠民智慧应用，培育并推动城市数字经济大产业的发展。

具体建设业务目标如下：

(1)城市应用场景建设目标

准确地理解城市运行发展的规律、城市发展的战略定位以及城市发展过程中存在的痛点、难点、堵点，从中梳理出城市决策管理的业务目标和需求，并通过应用场景搭建，为管理者实现"情景"带入式的管理提供基础支撑。

(2) 城市大数据平台建设目标

通过城市管理场景化，导出相应的城市管理数据需求，它往往是城市大数据平台建设的起点，即保障"优政"需求优先。城市大数据汇聚全域数据，包括但不限于政务数据、生态环境数据、基础设施数据、社会数据以及经济运行数据。这些数据支撑智慧城市运行管理中心对城市运行环境以及态势的全景扫描，为决策管理者分析城市问题、解决城市问题提供了基础条件。城市大数据平台不仅是智慧城市运行管理中心应用的基础支撑，同时，它也是其他智慧城市应用以及数字产业经济发展的数据源。

(3) 数据治理以及价值萃取能力建设目标

全域城市数据的汇聚形式是多源异构的，并且，由于数出多门，标准不一，导致数据质量难以保障，需要对汇聚的数据进行数据管理策略、数据治理架构、数据标准、主数据、元数据、数据质量以及数据安全进行全面的体系建设，使汇聚的数据实现有"法"所依、有章可循、按图索骥、依"标"治理。

经过清洗后的"清洁"数据，还需要按照管理应用的要求进行加工，它包含城市指标体系建设、城市数据标签、数据算法引擎以及数据卡片工厂。城市数据指标体系的建设，是在基础数据之上按照业务规则进行汇总统计。城市数据标签是为了提升管理者的用户体验，便于用户更为敏捷地标记、记忆、检索城市信息。数据算法引擎是针对城市数据关联作用以及范围等过程中的"知识发现"。数据卡片工厂是基于城市管理"情景"应用需求完成对指标或指标组合实现多维度的"可视化"全生命周期管理的过程。

(4) 城市运行规律分析能力建设目标

大数据分析是对城市生态、社会与经济三大系统运行过程中产生的数据进行系统性、关联性研究，挖掘城市运行过程中潜藏在数字留痕背后的规律。通过大数据分析技术，政府可以从正在发生的城市事件中识别可能存在的异常问题，及时预防与处置；也可以对城市突发事件进行敏捷的、前瞻的预判，找到最优解决方案；还可以对城市管理的重要目标以及"城市病"，预测其未来的发展趋势，提高政府决策的前瞻性，扭转政策滞后的难题，提高政府决策效率。并通过产业

第 4 章 智慧城市运行管理中心的工程实践

关联分析，因地制宜，发展培育与该城市相符的产业链以及优化产业结构。

(5) 城市数据开放能力建设目标

城市数据开放能力建设，要完成两大目标，一方面是解决原来政府系统数据孤岛、业务隔离的问题，实现资源整合、管运分离、数据融合、业务贯通、决策有据，即打通政府体系的数据"内循环"；另外一方面是解决新型智慧城市建设投入多产出少的问题，通过数据资源共享开放，激活社会创新活动，激活数字市场经济，培育区域数字产业经济生态圈，即打通城市数据合法、有序流通的"外循环"。

4.2.4 规划思路

4.2.4.1 顶层设计规划

从城市发展需求出发，运用体系工程方法统筹协调城市各要素，开展智慧城市运行管理中心需求分析，对智慧城市运行管理中心的建设目标、总体框架、建设内容、实施路径等方面进行整体性规划和设计的过程。

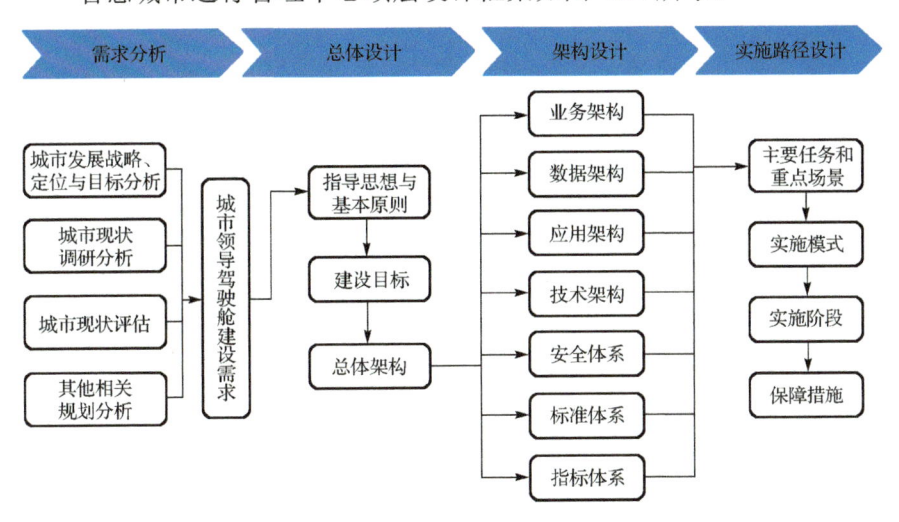

智慧城市运行管理中心顶层设计框架如图 4.24 所示。

>> 图 4.24 智慧城市运行管理中心顶层设计框架图

1. 需求分析

通过城市发展战略、定位与目标分析、城市现状调研分析、城市现状评估和其他相关规划分析等方面的工作，梳理出政府对智慧城市运行管理中心的建设需求。

2. 总体设计

在需求分析基础上，确定智慧城市运行管理中心建设的指导思想、基本原则、建设目标等内容，识别智慧城市运行管理中心重点建设任务，提出智慧城市运行管理中心建设总体架构。

3. 架构设计

依据智慧城市运行管理中心建设需求和目标，从业务、数据、应用、硬件设施、安全、标准、指标七个维度和各维度之间关系出发，对业务架构、数据架构、应用架构、技术架构、安全体系、标准体系及指标体系进行设计。

4. 实施路径设计

在前期阶段成果的基础上，依据智慧城市运行管理中心重点建设任务，提出智慧城市运行管理中心建设重要专题，并明确应用属性、目标任务、专题应用实施周期、应用价值、资金预算、阶段建设目标等，设计各专题的建设运营模式、实施阶段计划和风险保障措施，确保智慧城市运行管理中心建设顺利推进。

4.2.4.2 总体IT架构规划

智慧城市运行管理中心建设是一个系统工程而不是一个简单工程项目，是伴随着城市发展阶段其战略目标的调整而不断实践的过程，是智慧城市建设的核心构成。智慧城市运行管理中心在智慧城市总体框架中属于上层建筑，它构建在其他智慧城市应用的基础之上，IT架构规划图如图4.25所示。一方面，智慧城市运行管理中心的主要数据来源于城市各个基础应用系统，因此，城市基础应用系统的数据质量、数据覆盖面等情况的好坏直接决定了智慧城市运行管理中心决策的效果。另一方面，智慧城市运行管理中心发布的批示、决策以及指挥也需要与其他城市应用系统协作而得到落实。因此，在智慧城市运行管理中心建设规划中，要跳出智慧城市运行管理中心信息化建设的框架，以城市问题、战略目标为导向，制定步调一致、统筹协调的智慧城市建设思路和路径，以城市决策管理者业务需求作为切入口，以智慧城市运行管理中心作为智慧城市应用推进的抓手，推动城市基础应用的完善、城市大数据汇聚、城市大数据治理以及城市大数据融合创新，带动城市数字产业经济的发展。

第 4 章 智慧城市运行管理中心的工程实践

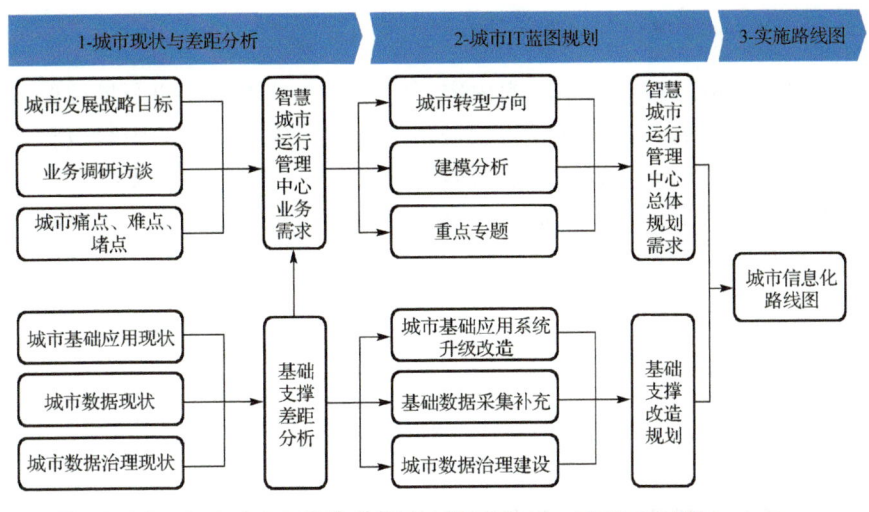

>>图 4.25　智慧城市运行管理中心 IT 架构规划图

4.2.4.3　数据汇聚规划

智慧城市运行管理中心是为城市管理者提供决策管理的平台，需要对全市的运行进行全方位的监测，并且需要对城市战略目标实现、产业经济结构优化、生态环境保护、社会稳定发展以及突发事件处理提供解决方案，这些管理任务需要汇聚海量的数据来支撑。这些数据来源多种多样，主要包括工商、司法、公安、环保、统计、社保、水务、税务、交通、气象、网络、社会第三方等数据源。数据的类型也是各式各样，有语音、视频、文本、日志、数字、图像、GIS 等类型。如此复杂多源的数据汇聚是智慧城市运行管理中心建设的难点之一，需要通过数据汇聚规划解决"谁来汇、汇什么、找谁汇、怎么汇"的问题。数据汇聚规划图如图 4.26 所示。

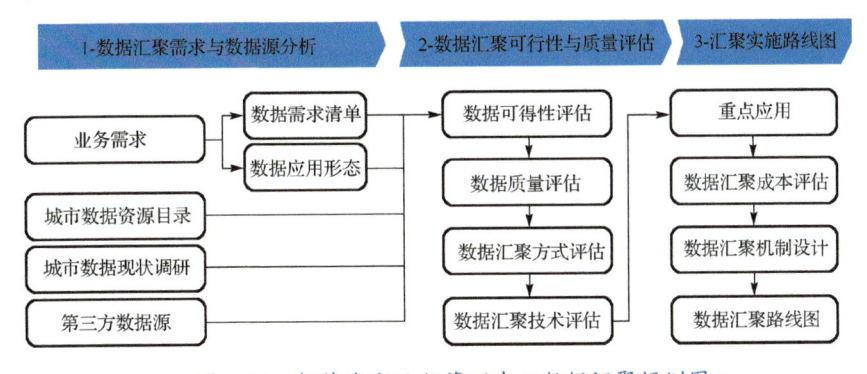

>>图 4.26　智慧城市运行管理中心数据汇聚规划图

163

4.2.4.4 管理机制规划

智慧城市运行管理中心的内容反映了一个城市运行的全景视图，并且伴随城市的不断发展，智慧城市运行管理中心管理的内容也将发生相应的持续扩展升级。它的有效运行离不开各个部门的支持，有基础数据层面的支持，有决策管理推进与执行落地的支持。与此同时，还有智慧城市运行管理中心内部运行的城市评价体系、业务专题以及统计模型的维护、扩展和调优。制定一套与智慧城市运行管理中心配套的管理机制是保障驾驶舱系统可以持续有效支撑城市领导科学决策的必要条件。

智慧城市运行管理中心管理机制包含 6 个部分：

1) 政策规范规划

政策规范包括：城市数字经济产业规划、城市大数据行动计划、促进大数据发展应用条例、数据资源目录管理办法、数据共享管理办法、数据开放管理办法、数据安全管理办法、数据归集负面清单、数据标准规范、数据接口规范、数据质量管理办法、数据认责管理办法、城市运行评价模型管理办法、保障策略与措施、智慧城市运行管理中心指标体系规范、报告体系与流程管理办法、城市应急管理办法等。

2) 治理架构规划

智慧城市运行管理中心的决策管理活动涉及城市各个部门、各个行业，关系到城市经济和社会发展的全局，具有系统性、战略性、长期性的特点。因此，必须建立统一的、强有力的组织领导体系，改变过去条块分割的、松散的、临时的管理现状。设定城市大数据发展领导小组办公室作为具体牵头单位，要进一步健全完善智慧城市运行管理中心数据统筹推进机制，加强综合协调和督促落实，确保规划确定的各项数据汇聚、数据标准建设、数据质量治理、基础应用系统升级等任务顺利完成。统筹智慧城市运行管理中心运行过程中的安全管理、数据纠纷、需求管理、运维管理等工作。

3) 管理流程规划

智慧城市运行管理中心管理流程规划涉及数据管理流程、分析模型管理流程、运维管理流程、决策流程以及专题报告流程规划。其中，数据管理流程包括数据汇聚申请流程、数据治理流程、数据脱敏流程、数据销毁流程、数据备份流程以及数据服务流程等子流程设计。分析模型管理流程包括模型验证评估流程、模型部署流程、模型应用审核

第 4 章 智慧城市运行管理中心的工程实践

流程等子流程设计。系统运维流程包括系统问题发现、需求响应、需求分析、解决方案、问题处置等活动设计。决策流程包括决策发起、决策分析、决策预案、方案审核、方案发布、决策效果评价等主要活动。专题报告流程规划包括报告类型、汇报路线、汇报周期、汇报组织架构等规划设计。

4）应用技术规划

应用技术规划主要针对智慧城市运行管理中心建设过程中逐步涉及的数据汇聚技术、数据存储技术、数据治理技术、数据统计分析技术、数据服务技术、可视化技术、数据共享技术、数据安全技术等的应用环境、应用场景、体系框架以及风险管理进行规划说明。

5）知识平台规划

知识平台规划是利用信息化的手段，将智慧城市运行管理中心建设管理机制中重要内容进行上传、编辑、版本、查询、下载等管理，便于知识积累、传承、应用与交流。

6）监督评价规划

监督评价规划涉及各个为智慧城市运行管理中心提供数据源的部门对其数据汇聚情况、数据质量情况、数据使用情况、数据对外共享情况以及部门数据应用创新情况进行评价和排名。一方面，将各数据源政府部门的"数据服务能力画像"推送到驾驶舱主要领导，通过城市领导的监督推动数据汇聚、基础信息化改造活动；另一方面，将监督评价情况与数据供给部门的信息化建设与升级优化项目资金申请挂钩。

4.2.4.5 架构设计

北京智慧城市运行管理中心是为城市管理者实现决策管理过程的工具。需要站在北京城市发展的战略规划以及国家对它的定位出发，通过掌握整个城市的总体运行态势，对城市的经济发展、生态资源利用、环境保护、社会民生保障、城市安全以及城市发展过程存在的痛点、难点、堵点进行深入地剖析和研究，发现这些管理目标在城市发展过程存在的问题和不足，并通过决策指挥工具推动城市的治理体系协同配合，充分利用有限的资源以最小的成本不断地解决或优化这些问题，提升城市管理者的决策能力和水平。

北京智慧城市运行管理中心架构设计如图4.27所示。

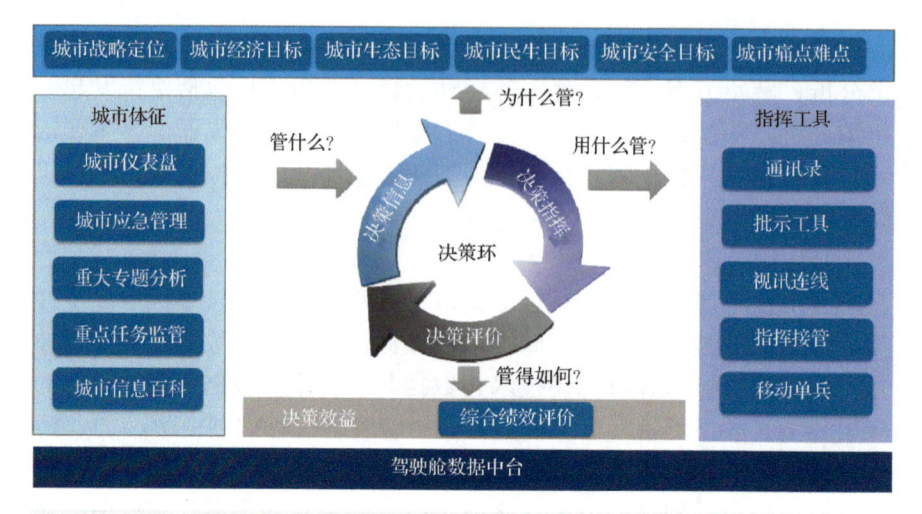

>>图 4.27　北京智慧城市运行管理中心架构设计图

通过城市仪表盘、重大专题分析等实现对城市运行的态势进行全景监测、分析和推演，发现需要决策者进行处置或推动解决的问题或风险，即识别决策信息。经过大数据、人工智能技术评估并预警的城市问题，决策者结合其管理经验，从指挥工具（通讯录、批示工具、视讯连线、指挥接管以及移动单兵）中选择与处置该城市问题最匹配的工具来推动相关的管理部门协同完成决策指挥活动。

综合绩效评价主要是评价各委办局或者下级区乡镇等行政部门在处置城市问题过程中的成果表现以及推动决策过程中决策基础数据的支撑能力和水平。

4.2.5　系统主要功能

4.2.5.1　城市仪表盘

城市仪表盘以大屏、桌面终端等多种展示界面展示的方式，基于城市三维可视化平台，通过柱形图、环形图、预警雷达等各种图表形象标示城市运行的总体态势和关键指标(KPI)，通过特定专题方式实现对具体领域的深化分析，直观地呈现城市运行情况，并可以对异常关键指标进行预测预警。

城市仪表盘涉及态势感知、运行监测两大业务方向的内容建设，一方面需要紧密结合城市规划、建设、运营、发展的全局和实际进行规划设计，通过人工智能、可视化工具等先进技术进行实时动态展现。同时结合实际业务场景需求从大数据平台的通用业务模型、专题业务模型及

第 4 章 智慧城市运行管理中心的工程实践

指标库进行各类模型、指标及服务调用,通过各类模型、指标、服务组件的调用与重组实现对运行监测可视化展现的数据和服务内容支撑。

1. 态势感知

态势感知是感知城市状态和运行情况的重要手段,是利用抽象数据实现业务可视化展现的主要窗口。通过总体态势图(图 4.28),可以全面深入掌握城市运行的全貌,实现对城市运行和重要领域"全天候""全方位""全向量"实时的动态感知。

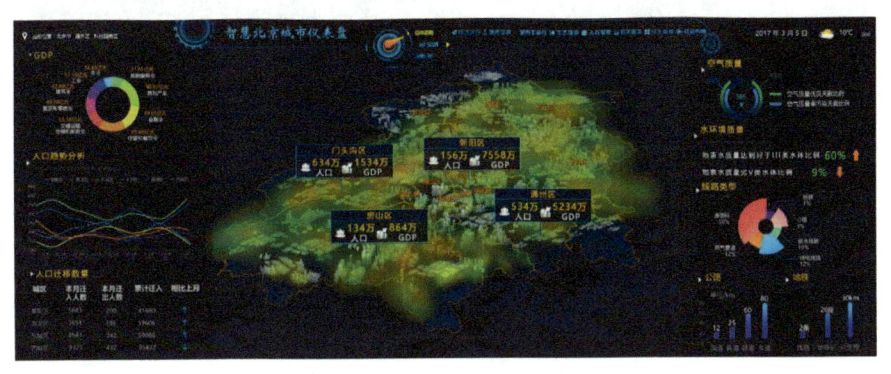

>>图 4.28　城市态势感知总体效果图

作为城市管理者,需要通过时空关联分层分时查看城市各主题态势,以便提前做好应对决策。可以通过地图控制部件,放大/缩小、2D/3D、漫游、空间范围圈选聚焦要查看的空间区域,也可以通过时间轴及智慧分析软件实现对近期及未来的发展趋势分析。

首先通过感知平台的建设,具备综合态势感知的能力。感知平台建设包括但不限于视频资源感知平台、Wi-Fi 感知平台、物联网感知平台、手机信令感知平台、互联网感知平台、部门数据感知平台、跨部门联动感知平台等,基于强大的综合感知能力,并结合城市业务需求,形成"城市运行全景图",实现城市重点领域运行状况的展现,全面呈现城市综合运行态势。

2. 运行监测

运行监测基于各部门对接的数据及感知平台汇聚的数据,通过构建城市运行关键体征指标体系,对城市运行重要领域的实时运行情况进行监测,通过设置对应的业务专家阈值对潜在风险或具体问题进行预警告警,进而实现对城市运行各类具体场景、事件、指标的实时监测和近期趋势预测分析。

城市运行监测业务主题包括但不限于对经济运行、城市交通、城市生命线、城市生态环境、人群聚集、政务服务、民生服务、社会舆情等领域，建立多级指标体系，结合历史及当前数据，利用不同模型，对城市较突出的、具有重大社会影响的事件、场景、指标实时运行情况进行监测，对城市运行中存在的风险状况及时预警。交通枢纽运行监测效果图如图 4.29 所示。

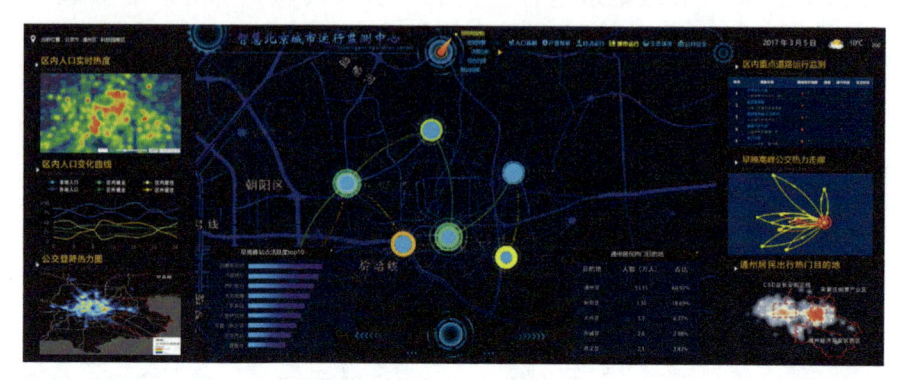

>>图 4.29　交通枢纽运行监测效果图

4.2.5.2　决策分析管理

1. 城市发展目标管理系统

随着城市化进程的逐步加快，城市规模不断扩大，城市管理问题日益紧迫，传统的城市管理手段和方式远远不能满足现代城市管理的要求。城市管理的精细化，首先应从城市目标任务的实现抓起。每年年初，各级政府都将确定在新的一年中计划完成的工作任务，它们将成为政府一年工作的主脉络。城市发展目标管理系统是围绕政府年度任务目标汇聚与目标完成情况测度所需的相关数据，利用大数据和统计分析，识别这些任务目标在推进过程中存在的问题，分析定位出现问题的成因，为下一步推动责任单位进行优化改善提供抓手，提升管理者的目标管理能力和水平。

城市管理者既可以从全局的角度掌握年初定的任务目标在每个季度的完成情况，又可以从经济社会关键指标、Top10 重大工程、重要板块中定位面临的主要问题；可以通过问题榜单，快捷地查看到不同的责任单位在不同业务板块中排名以及达成率情况；可以根据用户的不同需要定制化查询条件筛选任务完成的情况，根据查询的任务存在的问题，通过不同的指示来推进任务的落实进度和完成质量，并可以对

第 4 章　智慧城市运行管理中心的工程实践

指示反馈监测、延期任务监测、退回任务监测。

通过系统建设，辅助城市管理者掌握城市发展目标的完成情况，全盘考虑下一阶段优先推动的任务目标；敏捷应对偏离的目标任务，推动不达标任务目标的优化调整；通过问题榜单排名，对城市发展目标的责任单位起到警示督促作用。系统相关视角效果图如图 4.30～图 4.32 所示。

>>图 4.30　任务总览效果图

>>图 4.31　绩效排名效果图

>>图 4.32　任务推进效果图

2. 重点目标沙盘推演系统

系统是城市领导决策管理的重要板块。它承担的主要任务是提供针对城市重大指标的偏离情况分析、贡献特征分析、运行态势与推演分析的功能组件。从本质上来看，重点目标沙盘推演系统提供了一个形成决策预案的过程管理工具。

系统通过跟踪城市经济社会主要指标的发展态势、实际完成偏离分析、影响因子的贡献分析、影响因子的未来演进态势，辅助管理者掌握影响重点指标的关联因子的偏离情况、影响重点指标的关联因子的贡献与拉动情况、影响重点指标的关联因子的运行态势，形成可行的决策预案，为下一步形成城市指标优化调整方案提供决策依据。

4.2.5.3　重大专题分析

重大专题分析模块以专题方式对与经济社会发展相关的专项领域进行深入分析。决策分析业务专题包括但不限于循环经济、产业结构与产业链分析、人口推演与影响分析等专题领域。各专题要求建立多级指标体系，通过相关性分析，能够更加精准地判断领域发展形势，助力科学决策。下文以金融风险、人口和科创行业专题分析为例介绍。

1. 金融风险分析

依托国家一流金融智库，建立可靠的金融指标体系和指数算法，对宏观金融风险、金融机构风险、金融科技风险、普惠金融风险的各类金融风险进行全面监控与评估，实现从宏观到微观的整体监控和金融领域深度洞察，打好防范化解金融风险攻坚战。

(1) 金融风险全景一张图，实现宏观到微观整体监控。

基于地理信息系统，以直观的方式对近期发生过金融风险事件

第 4 章　智慧城市运行管理中心的工程实践

（如被一行两会处罚等）的金融机构进行地理定位，并对该机构所受的处罚内容细节进行描述。通过对整体风险等级以及构成金融风险评估模型的各维度金融风险等级的描述，以及各维度风险事件数量的展示，直观呈现当前的金融风险状况以及影响金融风险的主要问题，如图 4.33 所示。

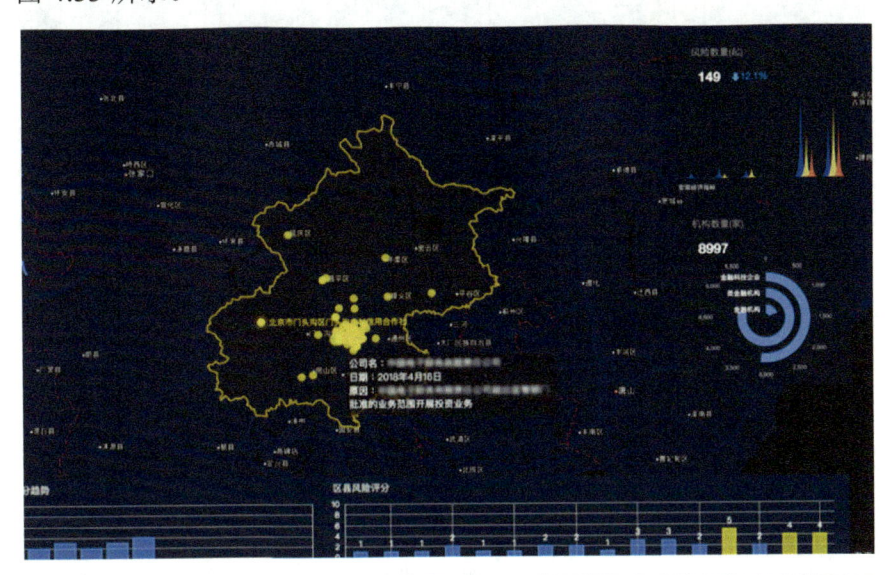

>>图 4.33　金融风险全景效果图

（2）基于宏观经济风险关键指标，实时监控预判并精确定位高风险部门。

选择宏观经济风险指标中相对比较重要的失业率、GDP、政府债务、财政收入、CPI、PPI，以及地方政府杠杆率、企业部门杠杆率、居民杠杆率以及各区县政府杠杆率排名等指标，对相关风险进行实时监控与预判，帮助用户对导致风险发生的具体经济部门以及该部门发生的风险事件数量进行精确定位，为风险解决提供思路。

（3）基于宏观金融风险关键指标，实时监控预判并精确定位高风险领域。

选择影子银行资金规模变化趋势、房地产销售价格指数变化趋势以及房地产投资增速变化趋势等重要指标，对相关金融风险进行实时监控与预判，帮助用户对导致风险发生的具体金融领域以及该领域发生的风险事件数量进行精确定位，为风险解决提供思路，如图 4.34 所示。

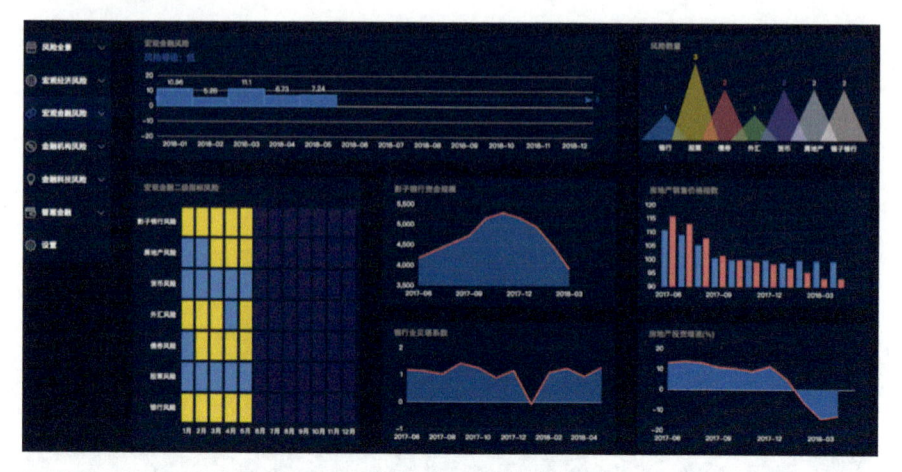

>>图 4.34　宏观金融风险效果图

（4）宏观到微观全方位监控预判金融机构风险，守住金融风险发生底线。

宏观方面，展现金融机构风险等级评分，并通过金融机构二级风险及风险事件数量分析，帮助用户定位造成风险的具体金融机构类型与领域。微观方面，全景展示金融机构、类金融机构和金融科技企业，并通过对不同类金融机构资金规模、互联网金融平台运营数据、各类金融机构被处罚情况与金融违法犯罪事件的统计与监控，实现风险及时发现与预测，守住不发生系统性金融风险的底线。

（5）宏观到微观动态跟踪与数据分析，及时识别与预警金融科技风险。

宏观方面，展示当前的金融科技企业总数与分布领域，并实时监控该领域的资金规模、违法行为与舆情(涉诉案件、投诉事件)。微观方面，展示高风险企业名单，并及时处理后降低风险的效果，实时监控最新发生负面舆情的企业，实现针对性预警和处理。

（6）基于区域对比分析和指数历史变化趋势分析，挖掘普惠金融服务短板。

对当前的普惠金融指数、排名、增长趋势进行展示，并在宏观层面针对具体指标开展普惠金融水平对比分析，确定区域普惠金融服务短板所在；针对普惠金融指数变化历史趋势展示分析，帮助用户对导致普惠金融水平上升或下降的具体指标和领域进行判断。

2. 人口专题分析

根据发达国家和新兴国家城镇化进程的人口迁移流动经验，未来相当长时期内，全国人口流动模式和特征不会发生根本性改变，人口

第 4 章 智慧城市运行管理中心的工程实践

流动现象仍将持续相当长的时间，大型城市人口规模还将面临持续增长压力。我国大型城市面临的主要矛盾体现在四个方面：①人口结构性矛盾影响经济社会发展。户籍劳动力不断减少，就学年龄段人口不断增加，老年人口比重不断提高，人口抚养比不断攀升，城市现有人口结构性矛盾，将成为经济和社会转型的主要障碍。②人口分布不合理影响资源配置。不同地域人口分布差异，造成城市不同区域人口与现有公共服务设施布局不协调。③城市的资源承载力受到挑战。部分城市由于本身的资源禀赋是有限的，但是，城市人口的发展数量已经超过了当地的水资源、土地资源或者能源资源的承载力。④家庭结构变化带来新挑战。家庭规模将进一步缩小、家庭结构小型化、少子化，以及居住分散化趋势，进一步导致传统家庭功能弱化和抵御风险保障能力的下降，特别是在人口老龄化加速趋势下，城市户籍家庭老年人口独居、空巢家庭以及生活不能自理老人不断增多，城市养老面临诸多新情况、新问题和新挑战。

人口专题分析就是利用大数据技术，汇聚城市与人口相关的数据，识别城市人口自生发展、人员流动、人口与环境、人口与经济、人口与社会保障等领域存在的问题，帮助城市决策者快速掌握城市的人群生活、生存环境与人民日益增长的幸福感需求是否匹配，提升城市的规划、建设与运营能力和水平。业务价值主要体现在以下几个方面：推动城市的规划、建设、公共品的区域投放、社会保障服务供给从城市全局而非单一视角进行决策，推动城市人口结构优化、产业转型升级、招商引资和城市功能规划紧密联动，提升城市的规划、服务保障能力和水平。找到当前城市建设与运行过程中存在的问题和不足，比如城市区域人口密度的不均衡、人口结构与人口流动的不和谐、人口老年化趋势与老年化服务保障偏离等，提升城市精细化管理能力和水平。

(1) 人口轮廓概览

从总体上反映城市人口总量、常住人口、户籍人口、就业人数等人口重要指标的状态与趋势。人口轮廓概览效果图如图 4.35 所示。

(2) 人口规模特征

常住人口总量规模变化与外来人口流入的特征趋势、劳动力人口与非劳动力人口的变化趋势、区县人口总量变化与迁徙特征。人口规模特征效果图如图 4.36 所示。

>>图 4.35 人口轮廓概览效果图

>>图 4.36 人口规模特征效果图

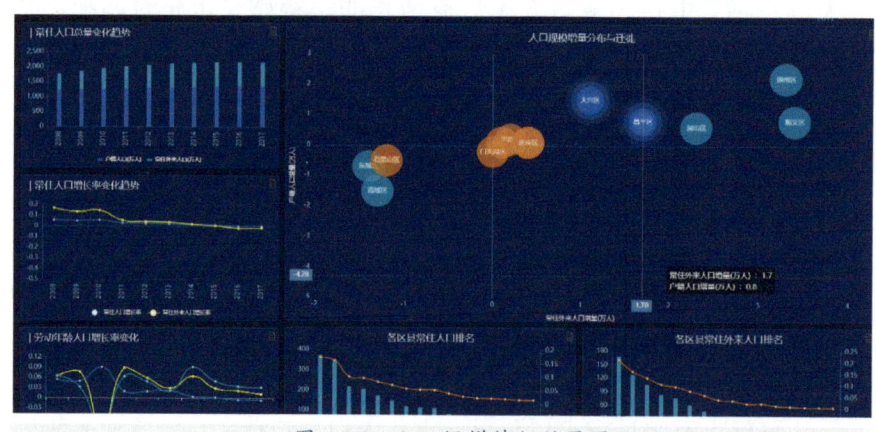

(3)人口结构特征

从人口的性别、年龄、收入、就业、行业、教育、家庭大小等角度分析人口的结构性问题。

(4)人口空间分布

主要是分析城市的人口密度分布情况、人口就业密度情况。帮助

第 4 章 智慧城市运行管理中心的工程实践

城市决策者在城市的规划、功能分区布局上优化决策,以达到减缓交通拥堵、降低职住分离、提升城市居民生活便利度和宜居性的目的。

(5) 人口质量特征

人口质量是从人口身体素质、人口文化素质和劳动技能素质三个角度来观察一个城市人群的整体素质水平。

(6) 人口就业特征

人口就业特征是从全市、产业、行业、企业四个维度洞察人口就业的状态与趋势。人口就业特征效果图如图 4.37 所示。

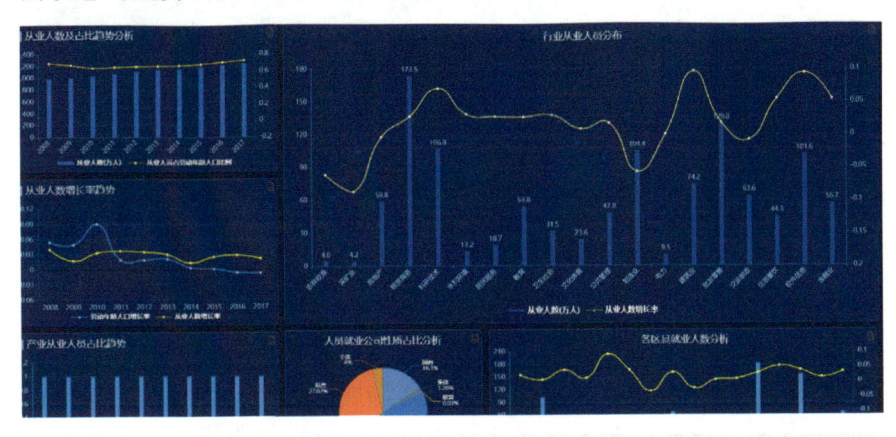

>>图 4.37 人口就业特征效果图

(7) 人口老年化

人口老年化分别从性别组、出生率与预期寿命、人口中位数、老年抚养比、区域分布等角度分析城市老年化的趋势化、结构化特征规律。

(8) 人口服务特征

人口服务特征是从城市的社会服务支出、教育、医疗、住房、社会保障、残疾人保障等多个角度洞察城市为市民提供的服务保障能力和水平。人口服务特征效果图如图 4.38 所示。

(9) 重点场所特征

重点场所特征主要是针对城市的人群聚集的重点场所(火车站、机场、汽车站)的瞬时人流的特征进行观察。

3. 科创行业分析

科创行业重点聚焦于我国拥有核心技术的"硬科技"产业,主要是指对人类经济社会产生深远而广泛影响的革命性技术,其底层是由科学研究创新支撑,具有较高技术门槛和技术壁垒,难以被复制和模

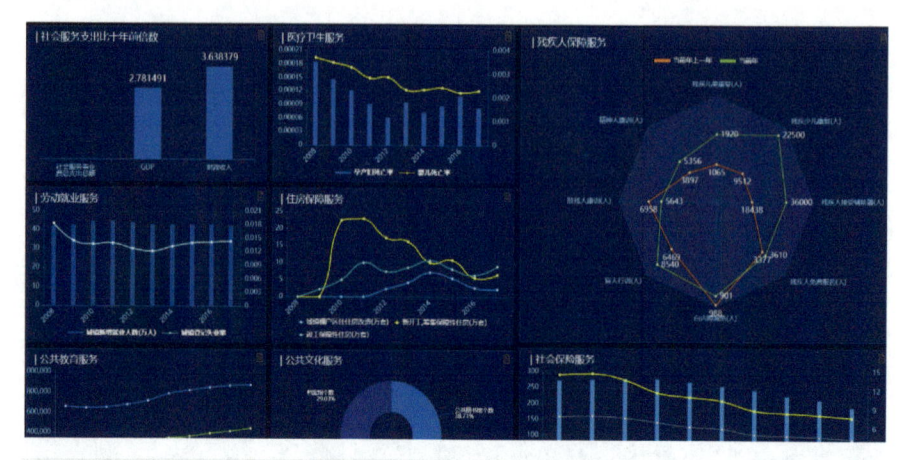

>>图 4.38 人口服务特征效果图

仿。目前，科创类行业主要包含人工智能、航空航天、生物技术、光电芯片、信息技术、节能环保、新材料、新能源、智能制造等为代表的高精尖科技产业，而高精尖产业的发展对地区经济结构调整和产业结构优化升级具有举足轻重的作用，是实现高质量发展的重要引擎，也是科技转化成生产力的重要体现。科创行业分析系统主要针对科创行业中的规模以上企业进行精细化的大数据分析，对区域内科创行业的总体发展情况和高精尖企业的具体运行状态进行监测，聚焦区域科创类企业，把握高精尖产业中重点行业和重点企业发展情况，构建一套完整的科创行业总体态势感知和规上企业运营监测的指标体系，从"头部"视角为构建区域特色高精尖产业体系提供支持，帮助地区政府决策者精准研判产业发展趋势、落实区域经济发展措施的有力手段，能够为区域经济结构调整、转型提供决策依据和数据支撑，对推动区域经济高质量发展具有积极意义。

（1）总体态势感知

利用大数据、可视化技术动态对区域内的科创企业从市场主体发展、运营监测、竞争力比较以及风险动态等几方面总体上进行研判分析。总体行业概览效果图如图 4.39 所示。

（2）科创行业主体情况

展示区域的科创行业的市场主体的数量年度趋势、高新企业在整个区域的占比情况。并按照 $1 \sim n$ 月累计统计科创企业的企业数、技术从业人员数量、专利申请数、技术交易笔数、技术交易金额等重点指标。

第4章 智慧城市运行管理中心的工程实践

>> 图 4.39 总体行业概览效果图

(3) 科创行业运营监测

对科创行业的运营状态通过短期和长期指标来监测其运营的健康状态。其中，短期指标通过科创企业的销售额/增长率、投资额/投资额占比来表征；长期指标通过营业收入增长率、净利润增长率、资产负债率、ROE 来表征。

(4) 科创行业竞争力比较

通过对比科创企业的主营业务收入增长率与本区域内全部企业平均主营业务增长率，以及科创型企业的纳税占比来表征本区域的科创企业在区域的竞争力比较优势。行业竞争力比较效果图如图 4.40 所示。

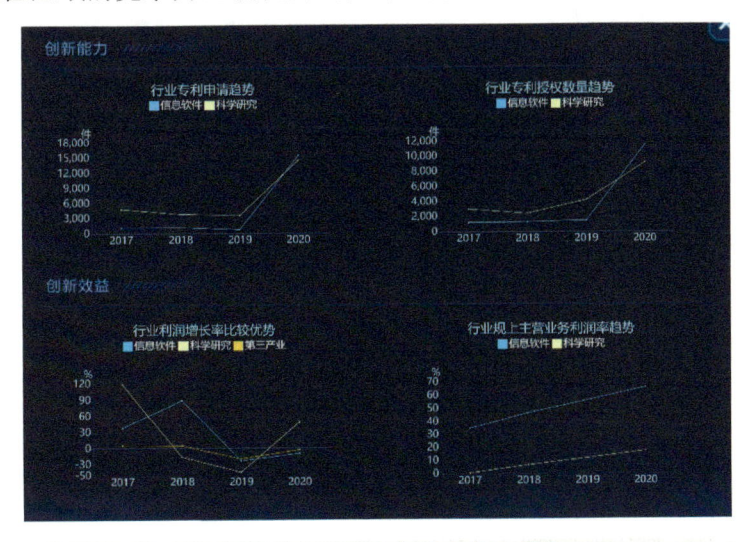

>> 图 4.40 行业竞争力比较效果图

(5) 科创行业风险态势

对科创行业按照行业类型从潜在(行业企业杠杆率)和显性(行业企业亏损面和亏损深度)两个角度来监测行业风险状态。行业风险效果图如图 4.41 所示。

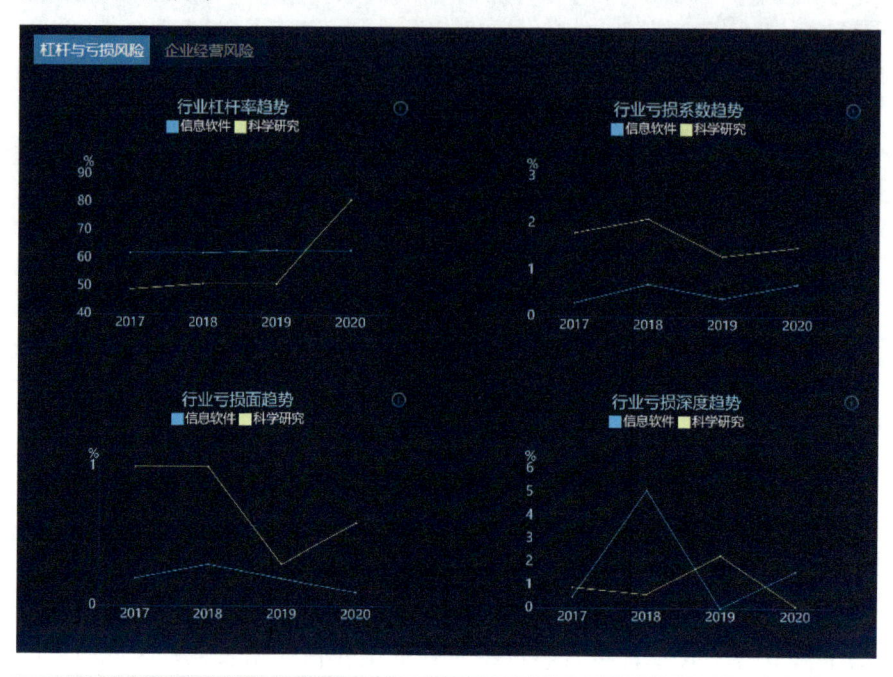

>>图 4.41　行业风险效果图

(6) 技术成交分布地图

通过对区域内具体街道片区的科创企业的技术成交金额分段，展示不同街道片区科创产业发展成效的差异化。

(7) 企业画像

建立企业信息一张图，实现企业工商、经营、税务、财务、舆情、知识产权、关联关系等全景信息画像，为相关的政府管理人员全面掌握区域内科创企业的发展态势提供有效抓手。企业画像效果图如图 4.42 所示。

4.2.5.4　城市综合治理

1. 城市应急管理

城市应急管理是指各级政府及其他公共机构在突发事件的事前预防、事中处置和善后恢复过程中，采取一系列有效措施，最大限度地

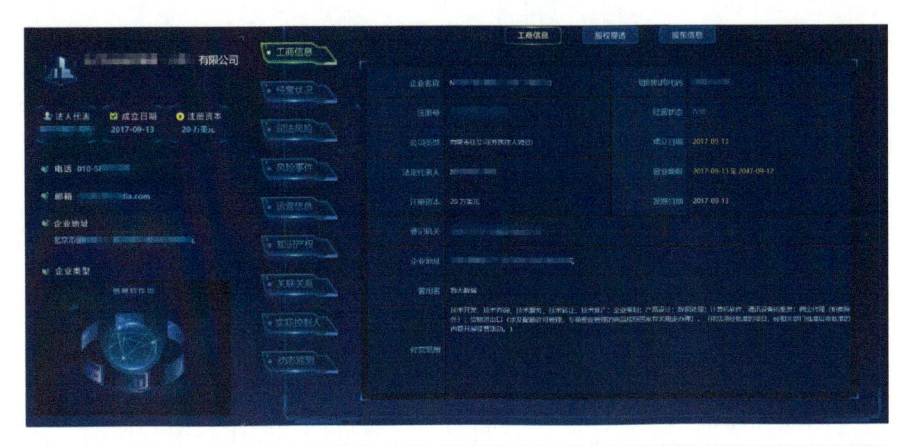

第 4 章 智慧城市运行管理中心的工程实践

>>图 4.42 企业画像效果图

保障公众生命、健康和财产安全的重要工作。构建起科学有效的城市应急管理体系是各级政府的一项艰巨任务。城市应急管理重点针对突发事件中的各类危险事故，其中最主要的危险包括人的危险和物的危险：人的危险可分为事故危险等级较高的，可能危及人员生命安全的危险，即生命危险，以及事故危险等级相对不高，会对公民的身体健康带来危害，但不会对生命构成威胁的危险，即健康危险；物的危险指威胁财产安全的各类危险事故，例如信息安全事故，一旦发生，不会对人员生命与健康造成明显损伤，但会引起财产损失。根据不同的危险事故，应采取更有针对性的应急管理措施。

系统以城市应急联动应用为目标，以大数据平台、地理信息 GIS 平台和现有应急专项系统为基础支持，有效利用基础数据的数据治理成果，将雪亮工程、商店、网吧、酒店、景区、车站、社区、街道、公安、交通、城管、学校、安监等所有的各种可见光和红外监控设施以地理信息 GIS 为场景进行整合，实现实时查看事件周边视频影像的目的。对区域应急物资装备的储备与分布情况、应急避难场所的分布与管理情况、重点防护目标的分布与管理情况、危险源和风险隐患城市的分布与管理情况、应急专家与专家组的组织建设情况、应急救援队伍的建设情况，以及预案、案例等情况基于三维地理信息 GIS 场景整合，以实现事件发生后有效调度可用资源。对接专项应急系统的详细数据，并与专项应急系统并行，按照应急事件名称、地点、发生时间、主管单位、报送人、上报方式、上报区域或地点、事件类型、事件等级、事件起因、前期处置情况以微信、短信、邮件等形式通知相关人员。对接会商系统，遇到重大突发事件，立即召开音视频会议，统一部署、统一调度。

结合城市应急管理专题，可以形成应对突发事件的预防-处置-恢复的闭环处理流程，帮助城市管理者在事件发生前充分做好预防工作，了解辖区内经常发生突发事件的地点与类型，从而更加合理地部署资源，降低事件发生的概率。在事件发生后第一时间收到事件通知，尽快进入应急状态，组织力量及时处置，查看事发现场影像，并根据事件的影响程度与类型视情况召开处置会商会议。事件发生后利用统计数据，分析出生产生活秩序的恢复情况，倾听到舆论评价，回顾整个应急处置全流程的薄弱环节，从而进一步提高应急管理水平，并利用时间维度的统计数据，掌握近一段时间内，突发事件的发生频率与影响，评估近期应急管理的成效。突发事件实时监测效果图如图 4.43 所示。

>>图 4.43　突发事件实时监测效果图

2. 市民热线管理

市民热线是用来帮助市民百姓解决生活、生产中所遇困难和问题的平台。建立集咨询、服务、救助、信息汇集分析、协调督办为一体的非紧急救助服务中心，是市委、市政府关注民生、倾听民意的重要平台。百姓利用该平台可以就影响经济社会发展环境建设、单位职能工作等问题进行投诉与举报，相关单位受理信件后，须在规定时间内回复来电百姓并予以处理。因此它不仅为老百姓解决了"电话难打""事情难办"的实际问题，也让政府和各行业听到了百姓的心声，掌握当地百姓在"诉求、建议、咨询、表扬"方面的内容与数量趋势；利用响应率、解决率、满意率、综合评分反映出政府部门的办事能力；促进下辖地区、各委办局倾听百姓心声、解决百姓问题，持续提高服

第 4 章 智慧城市运行管理中心的工程实践

务水平。为政府部门提供了科学决策的依据。百姓诉求实时监测效果图如图 4.44 所示。

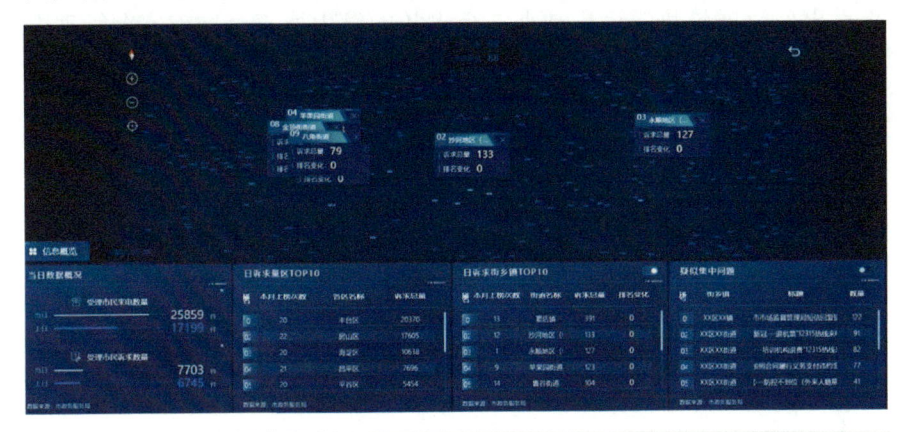

>>图 4.44 百姓诉求实时监测效果图

(1) 接诉总量

一是可视化展示诉求、建议、咨询、表扬信息，体现市民百姓拨打诉求电话的主要目的，点击"诉求、建议、咨询、表扬"进入专题，了解到具体的百姓诉求内容、有价值的建议、疑惑的问题、称颂的人员事物。二是展示诉求总量的信息，并分为市级直派、区中心分转、企业诉求和网上诉求四类，找出诉求接收与流转处理最常见的方式，有针对性地分配资源。

(2) 万人诉求来电趋势

考虑到诉求量与人口数量存在较大相关性，统计每万人平均诉求量，并根据时间维度进行趋势展现，看出本地区诉求量、解决率、满意率的变化趋势，分析近一段时间内对百姓服务能力的改善程度。

(3) 三率及综合评分

三率是指响应率、解决率、满意率，综合评分是指通过电话回访了解到的百姓对服务的评价分数，三率与综合评分直观体现了本级政府在市民热线的办事能力。根据行政区划和下属各委办局分别对综合评分进行排名，激励各地区各部门良性竞争，不断提升服务能力。

(4) 接诉问题类型排名

根据诉求问题的分类，展示本地区诉求数量，了解到百姓最关心、最迫切需要解决的方面，找到城市管理的薄弱环节。同时，可以对所辖各地区、所属各部门的诉求量进行细分，将信息提供各单位使用，有助于化繁为简，将问题细化到各地、各部门精准施政。

3. 城市安全管理

对城市安全形势与现状的展示，有助于城市管理者掌控突发事件、重大事件发展趋势，尽量减小安全事故的发生概率。城市安全管理专题使得管理者对部署的人力和设备资源一目了然，把安全贯穿于城市发展各环节、各领域，落实城市安全发展战略。城市安全管理辅助安全救援体系建设，在大数据技术的支持下为救援管理基础能力建设提供科学决策依据。

城市安全管理在总结提炼安全事件发生规律、全面感知城市安全脉搏、综合利用各部门信息的基础上，及时预测预警和高效处置安全问题，有助于构建形成责任全覆盖、管理全方位、监管全过程的现代安全治理体系，从而最终提升城市安全精细化管理水平，为城市健康发展提供坚实的安全保障。

系统围绕城市安全多个领域，对社会治安、生产安全、交通安全、环境安全等数据进行可视化展示，分析各类安全因素的发展趋势。开发安全预警模型、制定安全阈值，当安全类指标达到安全阈值时立即发出预警，提示城市管理者和安全部门及时根据安全应急预案防范化解。

(1) 社会治安

社会治安管理类主要包括 4 方面从数据到信息的处理与展现：一是刑事案件信息，主要包含从公安局获取的刑事案件立案数、破案数、结案数、犯罪嫌疑人信息等；二是治安案件信息；三是治安安全指数信息，主要包括"两抢一盗"发案率、失业率、外来人口犯罪比重、青少年犯罪率、警力配置数、公检司法行政人员数、群防群治队伍人数等公共安全指标信息；四是重点场所监控信息，主要包括政府机构、城市生命线控制机构、教育机构、医疗卫生机构、文物保护单位等以及人群高度聚集、流动性大的场所，如影剧院、体育场馆、车站、码头、商务中心、超市和商场等这些重点场所的监控信息及安全预警信息。

(2) 生产安全

生产安全主要包括 5 方面从数据到信息的处理与展现：一是重点企业信息，从质监局获取的危险化学品企业、重大危险源企业、粉尘涉爆企业、易制毒企业、锂电池企业、职业病危害企业的企业归属权限、行业分类、位置分布、风险等级、事故数、隐患数、死伤人数等信息以及安监执法信息等；二是危化企业数据，装置危险性类别信息、化学品毒性信息、工艺危险性信息、反应条件信息、自控系统及仪表投用、隐患

第4章 智慧城市运行管理中心的工程实践

排查治理、安全管理制度与操作规程健全情况等信息；三是危险品监管数据，涵盖危险物品生产信息、运输信息、仓储信息；四是风险点监控信息，包括生产企业重点场所监控信息、重点部位监控信息、关键设备监控信息等；五是安全隐患巡查信息，包括企业单位、具体情况、巡查日期、巡查部门、整改情况等信息。

(3) 交通安全

交通安全主要包含从交通局获取的事故次数、死亡人数、受伤人数和经济损失四个绝对统计指标，以及单位人口死亡率、单位车辆死亡率、单位行车里程死亡率等相对指标数据，用于评价交通安全态势。

(4) 环境安全

整合本地区公安消防大队、地震局、气象局、水务局等环境因素相关数据，以及严重威胁城市安全的气象灾害、地质灾害、森林火灾等预测预警信息，用于综合展现属地的环境安全态势。主要包括消防、公安、交警、医院、应急机构、防疫、劳动、环境等应急救援方面的人力；消火栓、消防水池、堤坝等设施；消防车、水炮、防护器材、侦检器材、破拆器材、运输器材等设施设备数据；为安全事故损失评估及安全规划提供气象信息的城市气象数据；为洪涝灾害的预测与控制提供参考信息的城市洪涝灾害与水文观测数据；为地震灾害的预测与预防提供参考信息的城市地震灾害数据。

4. 城市网格化管理

城市网格化管理的根本是管理好事件和网格员。它针对多头管理、职能交叉、资源共享不畅、服务不能落地等问题提出新的城市服务管理模式，是网格化管理技术和管理理念在城市管理中的应用。根据属地管理、地理布局、现状管理等原则，将管辖地域划分成若干网格状的单元，并把"人、地、物、事、组织"等全部纳入网格管理，对每一网格实施精细化、主动化、可视化管理；同时根据网格划分，按照对等方式整合公共服务资源，对网格内的居民进行多元化、便捷化、个性化服务，实现社会服务"零距离"、社会管理"全覆盖"、居民诉求"全响应"。

城市网格化管理系统建设应以满足政府对城市基层的管理需求、优化管理模式、提升效率、建设服务型政府为基本需求；同时为社区居民和社区小微企业构建和谐环境，引导创新应用，提升生活品质，打造高效、便捷、幸福生活。城市网格化服务管理实现对基层的精细化管理，使管理更高效，并实现公共服务业务下沉，由"被动受理"

变为"主动服务",由以前的线条管理演进到为社区居民提供综合服务。城市网格化服务管理系统的建设,有助于转变政府职能,着力打造"服务型政府",对于加强政府与居民的联系,提升城市行政服务能力具有现实意义。

(1) 事件管理

明确属地在一段时间内的事件数量,包括立案数量、办结数量、办结率,既体现了该地区的事件发生频率,又体现该地区的办事效率。根据属地的区划进一步划分为更小的行政单元,对事件数量进行统计排名,掌握所辖地区的网格事件数量、结案数量与结案率,了解各地的治理情况。根据网格事件的类型对事件进行分类、统计、排名,判断当前一段时期属地的集中突出问题,从而更有针对性地科学施政。对历史数据进行汇总,明确日、月、年各个时间段内属地的事件总量,并与年度工作计划进行对比,得知实际与计划的差异,并结合地域、事件类型的统计、排名,分析城市管理的薄弱环节。

(2) 网格员管理

开启定位服务,利用 GIS 展示属地网格员信息,包括人员的基本信息和实时位置,在接报事件后,根据事件的复杂程度,就近指派网格员现场调查处置。计算网格员的巡查里程,并结合上报的事件数量,分析平均里程上报事件数量,在一定程度反映出事件发生频率与巡查工作效率。对各委办局巡查数据进行统计排名,包括上报事件数、巡查里程、平均里程上报数,分析出各部门对城市网格管理的贡献度。

4.2.5.5 综合指挥调度

1. 标注批示管理

当今,新一代互联网技术和信息技术在生产生活中广泛运用,给人们的生活带来极大便利,也对政府的治理能力提出了更高挑战。政府传统的办公工具和手段已经不能满足治理体系和治理能力现代化的要求,迫切需要"工具革命"。习近平总书记多次指出要强化科技治理,建立健全大数据辅助科学决策和社会治理的机制,推进政府管理和社会治理模式创新,实现政府决策科学化、社会治理精准化、公共服务高效化。提高政府效能,实现治理体系和治理能力现代化,必须要迈过"工具革命"这道坎。随着电子政务在中国的推进,以及政府自身办公与信息化建设的需要,越来越多的信息化办公工具进入各级政府部门,"无纸化"移动办公已在政府单位广泛推广。这不仅能有

第 4 章 智慧城市运行管理中心的工程实践

效提升政府办公效率，更能实现政府办公、公共服务的数字化、信息化、网络化、便捷化。

当城市运行异常时，为了便于领导进行及时的指挥和干预，并清晰传递给相关部门和责任人，提供标注批示工具箱，通过一键截图、添加批注等便捷操作，助力政府协同办公。

(1) 一键信息抓取

提供一键全屏截图功能，截取当前页面信息。

(2) 意见批示

可以输入文字批示信息，也可以进行图片标注、添加文字注释、箭头、框框标识等即时编辑操作。

(3) 信息发送

提供多种信息发送方式，保障批示文件及时下达给相关部门或责任人，包括发送邮件、推送到政务办公平台、短信提醒等。

2. 视讯连线管理

2019 年，国家互联网信息办公室、文化和旅游部、国家广播电视总局联合印发了《网络音视频信息服务管理规定》（以下简称《规定》），自 2020 年 1 月 1 日起施行。国家互联网信息办公室有关负责人表示，出台《规定》，旨在促进网络音视频信息服务健康有序发展，保护公民、法人和其他组织的合法权益，维护国家安全和公共利益。

在经历了"公示"和"互动"两个阶段的发展后，目前电子政务已经进入"信息分享协作"阶段，电子政务的各个环节之间都有信息交流和分享协作，而且随着电子政务服务对象从政府内部扩展到其他政府部门、企业和公众，电子政务已经进入信息资源与社会服务高度"整合"的阶段，对资源共享和协作管理提出了很高的要求。以即时、共享、协作和传递为核心的视讯连线管理工具应运而生。

视讯连线管理可以实现一对一、一对多、多对多的音视频即时通信，通过提供协同通信平台，提高政府各部门间的信息获取速度、协同办公效率，并提供业务集成入口，满足政府传统政务应用的移动化需求。系统基于用户角色进行权限管理，通过严密授权保证系统沟通安全。

3. 移动单兵管理

移动单兵管理是一个"移动终端+系统平台+智能应用"的高度定制化的移动视频通信指挥系统。主要用于移动执法、应急指挥、作业、生产等领域，能够协助管理者和指挥员掌握一线人员动态位置和事件现场实时情况，做出准确的、针对性的人员调度和应急指挥；同时一线人员遇到突发事件和险情时可以快速报告位置，及时与后台展开音视频信息交互和视频留存，为团队协作提供高效、智能的系统支持。

(1) 移动终端

可基于 Wi-Fi/WIMAX/3G/4G/5G/无线宽带专网等无线网络组网，实现语音对讲、视频通话、数据存储，以及音视频同步通信；可实现人员、车辆定位信息回传，并可在调度台和移动终端上进行位置显示、轨迹查询、指挥调度；支持图片拍传、短消息、联系人等功能；支持部门和分组两种通讯录，支持登录后自动下载或同步及本地保存；可实现固定指挥座席、移动指挥座席等多种类型的座席配置；仿人体工程学设计手感舒适，外部防震、防水、防尘设计，携带使用方便。

(2) 系统平台

建设一体化的智能指挥中心，通过调度管理系统实现对移动单兵的动态管理和统一调配，实现应急指挥调度和故障问题及巡检作业视频的录制、图文拍传等。

一体化视频调度。指挥中心可以同时管理多达 36 路现场实时回传视频，支持大屏幕输出，可同时或分别与指定的前端拍摄人员保持实时语音通话以及文字信息沟通。

一体化多群组对讲调度。指挥中心可同时监听多个群组的对讲呼叫，并可以发起多个群组的呼叫，可强行获取通话权，确保指挥人员及时传达调度命令。同时还可以向群组发起集群文字短消息。

一体化地理信息定位管理。通过 GPS、北斗以及通信基站清晰准确定位现场位置，全方位掌握指挥工作，多种电子地图、卫星地图自由切换，同时具有离线地图缓存工具，确保用户在无互联网的情况下依然可以使用丰富的地图资源。

一体化归档检索调阅。所有直播回传的音视频均自动归档存储，音视频录像文件中同步保存有现场的 GPS/北斗/LBS 的定位运动轨迹，可以方便地查阅调取，精确回放音视频录像以及相关拍摄轨迹。

(3) 智能应用

智能手机在安装智能单兵 APP 后，即刻变身移动终端，随时随地利用 2G/3G/4G/5G 网络实现全球对讲，实现点对点视频通话。任何一个现场工作人员都可以拿出手机，使用手机上的软件将现场的实时视频画面通过 3G/4G/5G/ WLAN/卫星无线网络回传到指挥调度中心，指挥调度人员在 1 秒钟内即可看到现场的实时视频影像，并实时

第 4 章 智慧城市运行管理中心的工程实践

发布指挥命令，高效应对各种指挥调度场合，确保突发事件及时处置。

在三维地图上，支持实时获取移动单兵的位置信息，点击移动单兵图标进行点对点视频通话；通过保障力量中移动单兵列表进行点对点视频通话；通过综合查询功能，对查询结果的移动单兵进行点对点视频通话；消息快速发布功能中提供点对点视频通话。

4.2.5.6 治理绩效评价

1. 营商环境分析

按照党的十九大和中央经济工作会议精神，国务院常务会议研究部署进一步优化营商环境时，强调以深化"放管服"改革为抓手，多推"啃硬骨头"的举措，持续激发市场活力和社会创造力。"水深则鱼悦，城强则贾兴"。营商环境是重要的发展基础。企业的壮大，创新创业的活跃，一刻也离不开良好的营商环境。根据世界银行对全球各国营商环境的排名，2018 年中国从上期的第 78 位跃升至第 46 位，大幅攀升了 32 位，2019 年的排名又进一步跃居全球第 31 位，大幅提升了 15 位，中国连续两年进入全球营商环境改善幅度最大经济体行列。营商环境的改善激发了市场活力，增强了内生动力，释放了内需潜力。然而，不同城市对于营商环境的要求标准是不一样的。营商环境好不好，也不能唯世行排名，关键要让企业和群众评价，看他们是点赞还是吐槽。对于需要集聚大量全球功能性机构的城市而言，应当在进一步提高政府服务效率的基础上，在更大范围更广领域对标国际标准，聚焦"准入前""准入中""准入后"三大阶段，把重点放在开放、竞争和保护上，精准施策，为提升城市能级和核心竞争力提供关键支持。

目前关于营商环境内涵的研究有广义和狭义之分，广义关注市场、法治等综合环境，而狭义则聚焦政府服务效率。为了综合反映广义和狭义的营商环境评价标准，营商环境专题在坚持全面对标世界银行营商环境报告指标，将世界营商环境指标框架作为营商环境的"评价体系"，在不断追赶超越的同时，又聚焦本市企业法人问题，坚持问题导向，将企业法人的生存难易程度作为营商环境的"市场反馈体系"，全力提升市场主体实际的获得感。

(1) 营商环境指标体系

对标国际标准，基于世界营商环境指标框架，以城市核心功能载体对营商环境的主要诉求为评估标准，从企业"准入前""准入中""准入后"三个维度出发,构建一套包含 10 个一级指标、45 个二级指标的城市营商环境评价体系,并将其作为营商环境的评价体系,立足这一评价体系,与顶尖全球城市的营商环境进行充分的对比研究。

(2)国际视角分析

在全球的坐标中,更能清晰地认识中国改善营商环境的意义和价值。国际视角分析总体水平和十大指标效果图如图 4.45 和图 4.46 所示。

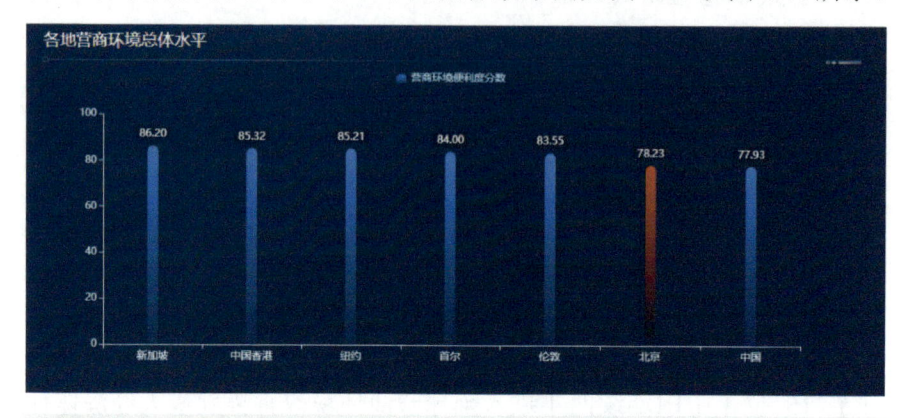

>>图 4.45　国际视角分析总体水平效果图

>>图 4.46　国际视角分析十大指标效果图

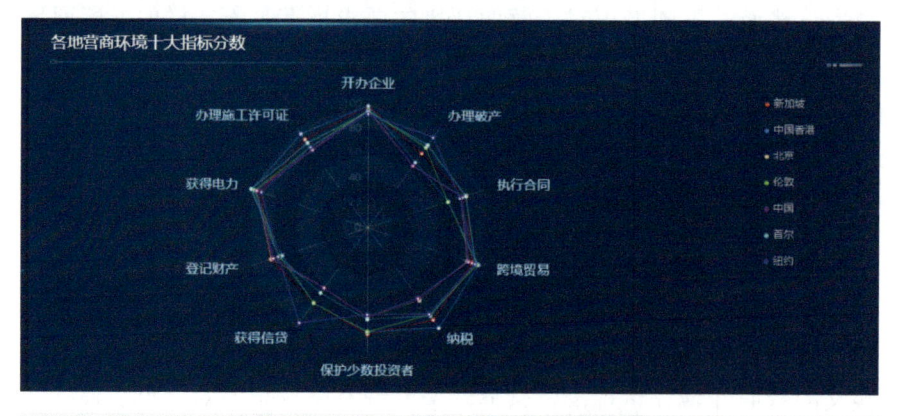

• 国际营商环境分析

总体维度:分析世界银行营商环境报告中排名前 10 的国家和我国的营商环境综合分数及排名变化情况;并以表格形式呈现年度世行营商报告详情,可按年度直观查看每个国家每个指标的详细数值。

指标维度:选取开办企业、办理施工许可证、获得电力、登记财产、获得信贷、保护少数投资者、纳税、跨境贸易等 10 个指标作为营

第 4 章 智慧城市运行管理中心的工程实践

商环境一级指标，分析各个指标的国家排名情况。

- 最新举措或成效

实时更新不同部门最新的举措或成效消息，并滚动播放。

- 改善情况分析

基于营商环境二级指标体系，分级分类详细分析近 6 年每项营商环境一级指标的改善情况。

- 环境差距分析

基于营商环境二级指标，分级分类对近 6 年每项营商环境一级指标与排名前 10 位的国家进行差异分析。

（3）企业视角分析

企业法人的生存难易程度是营商环境的"市场反馈体系"，基于企业法人基础库数据、市税务局税收数据等，从企业法人规模、行业结构、注册资金、企业寿命和税收贡献五个方面观察近十年企业法人的生存发展情况。企业视角分析效果图如图 4.47 所示。

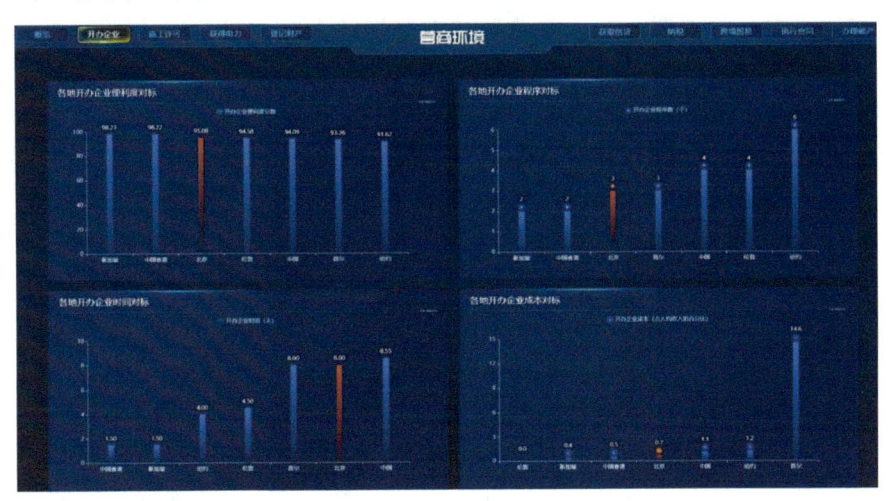

>>图 4.47 企业视角分析效果图

2. "七有""五性"分析

党的十七大报告首次提出要"努力使全体人民学有所教、劳有所得、病有所医、老有所养、住有所居，推动建设和谐社会"，党的十八大报告再次强调，要"在学有所教、劳有所得、病有所医、老有所养、住有所居上持续取得新进展，努力让人民过上更好生活"。随着我国社会主要矛盾转化为人民日益增长的美好生活需要和不平衡不充分的发展之间的矛盾，市民对美好生活的需求呈现出"便利性、宜居性、多样性、公正性、安全性"的新特点。

围绕群众"七有""五性"需求，让百姓的需求成为新的"哨源"，用"七有""五性"的监测评价结果检验"报到"的成效，用好"七有""五性"监测评价结果，补短板、强弱项，对接群众需求实施服务供给侧改革；引导市、区两级政府部门脚步为亲、眼睛向下，推动政府各部门聚焦群众工作履职尽责，精细化地解决群众身边的问题，打通抓落实的"最后一公里"。同时，通过对民生服务领域的指标量化、评价，形成各级各部门在落实公共服务、服务群众工作方面"比学赶超"的氛围和大抓基层、满足群众需求的工作导向。

系统建设充分借鉴外省市在民生建设方面的指标构建经验，从"七有""五性"所对应的12个领域入手，按照一个领域选取1到2个最有代表性、群众也最为关切的问题，再加上百姓通过12345市民服务热线反映的"七有""五性"问题，构建以市、区为评价单元的"七有""五性"监测评价指标体系，将国家基本公共服务的"七有"要求和首都群众的"五性"需求有机结合在一起。

（1）"七有"需求监测评价

• 幼有所育监测评价

为反映对群众享有普惠性学前教育资源的保障程度，对普惠性幼儿园覆盖率情况进行监测，辅助政府深入挖潜，合理布局，多办普惠性幼儿园，鼓励支持各方增加幼教供给。

• 学有所教监测评价

为反映义务教育发展水平，对义务教育就近入学率、每百名学生拥有高级教师数量、每百名学生拥有计算机数量进行监测，辅助政府加强中小学优质资源建设和师资培养。

• 劳有所得监测评价

为反映稳就业情况，对进行失业登记的失业人员实现成功就业的人数进行监测，计算城镇登记失业人员就业率，辅助政府做好就业安排等问题；为反映促增收政策的政策效果，从居民人均可支配收入及其增速方面监测居民收入水平，辅助解决农民工工资拖欠等问题。

• 病有所医监测评价

为反映基层卫生医疗机构的管理服务水平，对辖区重点人群总数以及与家庭医生签约的重点人群数（65岁及以上老年人、孕产妇、0～6岁儿童、残疾人、高血压、糖尿病、脑卒中、冠心病、结核病、严重精神障碍患者、计划生育特殊家庭、农村低收入家庭的合计人数）

第 4 章 智慧城市运行管理中心的工程实践

进行监测，计算家庭医生重点人群签约服务覆盖率，辅助政府提高家庭医生签约覆盖率，为群众提供精准服务。

- 老有所养监测评价

为反映本市养老政策的实施效果以及群众对养老服务资源的享有程度，对养老机构、养老服务机构和家庭床位在内的床位数、每千名常住人口养老床位数、养老机构床位使用率、每万名老年人拥有养老护理员数进行监测，辅助政府做好医养结合、家庭养老、临时托养、居家养老等养老服务。

- 住有所居监测评价

为反映解决困难人群住房问题的能力，强调对住房保障的兜底性政策效果，对已通过公租房实物配租或市场租房补贴等多种方式保障的困难家庭户数、已经取得住房保障资格困难家庭户数进行监测，计算困难人群申请保障性住房保障率，辅助政府加强保障房供给，优化选址，完善配套服务设施。

- 弱有所扶监测评价

为反映对残疾人的帮扶效果和保障水平，对通过残疾人专项康复政策予以保障的康复服务人数、需要康复的残疾人数进行监测，计算残疾人基本康复服务覆盖率；为反映对生活半自理、不能自理的困难群体的帮扶效果，对通过供养服务机构进行集中供养部分和完全丧失生活自理能力的特困人数进行监测，计算生活不能自理特困人员集中供养率。辅助政府加大对低收入户和特困家庭的扶助力度，关心关爱残疾人，完善无障碍设施。

(2)"五性"需求监测评价

- 便利性监测评价

为反映居民在买菜、美容美发、维修等基本生活服务需求方面的获得感，对蔬菜零售、便利店(社区超市)、早点等基本便民商业服务功能在社区覆盖情况进行监测，计算基本便民商业服务功能社区覆盖率，辅助政府落实便民店发展措施，补齐便民服务设施。

- 宜居性监测评价

为反映蓝天保卫战的成果，体现群众的生态环境幸福感，对每天细颗粒物(PM2.5)平均浓度进行监测，并计算细颗粒物(PM2.5)平均浓度，辅助政府做好宜居环境建设。

- 多样性监测评价

为反映人民群众在文化生活方面的获得感和幸福感，对人均公共文化服务设施建筑面积、万人拥有实体书店数量、博物馆数量进行监测以评估文化服务水平；为反映人民群众在体育休闲方面的获得感和幸福感，对人均公共体育场地用地面积、建成区公园绿地500米服务半径覆盖率进行监测以评估体育休闲服务水平。辅助政府做好在文化、教育、体育健身等方面公共产品与服务供给。

• 公正性监测评价

为反映法律援助、公共资源均等、权益维护等情况，对法律援助机构接待咨询人次、市民服务热线公正性问题"三率"（响应率、解决率和满意率）进行监测，实现公正性综合评价，辅助政府维护好群众合法权利。

• 安全性监测评价

为反映某个地区的社会治安情况，体现百姓的生活安全感，对刑事案件万人发案率进行监测，辅助政府抓好基层治理，增强群众安全感。

(3)"七有""五性"社会综合评价

为着重从老百姓视角，反映"七有""五性"的实现程度，以及政府对群众诉求的响应能力和水平，对群众通过12345市民服务热线反映"七有""五性"相关问题的比重和"三率"（响应率、解决率和满意率）进行监测，辅助政府做好民生需求落实。"七有""五性"指标分析效果图如图4.48所示。

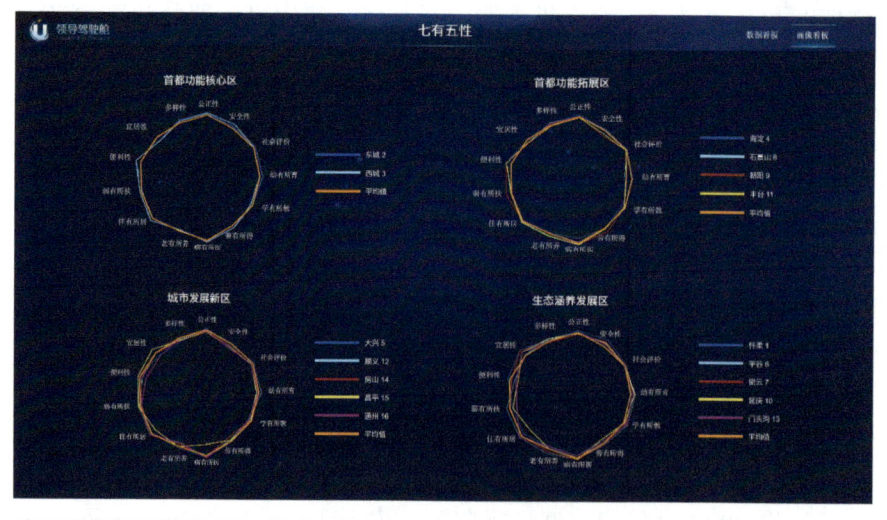

>>图4.48 "七有""五性"指标分析效果图

3. 数据上链评价

在信息化发展的过程中，无论是政府、企业还是社会、民众，都

第 4 章 智慧城市运行管理中心的工程实践

普遍面对一个老生常谈却又始终存在的大难题，想要的信息找不到，找到了拿不到，拿到了用不了。在数据共享场景时，首先数据供需双方要确定数据在哪个部门；其次，数据供需双方要进行反复沟通，甚至"谈判"，此外，还要考虑数据供给的安全性、后续持续供给的工作量等问题。

随着区块链、人工智能技术的发展，数据共享的申请、授权、确认、共享、使用等各环节均可以在区块链管控下自动执行。通过落实大数据的汇聚、管理、应用全流程各环节的综合评估评价，在推进系统入云和数据汇聚、推动数据应用及产业发展、大数据平台基础设施建设等方面发挥引导、激励与约束作用，促进各部门所承担的工作任务能够高效高质量完成，发挥评估评价在"汇集、管理、应用、评估"闭环中的导向、激励作用。系统接入概览效果图如图 4.49 所示。

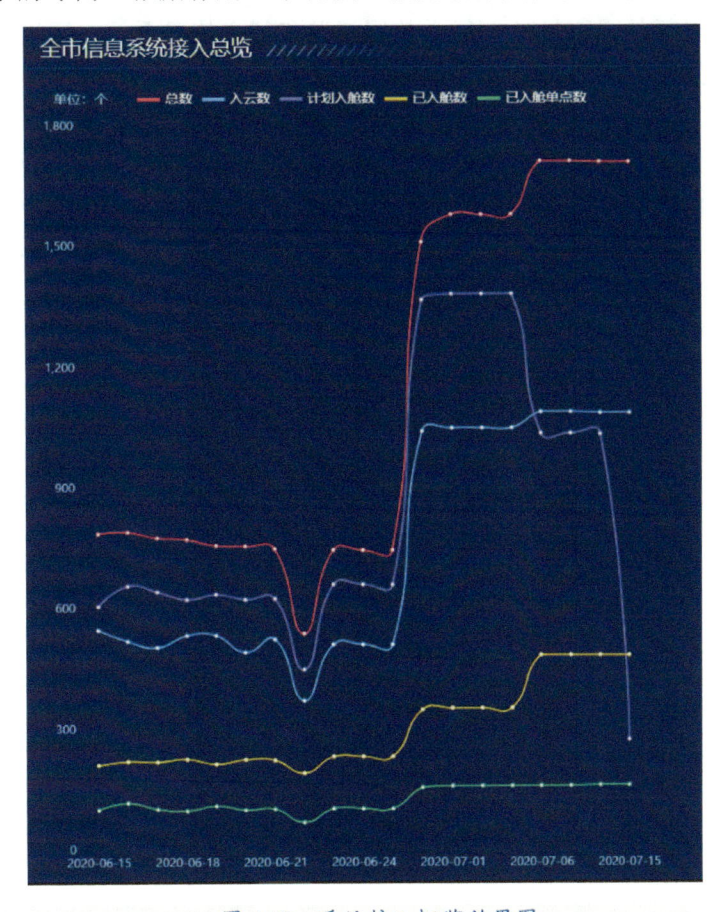

>>图 4.49 系统接入概览效果图

数据评估主要是以数据为核心，以应用为驱动，围绕数据对应职责、对应系统，建立多维度数据画像，检验履职水平、业务数据产出贡献度，围绕职责、数据、系统，对大数据平台支撑的各项业务，从部门、全市层面进行评估评价，包括数据共享情况以及信息系统的建设以及应用情况，强化数据整体治理能力，实现数据的综合利用。评估内容包括3个层次：

(1)全市层次评估

针对全市进行综合评估，从职责目录、数据资源、信息系统三方面对全市进行综合评估，并显示本评估周期变化情况。

(2)委办局层次评估

针对委办局数据进行与市级层面相对应的综合评估。

(3)个体层次

针对每类职责目录、每类数据资源和每个信息系统，通过评估卡片进行全方面立体评估。

4. 治理综合绩效

治理综合绩效，是指各级地方政府在管理社会公共事务、提供公共服务过程中所取得的成绩和效益。传统的绩效考核工作靠"阶段考核、现场计分、手工汇总、事后公布"，存在"被考核单位被动等待、平时不注意随时总结积累、突击补漏应付考核、重漏差错和弄虚作假无法考证"等弊端，缺乏一套系统、规范的评估制度、方法与工具，严重影响着政府绩效评估工作的深化和政府管理绩效的进一步提升。

治理综合绩效管理系统作为一种全新的考核办法，根据管理的效率、能力、服务质量、公共责任和社会评价等方面的判断，对政府管理过程中投入、产出、中期成果和最终成果所反映的绩效进行等级评定。该系统以绩效为本，引入多元化评价主体，运用现代信息技术将指标量化考核与评价考核相结合的方式，科学合理地评价科室(部门)工作绩效以及干部个人的德、能、勤、绩、廉状况。考核突出绩效，重点考核工作业绩和年度重点工作完成情况，并进行德才素质的综合测评，实现了政府行政管理的科学化、精细化、规范化。

(1)工作待办

用户只需跟随待办事项的指导，就可完成基本的使用功能，不需要进行培训也能使用本系统，做到真正的人性化操作。

(2)年度工作考核

实现查询、分类排序、按各种条件检索等功能，用户可查看本年

第 4 章 智慧城市运行管理中心的工程实践

度的考核工作任务、单位、责任人、考核任务责任、工作要求、年度计划与目标、考核二级指标内容等信息。

(3) 新增指标工作

可新增个性指标和共性指标，新增的内容包括指标名称、被考评单位、指标类型、评分单位、配合单位、分值、权重系数、计划内容、工作要求等。

(4) 考核监督

对季度、年度考核工作进行考核打分时实时监督。功能包括考核打分起止时间监督监察、可视化监控、督办催办评委、监督哪些考核项已经或未打完分。

(5) 考核设置

设置当前年度的各项考核方案及其相关设置参数。可以查看各考核对象、考核内容、各级考核指标、考核分数、权重、考核周期、评委及对应关系、考核时段、考核计划等。

(6) 考核核算

对年度考核进行计算。按步骤分为评分核算、加减分核算、提交复核、公示审核、结果公示、单位复议等。

(7) 考核计划设置与管理

可根据实际需求设置不同类型的考核计划，包括指标评估、社会评价、民主评议、领导评议、第三方评估等，并可对考核方案和部门详细任务进行管理。

(8) 考核结果

考核结果提供基本统计、报表查询、考核通知、申诉与复议等功能。

(9) 工作交流

以站内短消息的方式进行工作交流沟通。用户可以指定收件人，信息的正文等发送给系统内容的使用者。

(10) 工作动态

发布各种通知、公告、简报、文件讲话，具备新建、编辑、发布的功能。发布的通知公告可以在第一时间提醒全网用户，信息在各用户首页以弹出方式显示，可以快速告知系统各用户。

(11) 监管台账

包括单位工作进度统计、计划填报监察、工作汇报监察、工作审核监察、预警统计等功能。

4.2.5.7 辅助办公系统

1. 信息订阅管理

智慧城市运行管理中心作为跨区域、跨部门、跨行业、跨业务的融合性应用，面向不同层级、不同部门的用户提供内容服务，不同用户关注的信息不同，同一用户在不同阶段关注的信息也有所差异。信息订阅管理模块提供体系化的订阅能力，用户可以在权限范围内，订阅自己感兴趣的热点专题、业务应用和数据卡片，打造个性化的智慧城市运行管理中心首页。

新增用户默认订阅主管领域内的相关内容；用户可以对历史订阅进行管理，对订阅进行增删改查等操作；用户可以对订阅内容进行优先级设置；用户可以根据自己的时间自定义推送时间、推送频次。

用户通过信息订阅，可以通过首页第一时间获取自己关注的信息内容，屏蔽其他信息的干扰，还可以根据关注重点的变化，灵活地管理订阅内容，提高信息获取的效率。同时，系统的推荐引擎可以通过用户订阅情况主动发现用户潜在需求，挖掘用户喜好，智能化推荐用户可能感兴趣的相关信息，辅助用户决策。个性化设置效果图如图 4.50 所示。

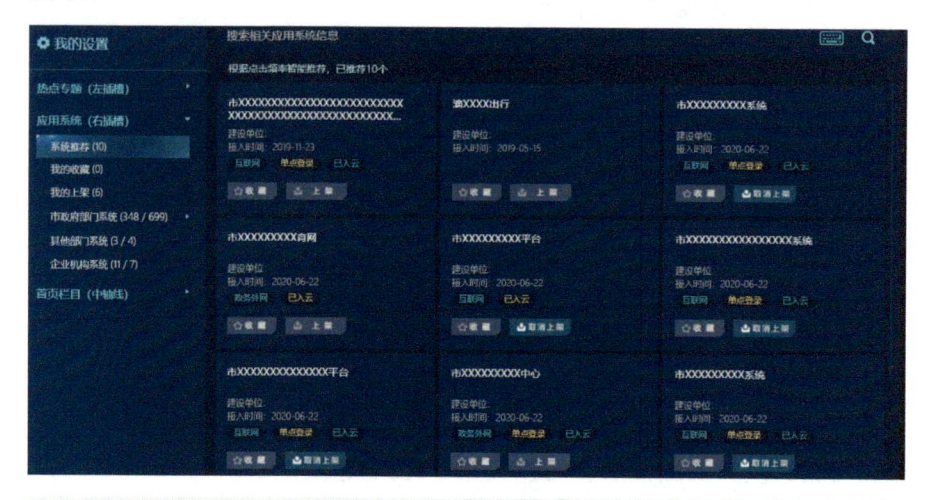

>>图 4.50 个性化设置效果图

2. 日常工作督办

加强和改进督查督办工作是全面落实政府各项决策部署的一个重要环节，是决策部署得到贯彻落实的有力手段，也是推动作风转变、

第 4 章 智慧城市运行管理中心的工程实践

提高工作效率、保证政令畅通的重要途径。近年来，随着经济社会的快速发展，政府机关督查任务越来越重，督办事项越来越多，督查工作的时效性、准确性、互动性要求也越来越高，传统的督查方式已无法满足及时、准确、高效提供督查信息和快速有力督促各项工作推进落实需要。

工作督办系统通过丰富的统计分析、可视化的办理与监督，实时的过程监控，实现事项执行及时反馈、过程监控、信息共享，提高督察督办的时效性，并可通过短信方式提醒，催办到期事项，实现行政管理透明化，提升督查督办工作效率和水平。

(1) 督查督办事件办理

可进行督查督办事件的立项登记、交办派发、签收落实、工作交流、工作汇报、催办督办、工作复核、反馈报告、考核评价、办结关闭全流程的管理，此外，还可以进行撤销、延时申请、延时审批等特殊操作，以及查询监控，让单位领导、督办人员能快速掌握督办件办理情况。其中：工作交流是指各单位/科室在执行工作任务过程中，可与工作派发者、分管领导、承办、协办单位/科室等之间的信息互动，可以是工作指示、工作建议与意见，也可以是提醒等。工作汇报包括进展汇报和完成汇报。进展汇报是指工作完成度的汇报，主要针对周期比较长的督办事项(如建设工程、重点工作、工作目标等)汇报工作进展情况，填报周期根据派发时的要求进行定期填报(如周报、月报)；完成汇报是指工作完成后提交的完成报告，进展汇报是工作完成度的汇报。考核评价是针对承办单位/科室的办理情况进行考核评价，包括过程控制、回复时间、报送程序、领导评价等，也可以采取扣分方式。

(2) 辅助工具

系统提供多种提醒方式，包括手机短信、站内短信、工作台、红绿灯、即时通信等提醒方式，全方位的提醒可以让负责人不会因工作忙碌而忘记及时进行工作接收、处理和汇报。

4.2.5.8 城市大数据平台

城市运行管理中心的基础是因为有了全面的感知能力，所有城市的政务数据、视频监控、物联网数据等记录形成了城市的全面感知，才让后面的分析、决策和管理有了更好的依据。北京市大数据平台是北京大数据行动计划"四梁八柱深地基"总体设计框架中的"地基"核心，是支撑北京大数据应用建设的重要基础设施，通过整合汇聚城市各类数据资源、处理各种复杂数据运算，面向城市提供一站式大数据汇聚与共享服务，并根据需要生成主题、专题、应用数据资源池，通过应用促进数据汇聚、通过数据促进城市管理、通过流程提升政府服务，促进政府多个部门在城市管理与政务服务领域的互通、联动、协同。

平台确立了"4-3-4"的建设目标，即具备"四全"能力、提供三类资源服务、支持四种服务模式。平台依托互联网、政务网、局域网和专网，与国家平台、领域平台、区级平台和社会数据形成数据吸纳反哺机制，形成了大数据"汇、管、用、评"四位一体管控体系。

1. "四全"能力

"四全"能力即"全网络""全通道""全流程"和"全集约"，是北京市大数据平台的核心目标。

全网络覆盖能力是指要实现大数据平台与政务专网、政务内网、政务外网、互联网连通，实现对政务数据和互联网数据的汇聚，进而实现数据在政府各部门之间、各层级之间、政府与社会之间的共享，充分发挥大数据的价值和作用。

全通道支撑能力是要打通政府内部、政府与社会之间的数据通道，对内实现数据从国家到北京市、市级到各区之间的纵向共享以及市级各部门之间的横向共享；对外实现数据从政府内部向社会的开放，以及从社会向政府部门的汇聚，双向互补。最终，形成内外部横向、纵向和网络化全通道连接，促进数据的应用价值的提高。

全流程管控能力是指北京市大数据平台不仅是数据的共享通道，更是各类政务数据和社会数据集中加工融合、创新应用的基地，需要实现数据从汇聚、治理、管理到服务全生命周期的全流程管控。

全集约能力(图 4.51)是指作为各类政务应用的数据中台和技术中台，北京市大数据平台统筹数据资源、计算资源和大数据共性组件，具备全集约能力，为各部门提供大数据应用的"最大公约数"服务，推动北京市各部门业务应用系统建设模式的转变。

2. 三类资源

三类资源服务是北京市大数据平台的主要服务内容，包括数据资源、计算资源和大数据共性组件服务。数据资源服务主要包括各类政务数据、社会数据的原始成果以及各类衍生产品服务，如人、企、物和空间等基础库服务，信用、应急等各类主题库服务，面向相关应用场景的模型、指标成果服务，等等。计算资源服务可为全市各部门应

第 4 章 智慧城市运行管理中心的工程实践

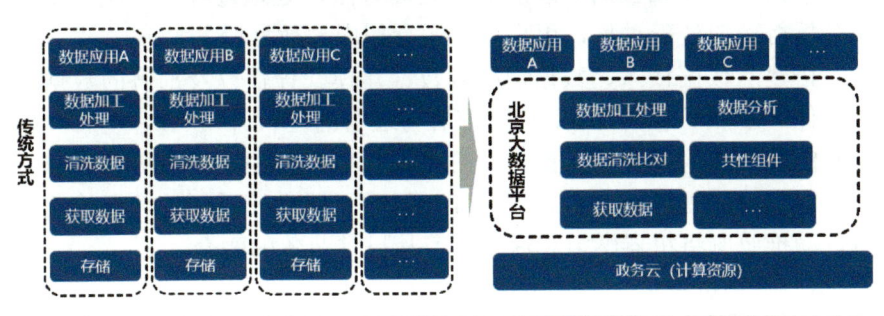

>>图 4.51 大数据平台"全集约"能力

用提供基础存储和计算服务，提高计算资源的利用率，降低运行成本。大数据共性组件服务提供"积木式"功能服务，使全市各部门应用建设简单、快捷、高效。

其中，大数据共性组件服务提供的"积木式"功能服务，包括数据治理、数据分析、数据可视化、人工智能等，利用多租户方式提供共性能力支撑，有助于全市各部门应用建设的简单、快捷、高效。各委办局通过租户申请、数据申请、组件申请、数据清洗、融合分析、服务注册、应用支撑的全流程加工分析，实现计算及存储空间的集约化，数据治理与数据应用的高效化。可提供的共性组件服务包括但不限于：

(1) 数据治理

利用统一的数据交换监控、数据标准管理、数据模型管理、元数据管理、质量管理和成本管理，以及多维度数据价值链路展现功能，数据治理服务组件可提供全面高效的数据资产管控环境，为智能数据和应用提供干净可靠的数据。

(2) 数据分析

数据分析是指用适当的统计分析方法对收集来的大量数据进行分析，将它们加以汇总、理解并消化，以求最大化地开发数据的功能，发挥数据的作用。数据分析主要由多维分析、血缘分析、数据挖掘、视频大数据基础分析等构成。

多维分析通过对数据进行上卷、下钻、切片、切块、旋转等各种分析，便于用户从多个角度、多个侧面观察数据库中的数据，有助于深入了解包含在数据中的信息和内涵。基于元数据存储的数据定义、来源、转换关系、依赖关系等，血缘分析根据给定表回溯找到产生该

199

表的数据来源及相应的处理服务、处理方法、处理过程。按照血缘关系分析得到的处理过程，用户可以运行相应的数据服务。

搭建从数据接入、数据理解到数据建模、评估以及部署的数据挖掘组件，融合了模型训练、模型部署与运营的迭代开发 AI 服务，具备丰富的算法架构，模型可操作性更强。利用模型的全生命周期管理与协作，能够为智慧城市主题建设和决策分析提供一系列的数据挖掘工具，助推政府将机器学习和深度学习与日常业务的融合。

（3）数据可视化

数据可视化组件主要是借助于图形化手段，清晰有效地传达与沟通信息。其基本思想是将数据库中每一个数据项作为单个图元元素表示，大量的数据集构成数据图像，同时将数据的各个属性值以多维数据的形式表示，从不同的维度对数据进行深入的观察和分析。

数据可视化组件主要由业务场景配置、可视化图表、空间地理信息组件、多种数据源、图形化编辑界面等构成。通过调用可视化资源库中的各类组件资源，并对其进行可视化的编辑和拖拉拽操作，各委办局可以快速灵活地搭建符合不同业务场景的可视场景。其中，立体场景可实现光影粒子、空间背景等效果，可视化图表支持柱状图、折线图、曲线图、饼图、雷达图、散点图、气泡图、词云图等类型，不同区块可以利用热力图进行不同的颜色区块呈现，移动对象可以进行数据轨迹路径的可视化图形呈现。

（4）人工智能

人工智能服务组件利用计算机来模拟人的某些思维过程和智能行为（如学习、推理、思考、规划等）的学科，搭建起类似于人脑智能的计算机，以实现计算机更高层次的应用。人工智能服务组件主要包括图像识别、语音识别、自然语言处理等组件，这些组件利用在线 API 服务调用的方式，根据各委办局的业务需求为其提供人工智能服务分析，实现智能的分析决策。

视频分析服务组件可基于大数据、深度学习技术、视频智能分析技术，对海量非结构化视频数据进行资源调取、结构化解析、实时视频解析、活动目标检测、检索分析等操作。

智能语音识别服务组件可基于语音识别、自然语言理解等技术，智能语音识别服务组件为委办局提供录音文件识别、实时语音识别、语音合成、关键词检测服务等多种在线 API 服务。主要应用于智能问答、智能质检、法庭庭审实时记录、实时演讲字幕、会议录音转写等场景。

第4章 智慧城市运行管理中心的工程实践

自然语言处理服务组件为各类开发者提供用于文本分析及挖掘的核心工具，提供多语言分词、词性标注、命名实体、情感分析、机器翻译等多种服务。

(5) 基础功能服务组件

通过多租户租用的形式，各委办局将各自开发的应用与基础功能服务组件(API 网关、表单引擎等)进行对接。利用基础功能服务组件的相应能力，有效缩短开发时间，节省开发成本。

3. 四种服务模式

四种服务模式是北京市大数据平台为各应用提供数据服务的方式方法。各部门业务应用系统依托北京市大数据平台的建设模式可分为共享交换模式、数据接口模式、融合共建模式和全集约模式，其中后三种模式属于服务的主流发展方向。共享交换模式是将大数据平台作为数据流转通道的传统数据调度模式。数据接口模式是通过 API 接口服务的形式向各部门业务应用提供在线服务。融合共建模式是指利用多租户、沙箱、联邦计算等技术，支撑各类跨节点、跨库的多方数据融合计算分析应用。全集约模式是部门业务应用系统的构建全部依托大数据平台能力，真正实现应用与大数据平台的紧密共生。